闵泽平 著

南宋"浙学"与
传统散文的因革流变

ZHEJIANG UNIVERSITY PRESS
浙江大学出版社

目　录

第一章　20世纪对古文运动文学意义的研究

　　唐宋散文是我国古代散文发展的重要高峰,论及其艺术成就的建立,20世纪以来,学者多归功于两次"古文运动"。在汗牛充栋的论述中,无数次的重复强化了这一印象:唐宋古文运动将唐宋散文推向了艺术的顶峰,从而奠定了古文的至尊地位。在对古文运动众口一词的颂扬中,细微的差异仅仅体现为对"古文运动"目的、性质以及意义的不同描述。时至今日,不少学者仍然坚守着这样一种文学观念:唐宋散文是古文一家独大的天下,在汹涌澎湃的古文浪潮中,骈文乃至时文溃不成军,无力阻挡这一历史潮流,屹立潮头的唐宋八大家镇定自若地引导着文章演化的方向。

　　唐宋散文演进的具体状况,在不同时期与不同学者那里也许有着不同的显示,但无论如何,现存的唐宋文章总集告诉我们"古文"只是其中的一部分,尽管我们大多数时候都将目光停留在它们身上〔1〕。人们总是容易看见他们所希望看见的,可摈弃在视线之外的事物并不会就此消失,它

---

〔1〕　如对于唐代墓志,无数选本强化了散体这一印象,而事实上却非如此。唐长孺说:"从周绍良先生主编《唐代墓志汇编》所收贞元到唐末九百余方墓志看,古文运动兴起后,墓志还是以骈骊文为主。贞元到大中以前五百六十多方墓志中,骈骊体占百分之七十以上,而散文体墓志也都夹杂着骈骊句式。大和时期,我们才发现了像韩愈那样纯用散文写成的墓志,到大中时,这种情况尤为多见,但骈体墓志仍多于散体墓志,而且大中以后,直至唐末,骈骊文在墓志中又再度兴盛,占绝对优势。"唐长孺著:《唐长孺社会文化史论丛》,武汉大学出版社2001年版,第224页。

们依然会默默地固守在那里,等待被发现的那一天,一如当初 20 世纪前期"古文运动"这一文学现象的被发掘。在古文运动与唐宋散文两者关系牢不可破的今日,对它们关系的紧密性哪怕稍作质疑都不会是一种明智的行为。与其爬罗剔抉地寻绎相关事实以为佐证,不如对"古文运动"的叙述史进行梳理,毕竟"古文运动"这一名词出现的历史还不满百年。

在这百年之中,"古文运动"这一术语何以脱颖而出,能为人们耳熟能详呢?当我们回顾 20 世纪人们接受"古文运动"的历史的时候,我们不无惊讶地发现,那些被如今的学者认定是理所当然的结论,即似乎已经进入"前概念"、"前理解"的那些观念,曾经饱受质疑,历经波折,其根基并不如我们所想象的那样厚实,虽不至于奠基于流沙之上,面临随时坍塌的危险,却也残留着无数的罅隙,在流水的冲刷下有着加剧的可能。顺着这些罅隙仔细追踪,或许会恍然发现,如今困扰我们的心结,原来在源头就已经存在。或者说,正是在建构新的批评话语体系之初,由于对某些基础性的概念的理解,存在着比较大的争议或偏差,才使人们在歧路上渐行渐远。

第一节　20 世纪前期对古文运动的文学性的质疑

一　胡适信手拈出"古文运动"

在 20 世纪为数不多的对"古文运动"这一概念的质疑声中,最响亮、最集中的是对"运动"这一定义的批评,如"所谓运动,必有一个团体作有计划的种种活动,如文字、口头宣传等。唐代古文家对古文只是个别提倡而已,顶多有若干人响应附和,实在不成为什么运动。'古文运动'是近人受时风潮流的影响而产生的一个名词"[1]。"是否称之为运动,实关系到一个牵连颇广的原则问题。约定俗成,我们称新乐府与古文的提倡为'运动',固无不可。我们可以说运动有大小,不一定非要对准'运动'的种种

---

〔1〕 罗联添:《论唐代古文运动》,韩国《中国学报》第 25 辑,1984 年 9 月第四次中国学国际大会特辑。

严格定义。甚至我们可以更含糊一些，当年胡适先生受新思潮的影响，随机式的称'运动'，我们也就跟着那样称呼就是了。但问题就来了，类似的现象，如晚明的公安派提倡性灵说，我们称不称其为'性灵运动'呢？许多的流派，都有主张，参加者也不少，我们称不称'运动'呢？理论研究是要求严谨的，在论证过程中应该尽量避免随意性，力求做到准确严密。这似乎是一个尚待研究的问题。"[1]

"古文运动"能不能或者说该不该称之为一场运动？这一问题的拈出，似乎是颠覆性的，大有釜底抽薪之势。尽管20世纪后期的学者，由于诸多原因，对"运动"这一语词不无抵触心理，从而在情绪上对这一做法极易产生共鸣，但这种对"古文运动"的消解并不足以造成致命性的伤害。首先，无论称不称之为"运动"，这一巨大的变化是存在的，即使其时提倡者不多，呼应者也甚少；其次，在对这一变化的描述中，人们从"文运拓新"、"古文复兴"、"文艺革新运动"等诸多概念中选定"古文运动"，看似偶然却存在必然，其间的意义多有为人忽略处；最后也是最重要的，这种消解看似颠覆性，却是外围的，"古文运动"的核心在于"古文"，这个概念出现的意义在于描述"古文"如何走上历史舞台并成为正统与正宗，但事实上对于"古文"的涵义却从来没有彻底厘清过，这导致人们对这一运动的理解出现了较大偏差，从而使赞同与批评都偏离了目标。

在胡适推出"古文运动"这一概念之前，20世纪之初的学者在面对唐宋文章的变化上，曾经用"复兴"、"革新"、"拓新"等诸多语词来描述。1915年，曾毅在他的《中国文学史》第二十二章"欧阳修与文运拓新"中开篇写道："起赵宋文运之衰而为一代诗文宗匠以转移天下之风气者，惟欧阳修。修固宋文学界极有力之人也，然六朝之绮习，而后有伯玉（陈子昂）之高纵，有元结、独孤及之前驱，而后有韩昌黎之矫厉，壮文界革新之势力。夫固有筚路蓝缕以启山林者，则尹师鲁、苏舜钦、梅圣俞之功不可忘

---

〔1〕　罗宗强：《20世纪古代文学理论研究之回顾》，《古代文学理论研究》，湖北教育出版社2002年版，第32页。

也。"〔1〕曾氏称自陈子昂、元结、独孤及至韩愈的文章变革为"文界革新"，而尹洙、苏舜钦、欧阳修等人诗文革新为"文运拓新"。欧阳修等人的"拓新"，自然是承接韩愈等人的"革新"而来，不过曾氏特别指出，这种承接沿袭仅仅指散文而言，尽管宋代骈文也发生了剧烈变化，欧阳修等人也对偶俪之文进行了诸多改造〔2〕。

1918年，谢无量用"古文复兴"来描述庆历以来文章的变化。在他的《中国大文学史》中，古文创作是从萧颖士、李华诸人开始的，而后韩、柳形成古文一派，至宋初经过多人的努力，迎来庆历年间的文章复兴。值得注意的是，无论曾毅还是谢无量，对于唐代文章的变化虽然给予了一定程度的关注，但其重视程度远远无法与后世相比。曾氏以为"自韩、柳以古文为天下倡，其承流而变者，固已有人，而卒以得位未崇，偃草力弱，骈俪之余波浸染甚久，回荡转振，其势未能遽熄，至于宋而古文始大畅其风。韩、柳之功，在唐为小，在后世为甚巨"〔3〕，谢氏则以为"唐文学之特质仅在诗歌，宋文学之特质，则在经学、文章之发达"〔4〕，他们都认可宋代文章的大兴与韩、柳的改革有关，但韩、柳的变革还不足以在当时就引发颠覆性的变化，所以他们在文学史中对于宋文都开辟了"拓新"、"复兴"等专章来进行论述，至于韩、柳之文则停留于"派别"介绍的层面上。这似乎是其时人们的共识，在众多的文学史中我们不难发现存在过许多类似的判断〔5〕。

饶有趣味的是，当胡适首先拈出"古文运动"这一概念时，也是将它与

---

〔1〕 曾毅：《中国文学史》，泰东图书局1915年版，第191页。

〔2〕 "（欧阳）修于散文既以韩为宗，力振古学，掔有宋文章之领矣，而朝廷制诰、缙绅表启如英公、大小宋，固犹未脱杨刘之绮习也，修奋然为之，独尚雅隽，行以流转之笔，……子瞻兄弟更旻英伟，去浓丽而宗雅淡，遂蔚为宋骈体之特色，而风气亦自修开之。修成人杰矣哉。"曾毅：《中国文学史》，第196页。

〔3〕 曾毅：《中国文学史》，第171页。

〔4〕 谢无量：《中国大文学史》卷八第十章"宋文学之大势及五代文学之余波"第一节"宋文学总论"，第1页。中华书局1918年初版，1940年版。

〔5〕 如赵景深《中国文学小史》（上海光华书局1928年版），于唐仅介绍诗歌与小说，韩愈虽名列其间，却是与刘长卿并称为"苦吟诗人"，于宋辟有专章"宋散文家"。王梦曾《中国文学史》（商务印书馆1914年版），唐代文学属于其所谓"词胜时代"，古文难觅踪迹，而宋代文学属于"理胜时代"，是"古文昌盛时期"。

宋代文学联系在一起。1927年，胡适首先在《国语文学史》中指出："古文自韩、柳之后，中间经过晚唐的骈偶文复辟，势力又衰落了"，"古文运动是反对骈文的，是要革骈文的命的"，"到了第十一世纪中叶，欧阳修的古文成为一代宗师；他的同乡曾巩、王安石都是古文的好手；西南方面又出现了苏轼、苏洵、苏辙父子三个文豪。古文的八大家之中，六大家都出在这一个时代。古文运动从此成功；虽不曾完全推翻骈文，但古文根基从此更稳固了，势力也从此更扩大了"[1]。第二年，胡适又在《白话文学史》上册蜻蜓点水般地拈出了"古文运动"这个词语[2]。在第十五章"大历、长庆间的诗人"论及韩愈的诗歌时，他顺便说道："韩愈提倡古文，反对六朝以来的骈偶浮华的问题。这一个古文运动，下编另有专章，我在此且不讨论。在这一章里，我们只讨论他的诗歌。"[3]他言之凿凿地告诉我们以后会详细讨论这个问题，不过，我们终究没有等到他的进一步论述。

二　胡云翼对古文运动载道宗旨的批评

值得注意的是，尽管胡适没有详细阐述"古文运动"这一概念的具体涵义，从他之前对唐代诗人的评述中，我们大致可以推断出他所谓的"古文运动"，是他所倡导的"文学革新运动"的组成部分之一。他所感兴趣的，是一个与旧习俗、旧传统迥异的文学变革，他的着眼点则在于"新运动"。真正首次从新运动的角度来全面论述唐代文学变化的，是胡云翼。1931年，胡云翼在他的《新著中国文学史》第四编论述唐代文学时，将其内容分为四个章节，依次为"唐代的文学运动"、"唐代的诗歌"、"唐代的歌

---

〔1〕　胡适：《国语文学史》，安徽教育出版社1999年版，第93—95页。《国语文学史》一书的刊行情况较为复杂，初稿为石印讲义，写就于1921年11月，修订增补后，由北京文化学社1927年4月初次出版。

〔2〕　中国台湾学者罗联添说："中国文学史，最先用'运动'这个名词的是民国十七年出版的胡适《白话文学史》。例如他称天宝以前诗人'只能做那个新运动里的几个无名英雄而已'，认为'白居易与元稹都是有意作文学革新运动的人'。"（罗联添：《论唐代古文运动》，载陈弱水、王泛森主编《思想与学术》，中国大百科全书出版社2005年版，第61页）严格讲来，这里还只是提到"新运动"与"文学革新运动"，还不能与后文所言"古文运动"等同视之。

〔3〕　胡适：《白话文学史》，新月书店1928年初版，1939年版，第414页。

词"、"唐代的小说"。所谓"唐代的文学运动",在他的眼中实际上就是唐代古文的革新运动,亦即我们今日所说的"古文运动"。而唐代文章演进的历史,也就是古文压倒骈文的历史。唐代古文的兴起,源于对骈偶文字的改革:"骈偶绮艳的文学,经过两晋六朝长期的发展,其风气已深中人心,虽受一部分文人的反对,和隋文帝政治手段的压迫,结果亦不甚奏效。隋文帝的儿子隋炀帝就是喜欢写绮文艳思的一个。故至唐之初期,还是骈偶绮艳的文风流行着。……直至陈子昂起来,才极力提倡有风骨的朴实的汉魏文学,反对晋宋以后的颓靡文学。……自此,萧颖士、李华、元结、独孤及、梁肃诸人继起,皆宗法陈子昂,继续倡导文学复古之论。至韩愈、柳宗元两大文豪起,古文运动乃底于成功。"唐代古文的衰落,表现为骈偶文风的复兴:"古文运动有韩、柳二氏的努力而达于最高的发展。继之者有李翱、皇甫湜等,皆以才力文誉不及韩、柳,不足号召天下,古文之书逐渐衰。至于晚唐,绮艳的骈偶文学又复活起来,把古文打倒了。"[1]

总之,胡云翼认为,唐代文学运动之所以称之为一场声势浩大的文学革新运动,就在于其间古文对骈偶文字的胜利。打倒绮艳的骈偶文字,既是这场文学运动的旗帜,也是它的价值之所在。因此,在谈到唐代文学运动的好处时,胡云翼总结为四个方面:"第一,唐代古文学运动的实际,乃是一种提倡朴实散文的运动";"第二,有这个时期的文学运动,阻遏了骈偶绮艳文学的发展";"第三,这个时期的文学运动,因为反对空疏浮华不能致用的纯文学,乃揭出明经载道以为做文章的目的";"第四,这个时期的文学运动,因为要矫正骈偶文学的堆砌藻饰、隐晦难懂的毛病,乃改用浅近流畅的文言来做文章"。在这里,我们不难发现,作者始终站在古文的立场看待这个文学运动,并且自始至终将骈偶文字置于它的对立面,虽然他意识到唐代新兴的散文是南北文学合流的结果,"实际上是受了南朝文学的洗礼,归于北朝稳定的质朴,是能够兼南北文学之所长的"[2]。

正因为把古文与骈偶文字置于对立的两极,他才把唐代的文学运动

---

〔1〕 胡云翼:《新著中国文学史》,上海北新书局 1933 年初版,1947 年新 1 版,第 108—111 页。

〔2〕 胡云翼:《新著中国文学史》,上海北新书局 1947 年版,第 113—114 页。

理解为此消彼长、敌进我退,而古文运动的意义也就仅仅停留在对骈文的胜利上,古文的价值也主要体现在实用方面。从他对唐代文学运动的批评中,我们可窥一斑:"这个文学运动自然有许多缺点:第一是不应该以复古为名,埋没了文学进化的观念;第二是不应该以文学为载道的工具,忽视纯文学的价值。"[1]由此看来,作者内心其实充满了矛盾。一方面他将唐代古文的兴盛称之为一场重大的文学革新运动,另一方面他对新兴古文的文学价值并不太认可。所以,从他对唐代文学的描述中,我们发现能够体现他的"纯文学价值"的依然是唐代诗歌、歌词与小说。事实上,在编撰文学史之初,他就曾阐明了他的"纯文学"立场[2]。在这个立场下,古文不能说排斥在外,也最多只是龟缩在一隅。

　　这种在西方思潮影响下形成的文学观念,使他对宋代古文评价不无偏颇。与唐代文学运动一脉相承的宋代文学运动,虽然使古文取得了压倒性的优势,"于是古文的势力乃确立了不可动摇的基础,自此以后,至于清末,八九百年的文章完全是古文的权威,骈体文便衰落下去了",但这并不足以让我们欢欣鼓舞,因为"宋代古文运动的理论,最障碍纯文学的发展,这是文学史上不幸的事"。而不幸的根源,即在于作者认为骈文与古文势同水火。"在文学史上,骈文和古文向来是站在对抗的地位的。骈文注重艺术,倾向唯美主义,其作品多是美术文,属于纯文学一类;古文注重实用,倾向于功用主义,其作品多系实用文和学术文,属于杂文学一类。……宋代的学者,在注重'文以载道'的一点上,意见都是一致的。他们既然认定了'文以载道'的观念,自然要反对骈文,甚至于反对纯文学,而极

---

〔1〕　胡云翼:《新著中国文学史》,上海北新书局1947年版,第113页。

〔2〕　"文学向有广狭二义,广义的文学即章炳麟所说'著于竹帛之谓文,论其法式谓之文学',即是说一切著作皆文学。这样广泛无际的文学界说,乃是古人对学术文化分类不清时的说法,已不能适用于现代。至于狭隘的文学乃是专指诉之于情感而能引起美感的作品,这才是现代的进化的正确的文学观念。本此文学观念为准则,则我们不但说经学、史学、诸子哲学、理学等,压根儿不是文学,即《左传》《史记》《资治通鉴》中的文章,都不能说是文学,甚至于韩、柳、欧、苏、方姚一派所谓的'载道'的古文,也不是纯粹的文学。(在本书里之所以有讲到古文的地方,乃是借此以说明各时代文学的思潮及主张。)"胡云翼:《新著中国文学史·自序》,上海北新书局1947年版,第5页。

力提倡朴实致用的古文。"〔1〕

胡云翼有关"古文运动"的论述,值得玩味处颇多,其中有三点尤其值得注意:首先,他虽然肯定了古文的价值,却将其排除在纯文学之外,真正能够展示文章艺术之美的是骈文;其次,古文之所以受到排斥,是它的功能主要在于实用,尤其体现为载道;最后,古文运动的意义主要体现为文体的改革。他的这些观点并不是独有的,而是时代情绪的普遍表达。

三 郑振铎对古文运动师古倾向的批评

在胡云翼《新著中国文学史》出版的次年,郑振铎的《插图本中国文学史》面世。相比于胡氏的新著,郑作对于古文运动的认识似乎更为清晰,它明确地以"古文运动"与"古文运动的第二幕"来专门概述唐宋文章的发展,而不再含糊笼统地称之为"文学运动",而古文运动这一称呼也随着"插图本"影响的扩大而渐次深入人心。不过,虽然作者在例言中表示"本书着重于每一个文学运动,或每一种文体的兴衰",但书中对唐宋古文运动的论述反而不如胡氏新著更为细致,其评价也不比后者为高。在郑振铎那里,古文运动的意义仅仅停留在文体革新的意义上,即解骈为散。"古文运动是对于魏晋六朝以来的骈俪文的一种反动,严格地说,乃是一种复归自然的运动,是欲以魏晋六朝以前的比较自然的散文的格调,来代替六朝以来的日趋骈俪对偶的作风的。"〔2〕这一运动的结果,自然也就是古文代替骈文成为文坛的正宗。"大约从韩柳以后,古文的一体,便正式的成为文学的散文了。凡欲为文士,欲得文名传于后世,便非学作古文不可,而骈俪文在文坛上的运命遂告了一个结束。"〔3〕因此,郑氏特别指出"古文运动的成就并不怎样伟大","他们是兜圈子走的,并不是特创的,且

〔1〕 胡云翼:《新著中国文学史》,上海北新书局 1947 年版,第 169—171 页。

〔2〕 郑振铎:《插图本中国文学史》,第二十八章"古文运动",北京工业大学出版社 2009 年版,第 307 页。郑振铎《插图本中国文学史》本于 1932 年 12 月由北平朴社初版,1957 年修改了个别字句,续撰了第六十一章至六十四章,删去了附录"新文坛鸟瞰",后由作家出版社重印出版。文中所用版本,除订正不必要的错误外,对原文没有作任何改动,见其"再版前言"。

〔3〕 郑振铎:《插图本中国文学史》第二十八章"古文运动",第 313 页。

不曾创造出什么新的东西来,故其成功究竟有限,只是把散文从六朝的骈俪体中解放出来而已","故虽是一场文学改良运动,却究竟还不是什么真正的文学革命运动"。[1]

胡云翼与郑振铎对古文运动均有所訾议,但两人批评的着眼点并不一致。胡氏新著,对古文运动的旗帜即"载道"的宗旨尤为不满;而郑氏的插图本,则指责韩愈诸人"托古改制",缺乏独创的艺术精神,即对古文运动的创作方式不愿认同。对载道的古文进行批判清算,正是新时期文学革新运动的基石之一。胡适《文学改良刍议》所谓"八事",大半针对古文流弊而言。而陈独秀虽然承认韩愈是文界豪杰之士,肯定他变八代之法,开宋元之先,但终究只是适逢其会而已,"昌黎之变古,乃时代使然,于文学史上,其自身并无特色可观也"。他对于韩愈的不满,除了师古的创作倾向外,就是载道的创作宗旨。"文学本非为载道而设,而自昌黎以迄曾国藩所谓载道之文,不过抄袭孔孟以来极肤浅极空泛之门面语而已。余尝谓唐宋八家文之所谓文以载道,直与八股家之所谓代圣贤立言,同一鼻孔出气。"[2]

事实上,对于韩愈"师古"倾向的不满,是20世纪初期人们的共识。正是由于对韩愈的创造性缺乏认同,人们对古文运动复古的倾向更为关注,而对其革新的一面较少挖掘。20世纪初,林传甲在京师大讲堂评点中国传统文学时所留下的《中国文学史》,历来被认为是中国文学史的开山之作[3]。一个世纪之后,重温这部文学史,我们不能不惊讶地发现他对韩愈及其唐宋古文家的看法,实在是与当今的潮流相去甚远。在他看来,韩、柳诸人的复兴古文的努力,是一场实实在在的复古,始终停留在模仿的层面上,而且这种模仿还只是腔调的模仿。相对于失败的模仿者,他

---

〔1〕 郑振铎:《插图本中国文学史》第二十八章"古文运动",第312页。

〔2〕 陈独秀:《文学革命论》,《新青年》第2卷第6号,1917年2月1日。

〔3〕 对于林传甲《中国文学史》第一部的地位,近年来不断有人提出质疑。如陈国球《"国文讲义"与"文学史"之间——林传甲〈中国文学史〉考论》即认为林著文学史意识并不强,只能称作讲义,与现今文学史著述并不相同。见《中国雅俗文学研究》第一辑,朱栋霖、范培松主编,上海三联书店2007年版。

们的成功仅仅在于语言更为明白晓畅,其实质与他们所批评的齐梁文学并无二致〔1〕。为什么林传甲会产生这样的看法呢?首先自然与他的文学退化论有关〔2〕;其次则与他过分关注文体的变化有关。在他看来,一部传统文学史,似乎就是文体源流变迁的历史〔3〕。韩愈在文体上虽有所创造,但这种改变只是为了适用而已:"韩昌黎之文体,自出新裁,非沿袭前人也。……昌黎初学独孤及之文,继而学司马相如、扬雄之作,深知世俗学文恒肖其形貌,故独运精思、别开生面焉。盖古人文字未备时,每有新器而无名者,则造新字以名之。有新意而不能达者,则造新句以达之。昌黎之意,实上契仓籀创字之意,是以谓之古文也。独孤及诸家交骈文为散文,犹解汉隶为散隶耳。昌黎以大气运之,则如草书应急,无不可达之意,用以治事而事无不治矣。至于纪述明畅、议论严警,尤非骈体所能为。虽时人莫之许,而后世尊用之。"〔4〕他认为韩愈"古文"的出现,与上古"古

〔1〕 林传甲《中国文学史》第十四篇"唐宋至今文体·总论古文之体裁名义":"古文者,汉人称仓籀篆文之谓也。凡龙凤之书、蝌蚪之字者,皆谓之古文,盖以秦汉以前为古文也。唐宋至今,所谓古文家,名为上挑孔孟,实则模拟两汉而未能也。周隋之士,已厌南朝文体之陈滥,物极必反,唐人乃别出新法,自成一体,遂以古文为专门名家。夫汉魏六朝,其文体之变也以渐,世人趋之而不觉。唐初四杰之才,亦徒知齐梁为近古也。昌黎欲自出新法,又惧其惊世骇俗,行之不远,不得已托言前古,以示有所征信,可以钳守旧者之口耳。虽然,极六朝之弊,不过揣摩声调也;极八家之能事,亦不过揣摩声调也。同一揣摩,反唇相讥,是以五十步笑百步也。唐宋诸家古文之佳者,不过明白晓畅而已。"《京师大讲堂国文讲义·中国文学史》,上海科学书局 1916 年版,第 169 页。

〔2〕 如其林传甲《中国文学史》第十四篇"唐宋至今文体·总论古文之体裁名义"云:"必欲步骤两汉,则昌黎《进学解》,不逮东方朔之《客难》,其《送穷文》亦不若扬雄之《逐贫赋》。然唐人学两汉者,犹力求典重。宋人学韩柳者,渐运以轻虚。明人学唐宋八家者,则在流连跌宕之间而已。近人学八家不能成,充其量仅肩随于明之归震川。岂上古必不可学乎?抑学之未得其道乎?"其论宋代诸家,有以为不如唐代作者:"杜牧之文,选八家者弃而不收,而苏氏之平淡者亦收之,明人无识之甚也。至于王安石文笔刻露,不过唐之牛僧儒。曾巩之文笔纡徐,不过唐之元积。盖不仅欧公之文出于昌黎。彼选唐宋八家者,固不足以语唐宋之流别矣。"上海科学书局 1916 年版,第 169 页。

〔3〕 其论述骈文的历史,有云:"文章难以断代论也。虽风会所趋,一代有一代之体制,然日新月异,不能以数百年而统为一体也。惟揣摩风气者,动曰某某规摹汉魏,某某步趋六朝,某某诵习唐骈文,某某取法宋四六。然以文体细研之,则汉之两京各异,至于魏而风格尽变矣;六朝之晋宋与齐梁各异,至于陈隋而音节又变矣;而唐四杰之体,至盛唐晚唐而大变,至后南唐而尽变矣;宋初杨、刘之体,至欧、苏、晁、王而大变,至南宋陆游而尽变矣。"林传甲《中国文学史》第十六篇"骈文又分汉魏六朝唐宋四体之别·总论四体之区",上海科学书局 1916 年版,第 196 页。

〔4〕 林传甲:《中国文学史》,上海科学书局 1916 年版,第 171 页。

文字"的出现,意义是一致的,都是为了表达的需要。古文虽然在议论与叙事方面有超越骈文之特色,但更能展现文学之美的还是骈文。

林传甲认为,韩、柳等人相对于其他复古者而言,本质上并没有太大的区别,只是在模仿的过程中更为成功而已。这一观念,在此后的文学史中较为常见。如"古文的运动,起于初唐,到中唐韩愈、柳宗元诸人出,才成了文学上一个支派,叠经挫折,至宋欧阳修、曾巩、王安石、苏轼诸人兴起在文学史上,成了一个大潮流。后世研究古文的人,无不推崇唐宋诸家。这种运动最大的功劳,在打倒不自然而雕琢过度的骈文的权利。它的流弊,在模仿古代文字,无独创的精神,在文学史上不占重要地位。不过,古文做得好的,的确刊落声华,屏绝雕饰而能一唱三叹,情韵悠然。用文学的尺来估量它,它的旨趣,好像自由诗"[1]。

四　刘大杰对古文运动非文学性倾向的批评

让我们感到诧异的是,陈冠同对优秀古文的肯定,主要在于它的情韵与旨趣,如自由诗一样。这种以诗的标准来评判古文,细想来正是其时所盛行的"纯文学"的立场。在胡云翼的《新著中国文学史》中,我们已经见证了他是如何小心翼翼地绕过这个敏感话题的。写于1940年而问世于1941年的刘大杰《中国文学发展史》,在对古文运动的评述中相当醒目地凸显了他的"纯文学"立场。在他看来,古文运动兴起的历史,正是唯美主义思潮逐渐遭受抑制的历程。这使他对唐代以来就备受斥责的六朝文学抱有特殊的好感,至于那些被我们如今标榜为古文运动先驱者的改革家,在他眼中却是逆行者。在第十二章"唐代文学的新发展"中,作者曾这样描述古文运动的历史背景:

> 中国文学观念的解放,起于建安,经过陆机、葛洪、钟嵘诸人的发挥讨论,伴随着那思想自由的时代,于是那长期文学的发展,达到了独立的艺术的阶段,纯文学占了正统地位。无论文章

---

〔1〕　陈冠同:《中国文学史大纲》,上海民智书局1931年版,第99—100页。

辞赋,也都趋于声律形式与辞藻的美化,他们是完全离开了教化的实用的立场了。在这一个唯美文学的潮流中,虽也有裴子野、苏绰、李谔诸人的反抗,究竟风气已成,没有收到多大的效果。所谓真正的文学改革,是不得不待之于唐朝了。关于诗坛的革命,留着在后面再说。现在所要讲的,是柳冕、韩愈、柳宗元诸人所代表的那种一面攻击六朝文风一面建设道的实用的散文运动。[1]

其中,作者对于柳冕的批判最为犀利,直斥其为抑制"纯文学"发展的罪魁祸首。中国晚近社会文学的没落,他难辞其咎:"他(柳冕)这种理论,不仅为韩、柳所本,也就成为中国一千余年来儒家道统文学的定论,纯文学因此不能翻身,贵古贱今之说,尊经征圣之论,也深深刻入读书人士的脑中而不能动摇了。经史一类的杂文学,成为文学界的正统,诗词、小说、戏曲等类的作品,只能在文学界曲处于姜婢的地位了。"[2]这一立场使他对韩愈的肯定极为勉强:"不过,我们也不能因此就轻视他(韩愈)在散文运动中的业绩。他在中国的散文史与文学思想史上,确是占有重要的地位。因了他,击倒了六朝的骈文,提高了散文的地位,推翻了前代的唯美思潮,主张文学与儒道结合为一,确定了教化实用为文学的最高目的,完成了儒家的文学理论,而成为后代论文界的权威。"[3]

韩愈的贡献,在于击倒骈文而推翻唯美思潮,而唯美思潮却正是纯文学的重要表现形式。正是在这个意义上,作者认为古文运动虽然使文学贴近了生活[4],却付出了沉重的代价,那就是文学性的退化、美的价值的

---

〔1〕 刘大杰:《中国文学发展史》,中华书局 1941 年版,第 277 页。

〔2〕 刘大杰:《中国文学发展史》,第 280—281 页。

〔3〕 刘大杰:《中国文学发展史》,第 282 页。

〔4〕 "唐代古文运动的兴起,在文学的发展史上,自然是一种必然的趋势。中国文学自建安到初唐这几百年中,完全是朝着艺术的唯美的路走的。其好处是纯文学得到了独立的生命与地位,而其坏处是文学离开了现实社会人生的基础,而流于外形的美丽与空洞的内容。一种思潮走到极端,自然会生出一种反动。其次,唐代君主集权的势力相当稳固,衰落了几百年的儒家思想渐渐地抬头,于是王道教化的种种观念,适应着当代的政治环境,而成明道的实用的文学的要求。我们从这两点看来,便知道这种运动虽完成于韩柳,然其前因后果是有着一种时代的意义的。"刘大杰:《中国文学发展史》,第 284 页。

剥离、艺术生命的丧失。因此,表面看来作者不偏不倚,对古文运动的成就与缺点各有论述,但我们不难发现作者的倾向性:

> 这一次的运动,对于中国后代文学界所发生的影响,有坏处,也有好处。坏处方面,我提出下面最重要的几点:
>
> (1)因复古之说,忽视文学的进化原理,造成后代贵古贱今的顽固观念。
>
> (2)由明道而走到载道,过于重视文学的实际功用,于是文学成为伦理道德的附庸,失去了艺术的生命与美的价值。
>
> (3)过于重视古文,因此经史哲学都成为文学的正统,纯文学的诗歌小说戏曲降为末流,因而紊乱了文学与学术的观念。
>
> 这些缺点,是无可掩饰的,在过去的文学界,发生种种恶劣的影响,也是非常明显的事。然而他们也有些好处。
>
> (1)因为他们提出那种平浅朴实的散文,于是那种不切实际的空虚华美的骈文遭受了打击而趋于衰落。这一点,在他们当日的态度,确实是革命的。
>
> (2)因为他们主张文学的实用主义,使文学与人生社会发生联系,一扫过去那种极端的个人主义与浪漫主义的思潮,如元白一派的社会诗运动,一面固然是受了杜甫的作品的感动,同时一定也有他们理论的启示与影响。
>
> (3)因为他们倾心于散文的创作,散文得到了很好的成绩。在韩愈、柳宗元、李翱、皇甫湜诸人的集子里,确有许多明白流畅文法完整的散文作品,尤其是柳宗元的山水小品,刻画精巧,文字细密,是当日散文运动中的最高收获。再如当代的传奇文,也可以说是这一个运动的副产物。[1]

虽然如此,相比于此前不以为然的批评家,刘大杰对于古文运动的评

---

[1]　刘大杰:《中国文学发展史》,第284—285页。

价是一个巨大的飞跃,他反复确认这场运动是一场革命,具有时代的意义,散文发展的成就也得到了充分肯定。不过,他终究无法旗帜鲜明地赋予古文以文学性,从而从文学的角度对古文运动做出积极的评价。因为随着新思潮的涌入,"纯文学"的观念极为盛行,古文在许多批评家那里都被排除在文学的畛域之外。

关于"纯文学",历来是一个含混而复杂的话题,至今仍有争议,厘清其概念确乎只是一个美好的愿望。与散文包括"古文"相关的"纯文学"讨论,主要是在文体的层面上进行的。从文体的角度来说,最先被明确纳入纯文学视阈的是戏曲与小说。1905年,王国维在《论哲学家与美术家之天职》一文中说:

> 更转而观诗歌之方面,则咏史、怀古、感事、赠人之题目弥满充塞于诗界,而抒情叙事之作什佰不能得一,其有美术上之价值者,仅其写自然之美之一方面耳。甚至戏曲、小说之纯文学往往以劝惩为旨,其有纯粹美术上之目的者,世唯不知贵,且加贬焉。[1]

当然,王国维先生只是指出戏曲与小说这两种文体都属于纯文学,并不意味着纯文学只包涵这两种文体。大致而言,戏曲与小说之外,诗、词与部分辞赋也可视为纯文学,而散文往往被排除在外。1906年,王国维又在《文学小言》中说道:

> 上之所论,皆就抒情的文学言之,《离骚》、诗词皆是。至叙事的文学,谓叙事诗、史诗、戏曲等,非谓散文,则我国尚在幼稚之时代。[2]

王国维将散文排斥在纯文学领域之外,是因为在他看来,散文的功能

---

〔1〕 姚淦铭、王燕编:《王国维文集》(下部),中国文史出版社2007年版,第3—4页。
〔2〕 姚淦铭、王燕编:《王国维文集》(上部),中国文史出版社2007年版,第16页。

主要是实用的而非审美的。黄人进一步指出，文学的核心要素是审美，但美是属于情感的，所以文学的实体是情感[1]，而展示文学这一本色的文体是诗歌与小说。在1907年出版的《中国文学史》中，他写道：

> 言文学者，无不推原于大道，根柢于六经。其实道非一端，杨墨之是，有时贤于孔孟之非；樵牧之俚，有时过于图书之秘。六经虽云载道之书，而考其实质，唯《诗》《书》为正则之文学，且《国风》《雅》《颂》，旨趣各殊；典谟训诰，体裁迥异。苟细为分析，皆可自成一家，别为初祖。若五德之代兴，忠质一视所尚；若九土之分域，埴坟咸有所宜。而演进益深，则繁赜纷纭，已尽革其故，而别生新种。论报本追远之厚意，不妨谓同出一原。识乘除消息之化机，则断难强驱于同轨。且奉一神者宗教之主体，而旧宗新派已分裂于坛宇之间，明一尊者君主之大权，而九夷八蛮尚羁縻于职方之外，文学为言语思想自由之代表，而刻木为主而听命之，画地为牢而谨守之，不亦慎乎？至若诗歌小说，实文学之本色。故三代典籍，每多有韵之文，而《虞初》《齐谐》，亦为最古之史乘。前者所以生音乐之精神，后者所以穷社会之状态。体制虽有变更，而目的未尝或异。余若《客嘲》《宾戏》，呈诡辩之才；石鼎锦图，极文心之巧；典午清谈，为两宋南宗北宗之滥觞。舒王经义，树有明甲科乙科之正鹄。此皆文学之不循故辙而独辟一区者，虽无当于大道，要不失审美之旨。而述文学系统者，往往摈不与列。由前而言，则失之太广；由后而言，则又失之太狭。广则不能通者，而强求其通，狭则本可通者，而屏不使通。而其极均至于不通，虽曰政治习俗实使之然，此言语思想之自

---

[1]　"要而言之，文学以两要素而成，一内容，一外形也。内容为思想，重在感情的，外形为文词，重在格律的，而格律仍须流动变化，与他种科学之文不同。外形不论而就其实体（即内容）言之，其人之思想有三方面，即真、善、美是也。美为构成文学的最要素。文学而不美，犹无灵魂之肉体。盖真为智所司，善为意所司，而美则属于感情，故文学之实体可谓之感情云。"黄人：《中国文学史·文学之定义》，国学扶轮社印行。

由,政治习俗固未尝明为制限,而亦不能为之制限也。

诗歌与小说,可以成为展示文学的本色,在于它们是自由思想的代表。而在论述宋代文学时,他得出了一个让我们意外的结论:两宋文学的特色主要在语录、四六与词三方面,因为"语录为积极之真的一方面。诗余为积极之美的一方面,而四六以美表真,成辞命之新种,皆创观也"。至于古文,黄人则认为其价值在于展现学术思想。1909 年,他在为《清文汇》所写的序言中说道:

> 《诗》《书》六艺,古隶史掌,而概谥为文,盖殊名而同物。姬孔作述,上溯谛煌,下赅谣俗,旁及夷野,标准千祀,夐乎莫尚矣。天禄兰台,略设轸畔,彦和《雕龙》,弟畅旨趣。至萧梁哲储,始别加组纂,剖觚绩素,渐眦审美,而罗弋前修,未迮学礼之训。唐宋以还,乃立古文之颛名。论道经世者或薄为丧志而不屑染指,玩华绣蜕者又慊于客气而不敢抗颜。遂孤行艺苑,若别为一种之学术,一种之思想。考之名义,则宗尚挽近不为古,屏除声色不称文。征诸实际,则骈偶而鳏寡其俦,词赋而匏土其响而已。然由浑而画演进公趔,且揭橥数百年,久为学子公认,毋庸置议。于是而有古文之颛家出焉。颛家既夥,则有古文总集出焉。……非无文也,徇古之虚名以求文,则文之实丧;泥古文之死法以衡文,则文之义荒。标榜有文而独立无文,范埴有文而自然无文,则虽谓之无文可也。一代无文则一代学术思想非附见于削青者,皆将晦翳渐熄而无所征验,兹可恫焉。

黄人以为,唐宋以来所出现的"古文",其实是十分尴尬的。有志于经世治国者,不屑一顾,把作古文视为玩物丧志;爱好文学者,又被它一本正经的面孔所吓倒,畏避三舍。从内容趋向上看,它关注的是现实生活,与"古"无缘;从表现方式上看,它摈弃了华丽的外表,难以称之为"文"。所以在文学园地,它显得特立独行,似乎成为一种学术思想。

从现代文学的四分法来看,刘半农的文学观念好像与后人最为接近。

在 1917 年发表的《我之文学改良观》中，他明确地将诗歌、戏曲、小说与散文都列入了文学的范围[1]。但仔细看去，我们发现他所谓的文学性的散文，只是杂文与历史传记。至于历史传记，他已经明确告诉我们，是就古代中国的创作惯例而言，实质还是属于非文学的"文字"领域。而他之所以提出"杂文"的概念，一方面正是为了将实用性学术性较强的古文剔除在外；另一方面在文中虽与"小说"并称，实际上仅就表述方式而言，是对小说的一种描述。在其专论"散文改良"的具体方案时，他强调说"所谓的散文，亦文学的散文，而非文字的散文"，而其中文学散文的例证，却是小说。至于他主张以文字与文学之分代替陈独秀的"文学之文"与"应用之文"，其用心亦是强调文学的审美功能而摈弃其实用功能，所以应用性强的酬世之文，虽勉强进入了文学畛域，却被视为文学废物。

这一时期，黄远庸又提出了"美文"的说法。其所谓"美文"，亦即刘半农所言的"文学性散文"，也是为了同黄人一样将学术与文学区别开来。"文学者，为确实学术以外之述作之总称，而通常要以美文为限，其他种记载而词旨优美者，只能名为有文学之趣味，不能名为独立之文学。"[2]如此看来，古文虽不乏词意优美者，却也不能称之为文学，只能算作具有文学之趣味。

朱希祖也认为情与美才是文学的核心，用这两个标准来衡量，传统的文学只能称作"文章"[3]。1919 年，在《文学论》一文中，他指出："吾国之论文学者，往往以文字为准，骈散有争，文辞有争，皆不离乎此域；而文学之所以与其他学科并立，具有独立之资格，极深之基础，与其巨大之作用，美妙之精神，则置而不论。故文学之观念，往往浑而不析，偏而不全。""不识文学之所以为文学。""总之吾国旧日之所谓文学，实指文章而言，未尝

---

〔1〕 "其必须列入文学范围者，惟诗歌戏曲、小说杂文、历史传记三种而已。以历史传记入文学，仅就吾国及各国之惯例而言，其实此二种均为具体的科学，仍以列入文字为是。酬世之文如颂辞、寿序、祭文、挽联、墓志之属，一时不能尽废，将来崇实主义发达后，此种文学废物，必然在自然淘汰之列。故进一步言之，凡可视为文学上有永久存在之资格与价值者，只诗歌戏曲、小说杂文二种也。"刘半农：《我之文学改良观》，《新青年》第 3 卷第 3 号，1917 年 5 月 1 日。

〔2〕 黄远庸：《晚周汉魏文抄序》，载《远生遗著》卷四，商务印书馆 1924 年版，第 182 页。

〔3〕 朱希祖：《文学论》，《北京大学月刊》第 1 辑第 1 号，1919 年 1 月。

论及文学。"旧日论文学,仅就文章而言,是对文学的误读;今日论文学,自然要清除迷雾,突破文章对于文学的束缚。

　　总之,这一时期,许多学者都不能够接受古文的文学性。因为在他们看来,文学是情感的产物,而古文是载道的;文学以审美为鹄的,而古文追求实用。倘若以黄人所提出的"真"、"善"、"美"的标准来衡量,古文的价值还比不上骈文,后者至少还具有美的意义〔1〕。如刘经庵即认为"文学是人生的写照,是思想和艺术的结晶,文学家对于人生的种种,观察得最为周到,或主观、或客观、或片面、或综合、或内里、或外表,都能深刻的详为写述。他们无论是写诗歌、写戏剧,或写小说,皆是人生的表现和批评。换言之,离了人生便无所谓文学。文学固不外乎人生,亦当有高尚的思想和丰富的想象,用艺术的手腕、创作的精神,去委婉的、灵妙的、真挚的表现出来,绝不剿袭,不摹仿,使读者感到清爽有趣与作者起共鸣之感。否则,便无文学上的价值"〔2〕。他指出诗歌、戏剧与小说都有表现人生的价值,"至于散文——所谓古文——有传统的载道的思想,多失去文学的真面"〔3〕,当略而不论。于是在他的《中国纯文学史纲》中,刘经庵只叙述诗词、戏曲与小说,明确地将古代散文剔除在外。有论者以为这是极端化的体现,是偶然与个别的现象。这或恐站在今人的立场上所产生的一种推理,在当今的学者看来,古代散文作为文学的一大宗而得不到学者认可,无论如何都是一件难以想象的事情。但在当时的文化环境中,这样的事情确确实实存在着,虽然不一定是普遍的现象,但我们完全可以肯定的是,它绝对不是个别与偶然的现象,在相当多的论著中都有留存。如柳村任的《中国文学史发凡》〔4〕,论汉代以来的文学亦仅仅只论诗词、小说与

---

　　〔1〕　古文与诗歌艺术性的差异,在时人眼中就更为巨大了,甚至连最末流的诗歌都不如。郑宾于的说法很值得关注:"往昔的中国文学也就本来没有所谓派别这个东西,虽然也有所谓韩柳古文派等,但那究竟是止于文体力趋古奥渊深,并不是从主义上方法上或艺术上而有根本之差异的,平心而论,韩柳的古文,比那《玉台新咏》体底诗的艺术恐怕实在相差得太远罢?"见郑宾于《中国文学流变史·前论》,上海北新书局1936年版,第10页。
　　〔2〕　刘经庵:《中国纯文学史纲》,东方出版社1996年版,第2页。
　　〔3〕　刘经庵:《中国纯文学史纲·编者例言》,第1页。
　　〔4〕　柳村任:《中国文学史发凡》,文怡书局1935年版。

戏曲。张长弓《中国文学史新编》虽然承认思想意识是文学的重要质素，但在具体叙述文学发展的历史时，却赫然将文章排除在外[1]，而这正是他所理解的现代文学观念的体现[2]。谭正璧《中国文学史大纲》虽不废文章，却将韩愈视为文学发展的大罪人[3]。在这样的背景下，我们重新审视刘大杰《中国文学发展史》初版对于古文运动的评价，不能不敬佩他的勇气与眼光。

第二节　20世纪中期对古文运动进步意义的凸显

一　李嘉言对古文运动经济基础的关注

今天或许会有不少学者认为，李嘉言的《韩愈复古运动的新探索》名不副实，因为韩愈的辟佛早已为人们所熟知，而佛教对古文运动的正面影响也得到一定程度的认可。但还原历史场景，我们却会发现李嘉言这篇文章的意义并没有得到正确与充分的理解。

发表于1934年6月的《韩愈复古运动的新探索》，对于韩愈古文运动的目的、性质与意义提出了一些新的看法。作者首先指出："韩愈的复古，与其辟佛有很大的关系。通常都以为他的复古是复古之文，实在他的本心却是要复古之道。复古之文不过是由复古之道所引起的罢了，辟佛则正是复古之道的必然的结果。因为复古为的是崇儒尊孔，然而当时佛、道诸说却很盛行，要想提高儒教的势力，发扬孔、孟的道统，便非排除一切邪

---

〔1〕　张长弓引用美国学者亨德《文学原理及问题》相关论述，赞同文学必须是思想意识的，是想象情感的，是艺术化的，是民众的。见张长弓《中国文学史新编》，开明书店1935年版，第2页。

〔2〕　在《中国文学史新编·例言》中，张长弓指出，"编文学史不外两种态度：一是就每一时代文学观念下，把所有的史料分析整理，以见其史的变迁；一是就现代文学观念下，去寻绎擘画前代的史料，以见史的流变"。他认为他自己所采取的正是第二种做法。

〔3〕　"到了唐代，韩愈倡文以载道之说，视文只为哲学家发表他思想的工具，意义既褊狭，而又显然忽视了文的本身的特长，于是真正的文学作品，如唐之传奇、宋之词令、元明戏曲、明清小说，均为纯正的学者所歧视，而都不能在当时有所立足，韩愈真是中国文学史上的大罪人啊。"谭正璧：《中国文学史大纲·叙论》，上海光明书局1940年版，第2页。

说不可。综合起来说就是：因复古之道所以辟佛以救时弊，因复古之文所以排斥六朝文学以救文弊，而六朝文学却正与佛教有关。此乃一种错综的关系，也是中国文学史上值得讨论的一个问题。"[1]

此后，全文从三个层次论述了他的主张。第一层次为"因复古之道所以辟佛以救时弊"，论述了古文运动的本质就是复古之道，复古之道的背景是佛教盛行而古道沦丧。作者排列了大量文献，证明当时佛教对人们生活的影响无所不在。韩愈正是鉴于佛教对社会的危害越来越严重，才毅然举起了辟佛的旗帜，因此，"其所谓复古，一则是救时弊，一则亦为着道统的关系"，具有了双重意义，可谓一举两得。第二层次为"因复古之文所以排斥六朝文学以救文弊"。作者首先证明了韩愈倡导古文就是从恢复古道而来的，不仅韩愈如此，当时同派诸人也主张因文见道。倡导古文的直接原因是时俗之文的盛行使文章之道日渐衰微，因此"韩愈认清这弊之由来，是六朝文学之积习，要想挽救现时，非根本推翻六朝文学不可"。第三层次为"佛教与六朝文学之关系"。作者认为，六朝文风的形成，与佛教有着紧密的联系。东汉政局隳颓，经学日趋繁琐荒诞，难以维系人心，佛教乘虚而入，与老庄思想融合，逐渐餍足人心。而文学由汉魏的质朴，转向两晋的雕琢、齐梁的纤巧，乃至靡靡之音牢不可破，固然是文学自身演进的趋势，却也与六朝文人多嗜好佛学而又辞采华丽有着密切关系。总之，六朝文学的形式与内容都受到了佛经的影响。其中，考试制度与门阀势力主导着社会风尚，这是六朝文风形成的外在原因，而佛传中的对偶法及夸张法则与六朝骈俪之风建立了直接的联系。"因此，我们又可以断定佛经之影响六朝文学，特别是齐梁之时尤盛，所以韩愈排斥六朝文学也特别重视齐梁。"

表面看来，此文的创新之处在于把佛教徒与六朝文学打成一片，因为南宋以来，对于韩愈排佛的主张、原因与意义，人们早有认识，但把辟佛同

---

〔1〕 李嘉言：《韩愈复古运动的新探索》，《文学》（上海）第 2 卷第 6 号，1934 年 6 月。

反对六朝靡靡之音联系在一起,视为一个问题的两个方面,却颇为少见。[1]但文章的意义并不在于此处。作为对"韩愈复古运动"的一种"新探索",文章之新在于对"复古"的认识,认识的新颖之处大约有两点,一是复古道是为救时弊,二是复古文也是为辅助古道的复兴以救时弊。总而言之,韩愈的"复古",不是空言论道,不是保守退化,而是具有强烈的现实意义,这意义在某种程度上来说是一种政治关怀或政治革新,从而具有了一定的进步性。十多年后,作者再一次论及唐宋散文时,就非常明确地用阶层划分的方式肯定了韩愈复古的合理性与正当性:

> 文学起源,诗歌先于散文。周初散文犹有诗歌迹象,朴素拙
> 拙。春秋战国生产工具进步,影响人的思想语言发达,散文亦因
> 之而委婉,出现了大批乎、焉、矣、者、也的语助。秦汉继续发展
> 这种文体,典型的代表就是《史记》,所谓"文言"、"古文"从此确
> 定了它的地位。但这时骈文已渐欲脱离散文而独立,至六朝而
> 大成,初唐继之,弊病大为显露,因而有韩愈起来反对它,要把文
> 章恢复到秦汉的样子,这就是所谓"复古"。但韩愈之复古原是
> 由复古道所引起的,复古道又是由于佛老盛行的结果,因而他又
> 进行辟佛。但他为什么要辟佛呢? 追根究底,主要是由于世俗
> 地主与僧侣地主的矛盾。原来佛教寺院在南北朝时即占有大量
> 土地,到了隋唐,更取得了免役免税的特权,成为僧侣地主,因而
> 信徒日众,僧侣日多,"安居不作,役物以养己者,至于几千百万
> 人,推是冻馁者几何人可知矣"。不仅与佃农贫农有直接矛盾,
> 和世俗地主亦有利害冲突,所以韩愈辟佛复古主要是代表着世
> 俗地主以及中间阶层的利益的。但在另一方面,佛教在六朝的

---

〔1〕　此后程千帆对此说法亦颇为赞同,其《程氏汉语文学通史》即云:"至于佛教和六朝文学,即非古之道与非古之文,也以一种比较隐蔽的方式密切联系在一起。六朝时代的文学和佛教不仅不互相排斥,反而相得益彰。佛教既抚慰了高门士族颓废绝望的心灵,也助长了他们在生活享受和文学创作上纵情声色的倾向;在文学上,佛教的梵呗新声既促进了声律说的形成,促进了雕饰绮丽杂糅声华的文风,这种文风又反过来影响了佛教的赞颂文体。"《程千帆全集》第十二卷,河北教育出版社2000年版,第202页。

信奉者多贵族地主,这些人又都是浮艳骈俪文学的包办者,所以佛教与六朝文学的结合,也有它一定的阶级基础。这就说明了韩愈辟佛与反对六朝骈俪文学,也不是偶然无关的,同时也说明了由六朝至唐阶级的发展、分化与矛盾的复杂关系。[1]

尽管这里韩愈只是代表着世俗地主及中间阶层的利益,但终究属于可团结的对象,展示出了一定的进步意义。总之,韩愈的复古是为了辟佛,辟佛则是为了解决现实的经济困境,无论如何,他的这一运动在道德上就占据了制高点,而在政治上就掌握了主动权。对于古文运动的意义,人们就不能轻易否定而将其划归为保守没落的阵营了。因此,在随后相当长一段时间内,佛教徒与靡靡之音的关系少为人们提及,而古文运动的现实意义与进步性不断得到挖掘,这就为学者进一步肯定古文运动提供了基石。

20 世纪前期,学术界对于古文运动思想方面的建设并不认同。他们往往认为"韩柳的文学革新运动,只以托古为目标,事实上并没有彻底的改革,且古文家迷古太深,其所持的论据,终不出于儒家经学,所以这种革新运动的结果,于一代哲学思想上也没有多大建设"[2]。由于其时儒家思想的负面色彩过于浓厚,而韩愈的古道又与儒道纠缠太深,因此从思想上为韩愈的古文运动进行辩解难度颇大。至于排佛的方面,对于"只能作实行的儒家,不能作理论的儒家"[3]的韩愈而言,其价值自然体现在实践性的人生态度上。"(韩愈排佛)在思想上,殊无价值,但在另一方面,则有甚大之意义。盖其根据儒家人生哲学之见解而排佛,实有社会的意义。此点自来无人注意,而多非议愈之排佛,以为浅陋不值一笑。实则愈所排之佛,多半在人生态度上注意。"[4]不过,"惟其是不足挂齿的浅近的议

---

〔1〕 李嘉言:《中国文学史讲授提纲》,手稿,河南大学,1951 年 5 月。
〔2〕 陆东平、朱翊新编:《高中本国史》下册,世界书局 1929 年版,第 131 页。
〔3〕 罗根泽:《韩愈及其门弟子文学论》,《文艺月刊》第 9 卷第 4 期,1936 年 10 月。
〔4〕 吴恩裕:《韩愈李翱与佛教之关系》,《清华周刊》第 38 卷第 9 期,1932 年。

论,所以颇能触动一般民众的内心"[1]的说法,实在过于牵强。而李嘉言的"复古"新解,从经济发展与政治斗争中来获取古文运动的价值,可谓另辟蹊径,顿时俘获了文学批评家的眼光。20世纪中期,古文运动进步的政治立场得到了普遍的承认,而韩愈也跨入了"开明士大夫"的行列。在众多论著中,我们都可以欣喜地发现对于古文运动的肯定首先是从对它的经济背景的描述发生的,直到世纪末我们都不难发现李嘉言的影响还极为巨大:

> 文化思想上,佛、道两教的势力在最高统治者的扶植下,也更为炽盛,僧尼道士作为一种特殊势力,"不耕而食,不织而衣"(《唐会要》卷四七),不但和广大人民有矛盾,而且"使农夫士女堕业以避役,故农夫不劝,兵赋日屈"(《唐书·李淑明传》),也和唐王朝的利益发生了矛盾。……一些比较开明的士大夫,为了唐王朝的统一,维护封建秩序,亦积极推崇儒学,形成了韩愈所倡导的儒学复古运动的社会阶级基础。[2]

虽然此后亦有不少学者对古文运动与佛教之间对峙紧张的关系表示质疑,将唐前期的反佛与古文运动剥离开来[3],甚至极尽翻案之能事,倡言佛教对古文运动有着巨大的推动作用[4]以及中唐古文家并非对佛教抱有不可调和的恶感[5],但古文运动的正面形象已经树立,质疑古文运动经济基础的合理性已经无法对其高度评价造成威胁。

---

〔1〕　吴培元:《韩愈的排佛思想》,《哲学与教育》第3卷第2期,1935年3月。

〔2〕　葛成民等主编:《中国古典文学》中册,广西人民出版社1993年版,第697—698页。

〔3〕　如孙昌武即认为:"论及唐代'古文运动',一般认为它与中唐的儒学复古相为表里,特别强调它的辟佛内容与作用。但考之历史实际,就会发现,这种看法是片面的。""唐前期的反佛,主要反映了中央集权的朝廷与僧侣地主的矛盾,反佛的人多从经济利益和伦理道德的角度立论。这个斗争,基本上与文学无关。"《唐代"古文运动"与佛教》,《文学遗产》1982年第3期。

〔4〕　如刘国盈曾指出佛教对古文运动是有推动作用的,佛教以通俗的文字宣传教义,直接促进了文体的改革。见其《唐代古文运动论稿》,陕西人民出版社1984年版。

〔5〕　如何寄澎提出大多数唐代古文家宗儒之外,以佛为道或民生大害的观念并不具备。见其《唐宋古文新探》,北京大学出版社2010年版,第21页。

二 陈寅恪对古文运动政治文化意义的全面提升

20世纪30年代,陈寅恪提出韩愈与唐代小说的传播具有密切关系,认为在当时社会中,处于非正统地位却十分流行的小说这一文体始终存在着,而韩愈对小说"先有深嗜,后来《毛颖传》之撰作,实基于早日之偏好"。从文学技巧的角度来看,《罗池庙碑》与《毛颖传》实际上是韩集中最佳作品,不能因为它们接近小说家的虚构而肆意讥弹[1]。此后,他又在《元白诗笺证稿·长恨歌章》中申明了上文的要旨是"以为古文之兴起,乃其时古文家以古文试作小说,而能成功之所致,而古文乃最宜于作小说者也",并从文体革新的角度,进一步强调了唐代小说与古文运动的密切关系:

> ……夫当时叙写人生之文衰弊至极,欲事改进,一应革去不适合描写人生之已腐化之骈文,二当改用便于创造之非公式化之古文,则其初必须尝试为之。然碑志传记为叙述真实人事之文,其体尊严,实不合于尝试之条件。而小说则可为驳杂无实之说,既能以俳谐出之,又可资雅俗共赏,实深合尝试且兼备宣传之条件。

> ……是故唐代贞元、元和间之小说,乃一种新文体,不独流行当时,复更辗转为后来所则效,本与唐代古文同一原起及体制也。唐代举人之以备具众体之小说之文求知于主司,即与古文诗什投献者无异。元稹、李绅撰《莺莺传》及歌于贞元时,白居易与陈鸿撰《长恨歌》及传于元和时,虽非如赵氏所言是举人投献主之作品,但实为贞元、元和间新兴之文体。此种文体之兴起与古文运动有密切关系,其优点在便于创造,而其特征则尤在备具众体。[2]

---

[1] 陈寅恪:《韩愈与唐代小说》,《哈佛亚细亚学报》第1卷第1期,1934年6月。
[2] 陈寅恪:《元白诗笺证稿》,生活·读书·新知三联书店2009年版,第4页。

古文运动与唐传奇的密切关系，并非陈寅恪首先关注到[1]，也并非获得了所有学者认同[2]。但陈氏将古文运动与唐传奇的发展联系以来，其潜在的意义或许在为褒扬古文运动提供一个契机，因为其时毫无争议的看法是唐传奇具有强烈的现代意义上的文学色彩，而古文运动的文学色彩却黯淡无光。当然，后来者沿袭陈氏的看法，运用三段论的方式推论出"唐代古文作品就受唐传奇作品的影响"，或是陈氏所始料未及的[3]。

　　1954 年，《历史研究》创刊向陈寅恪约稿时，陈寅恪分别在第一、二期上发表了两篇文章，即《论李唐之李武韦杨婚姻集团》与《论韩愈》。后者全面评价了韩愈的历史地位，而对古文运动的政治文化意义则给予了充分的肯定。作者首先以深远的历史眼光，标揭出唐代古文运动的核心思想是尊王攘夷。历来谈论古文运动者，多着眼于文学乃至文体本身，讨论古文与骈文之争。即使把古文运动上升为一场思想文化运动，也往往把"道"简单地解释为"儒道"，把复兴古文简单地理解为复兴儒道的手段，是古文运动的意义仅仅停留在"扶持圣教"的层面上。《论韩愈》一文明确地指出古文运动所高举之道，乃是政治实践上的尊王攘夷与文化思想上的尊儒排佛，这就把古文运动的政治文化意义给揭示出来了，把苏轼所言"道济天下之溺"给具体化了。其文第四部分"呵诋释迦，申明夷夏之大防"有云：

　　　　退之以谏迎佛骨得罪，当时后世莫不重其品节，此不待论者

　　[1] 郑振铎《插图本中国文学史》第二十九章"传奇文的兴起"："传奇文便这样的产生于古文运动的鼎盛的时代，其间的消息当然很明白的可知的。传奇文的著名作者沈既济乃是受萧颖士的影响的，又沈亚之也是韩愈的门徒，韩愈他自己也写着游戏文章《毛颖传》之类，其他元稹、陈鸿、白行简、李公佐诸人，皆是与古文运动有直接间接之关系的。故传奇文的运动，我们自当视为古文运动的一个别支。"上海商务印书馆 1944 年版。
　　[2]"中唐时代古文运动的兴起，并不成为促进传奇发展的一种动力，传奇不是古文运动的支流，古文运动也不可能依靠试作传奇成功而兴起。中唐时代古文运动领袖韩愈、柳宗元和少数古文运动有关的人士也作小说，只是说明这时代写小说成为一种风尚，韩柳在此风尚影响，也不免染指一番。"王运熙：《试论唐传奇与古文运动的关系》，《光明日报》1957 年 11 月 10 日《文学遗产》副刊第 182 期。
　　[3]［韩］赵殷尚：《论韩柳传记文的产生因素——兼谈唐代古文运动与唐传奇的关系》，《国立编译馆刊》第 28 卷第 1 期，1999 年 6 月。

也。今所欲论者,即唐代古文运动一事,实由"安史之乱"及藩镇割据之局所引起。安、史为西胡杂种,藩镇又是胡族或胡化之汉人(详见拙著《唐代政治史述论稿》上篇),故当时特出之文士自觉或不自觉,其意识中无不具有远则周之四夷交侵,近则晋之五胡乱华之印象,"尊王攘夷"所以为古文运动中心之思想也。在退之稍先之古文家如萧颖士、李华、独孤及、梁肃等,与退之同辈之古文家如柳宗元、刘禹锡、元稹、白居易等,虽同有此种潜意识,然均不免认识未清晰,主张不彻底,是以不敢亦不能因释迦为夷狄之人,佛教为夷狄之法,抉其本根,力排痛斥,若退之之所言所行也。

文中特别指出,关于古文运动的历史背景及韩愈成为唐代古文运动领袖的原因,在《元白诗笺证稿·新乐府章法曲》有说明。检索《元白诗笺证稿》第五章"新乐府法曲",相关说明内容主要是:

> 盖古文运动之初起,由于萧颖士、李华、独孤及之倡导与梁肃之发扬。此诸公者,皆身经天宝之乱离,而流寓于南土,其发思古之情,怀拨乱之旨,乃安、史变叛刺激之反应也。唐代当时之人既视安、史之变叛,为戎狄之乱华,不仅同于地方藩镇之抗拒中央政府,宜乎尊王必先攘夷之理论,成为古文运动之一要点矣。[1]

强调古文运动的现实背景,强调韩愈等人的尊王攘夷,事实上就是给古文所载之"古道"以现实意义,使古文运动能够参与到政治活动当中,能够积极干预现实生活[2]。虽然这一思路可能会将儒学复兴运动与古文

---

〔1〕 陈寅恪:《元白诗笺证稿》,第 150 页。

〔2〕 在此之前,刘开荣即多从政治文化层面阐述古文运动的意义:"按宇文泰倡'古文运动'的动机,实在是他的一种政治手段,表面力求汉化,以更一步巩固对汉族的统治。""这一次(指隋朝)'复古运动'不是抬的周官而是孔孟儒学。此时中原已统一在隋的政权下,'复古运动'的目的仍然是政治的。……隋王室正在计划统一全国的时候,抬出孔孟语录来,是可以收到号召江左士族归心的效果的。""再说到韩愈所领导的'古文运动'或是'复古运动'的内容究竟为何? 命意究竟是什么? 我认为仍然是政治目的。"见刘开荣《唐代小说研究》第二章第一节"古文运动产生的原因及其与传奇小说勃兴的关系",商务印书馆 1947 年版。

运动混同起来,将儒学复兴的历史使命转移到文学运动上来[1],但却厘清了古文运动的内在追求与表现形式之间的关系,给后来者颇多启迪。20世纪80年代以来,对古文运动的政治诉求日益关注。如罗宗强说:"韩、柳古文的最大成就,就是从空言明道走向参与政治、参与现实生活。有了这一点,才使'古文'活起来了,走向了发展的更为广阔的天地;才使它与六朝骈文不仅在文体上,而且在文风上真正区别开来。"[2]吴相洲也强调古文运动开展的前提在于对儒术现实意义的体察,韩、柳等人的成功在于从理论上解决了明道和现实政治的关系,改变了以往复古家单纯引经作文方式,试图通过发扬儒家义理来拯时救世[3]。葛晓音则具体分析了韩柳改造古文使之渗透到现实生活中的路径:"(韩柳)使载道的古文从敷显仁义、发明功德的典谟誓诰之文,变而为讽世刺时、言志述怀的感激怨怼之作,从而促成了散文体裁和语言艺术的全面革新,形成了既宜于实用又便于艺术创作的新文体,解决了在文学领域内与骈文争优势的根本问题。"[4]

三 谭丕模对古文运动革新意义的充分挖掘

1927年,郭绍虞在《文学观念及其含义之变迁》[5]一文中,提出从文学观念及其含义之变迁的角度出发,可以将传统文学分为演进期与复古期两个阶段。他认为从周秦到南北朝,是文学观念逐渐演进,也即是对于文学的认识逐渐明确的时代;从唐到宋,由于复古思想的影响,于是文学观念也成为逆流,依旧变得认识不清了。后来在《中国文学批评史》中,他采取了这一方式,将古文运动划为复古期:

其在隋、唐、五代之际,因不满意于创作界之淫靡浮滥,于是

---

〔1〕 黄云眉:《读陈寅恪先生〈论韩愈〉》,《文史哲》1955年第8期。
〔2〕 罗宗强:《唐代古文运动的得与失》,《文史知识》1998年第4期。
〔3〕 吴相洲:《文以明道和中唐文的新变》,《文学评论》1996年第1期。
〔4〕 葛晓音:《论唐宋的古文革新与儒道演变的关系》,《中国社会科学》1987年第1期。
〔5〕 郭绍虞:《文学观念及其含义之变迁》,《东方》第25卷第1期,1927年。

对六朝文学根本上起了怀疑。其对于六朝文学之怀疑本是不错,不过惜其不甚了解文学之本质,转以形成复古的倾向而已。盖由文学的外形以认识文学之面目,其事易;由文学的内质以辨别文学之本质,其事难。前一期重在外形方面,递演递进,所依称为文学观念之演进期;这一期重在内质方面,于是觉得漫无标准,遂不得不以古圣贤之著作与思想为标准了。以古圣贤之著作与思想为标准,此所以愈变愈古而成文学观念的复古期了。[1]

这一观念,遭到了钱锺书的质疑。对于唐宋"复古"之说,后者提出了异议:"从现在郭先生主张魏晋的文学观念说来,唐宋的'复古'论自然是逆流或'退化'了。但是,假使有一天古典主义翻过身来(像在现代英国文学史中一样),那么,郭先生主张魏晋的文学观念似乎也有被评为'逆流'的希望。在无穷尽、难捉摸的历史演变里,依照自己的好恶来定'顺流'、'逆流'的标准,这也许是顶好的个人主义,不过,无论如何,不能算是历史观。"[2]因此在《论复古》一文中,他提出了自己对待包括古文运动在内的文学革命的基本看法:文学革命只是一种作用,与内容和目的无关,复古本身就是一种革新或革命,而一切成功的文学革命者多少带些复古;倘若不顾民族的保守性、历史的连续性而把一个绝然新异的思想或作风介绍进来,这个革新不会十分成功的。

对于钱锺书的异议,郭绍虞随即撰文表示,他对唐宋古文家没有丝毫的蔑视成分,只是把中国文学批评的发展做了这样的划界:从周秦到南北朝是文学观念演进期;从隋唐到北宋,是文学观念复古期。他认为自己只是强调前一时期的批评风气偏于文,重在从形式上去认识文学;后一时期的批评风气又偏于质,重在从内容上去认识文学。因此魏晋较重外形方

---

〔1〕 郭绍虞:《中国文学批评史》上册"第二章文学观念之演进与复古",商务印书馆 1934 年版,第 4 页。

〔2〕 钱锺书:《论复古》,《大公报·文艺副刊》第 111 期,1934 年 10 月 17 日。

面,唐宋较重内质方面,书中所谓"顺流"、"逆流",没有褒贬的价值评判[1]。至于"复古"一词,也全非贬义:

> 我对于复古的看法,在我所写的书二一六页已说过,"复古的结果,正可以创造一种新文学"。在二四六页也曾说过,"这样的取法于古,是革新而不是返旧"。这种话,固然说不上"不甚许可复古",然而却也不是古典主义的信徒,只是就事论事而已。

两人的争论涉及的问题较多,核心的问题在于各自文学立场的差异,即对文学性的理解的分歧。不过,两人虽对"复古"的理解有着重大分歧,却一致赞同复古尤其是唐宋古文运动是一种革新。韩愈诸人的以复古文革新,前人早有阐述,也曾得到多方面的认可。但20世纪初文学改良运动兴起以来,"载道"的古文遭受了前所未有的抨击,受此牵连的古文运动也因其高举的"复古"旗帜而遭受斥责。郭、钱二人对于唐宋古文运动"复古"性质不约而同的肯定,表明批评家正在逐渐回归到他们的"纯文学"的立场。20世纪初对于古文的批评,正是出于文学进化论的盛行,正是源于"纯文学"立场的树立,而二十多年以后对于唐宋古文运动的肯定,也首先是从纯文学的立场上发生的[2]。尽管30年代以后,对于古文运动的政治倾向性还存在一些疑虑,但对于其文学层面上尤其是文体、文风与文学语言方面的革命意义,越来越为人们所认可。王锡昌的《唐代古文运动》,被认为是20世纪第一篇专题研究古文运动的学术论文。作者对于古文运动的肯定,似乎就是从对"道"与"文"的割裂开始的。因此,他在结论中反复强调古文运动"实文学之革命运动","古文运动乃中国文化之复兴","乃文学之革命,非社会之革命"[3]。也正是在这个意义上,我们才不能将之视为纯粹的复古运动而给予批评。

---

〔1〕　郭绍虞:《谈复古》,《大公报·文艺副刊》第112期,1934年10月24日。

〔2〕　如钱锺书认为唐宋古文运动不得以"复古"加以蔑视,是因为道学家所追求的是"道"而古文运动所追求的是"美","道"与"美"具有同等永恒与独立的价值。见钱锺书《论复古》,《大公报·文艺副刊》第111期,1934年10月17日。

〔3〕　王锡昌:《唐代古文运动》,1935年燕京大学国文系学位论文,北京大学图书馆抄本。

郭绍虞与钱锺书关于"复古"之争,固然有诸多原因,而"复古"这一名词的本身所具有的恶谥自是诱因之一,所以郭绍虞反复解释他此处所说的"复古",与"逆流"等词均无价值褒贬的判断,纯粹是文学观念的描述。曾了若在王锡昌专论完成次年所撰写的《隋唐骈散文体变迁概观》,虽依然用"复古"描述了唐代古文运动的进展,但这里的"复古"不仅没有丝毫指斥的含意,相反含有强烈的颂扬意味。其中有云:

> 复古运动至韩愈柳宗元出,始集大成,而韩之名尤著,故自宋迄清,言古文者,莫不宗愈,有若泰山北斗;语曰:"时势造英雄,英雄亦造时势。"予于此益信。盖沉溺骈俪,至江左已臻于极点,故萧梁裴子野首著《雕虫论》,斥为"乱代之征"!继此而兴,时有所闻,复古之论,亦再接再厉,中间生衰屡变,波澜迭起;递至韩愈,赖天赋之卓越,凭借之广厚,乘时顺势,遂一鸣惊人;然非有过人之材,固无以冀成就,非无环境之助,亦何以鼓其勇?两善并具,相得益彰,由是声名鹊起,独擅其功,后之论者,只知韩文公而已。[1]

由此,曾了若进一步指出,韩愈之文"一以复古为职志,为绝无刻意者",韩愈从来没有改换"复古"的旗帜。至于胡云翼《中国文学史》将韩愈之复古与苏绰、王通的复古区别开来,认为"他们(韩柳)口里虽喊着复古的口号,可是他们的文章并不如苏绰的死拟《尚书》,也不如王通的死拟《论语》"等看法,实际上是"不知此不过复古之进步,不能谓复古者之改弦也"[2]。

曾了若赋予了韩愈的"复古"以进步的意义,但它终究还是"复古"。真正给唐代古文运动改头换面,赋予它具有时代气息的全新意义的,却是谭丕模。在他的《唐代古文运动之革新性》一文,他开门见山指出:

---

〔1〕 曾了若:《隋唐骈散文体变迁概观》,《史学专刊》1936年第1期,第235页。
〔2〕 曾了若:《隋唐骈散文体变迁概观》,《史学专刊》1936年第1期,第238页。

唐代的古文运动，不是企图文学的复古，而是在意味着文学的革新，可以称之为散文革新运动。固然，居在唐代古文运动的主帅地位的韩愈，曾经高嚷着"为文……宜师古圣人"(《答刘正夫书》)，高嚷着"非三代两汉之书不敢观，非圣人之言不敢存"(《答李翊书》)，以作为提倡"古文"之有力的口号。这个口号，是韩氏托古改"文"的诡计。本来，他很可以自由创造新文体，不必借重什么"三代两汉之书"和什么"师古圣人"来作招牌，但是为着增高他的言论的效力，为着达到改革专向外形发展的淫艳文体之目的，不得不采取这种陈仓暗度的办法。[1]

在谭丕模之前，虽然有人意识到韩愈的以"复"为"变"，但很少旗帜鲜明地肯定韩愈是在"托古改文"，更少有理直气壮地称颂韩愈所倡导的古文运动是唐代散文革新的鲜明标志。那么，谭氏如何论证古文运动的革新意义呢？"古文运动的一个号召，就是不模拟过去的文学内容与形式。韩愈高嚷着'唯陈言之务去'(《答刘正夫书》)，高嚷着'能自树立不因循'(同上)，就在告诫写作人不要走前人写作之路，不要拾前人的牙慧。……文至'不蹈袭前人一言一句'，还能说它是文学复古吗？"[2]谭氏认为从韩愈到柳宗元、李翊以及王禹偁等古文家，不仅主张创作新词语，不要采取前人已经用过的词语，而且在创作的内容上也不必与前人雷同，因此不能将他们视为文学复古，这是作者对古文运动"复古说"的全面消解。

如果古文运动的特质是创新，那么它的创新性具体体现在何处呢？"唐代'古文'运动第二个号召，就是文学要走上通俗化的大道。"当然，作者似乎没有从韩愈那里找到直接的论据。"韩氏答'文宜易宜难'之问曰：'无难易，唯其是尔。'(《答刘正夫书》)这就是说为文宜表现真理，不问其通俗与不通俗。这种答法，虽不能作为说明韩氏主文学通俗化的例证，至

---

〔1〕　谭丕模：《唐代古文运动之革新性》，《中学生杂志》第57期，1942年。载《中国古代文论研究论文集》，上海古籍出版社1989年版，第302页。

〔2〕　谭丕模：《唐代古文运动之革新性》，《中学生杂志》第57期，1942年。载《中国古代文论研究论文集》，上海古籍出版社1989年版，第305页。

少可以作为韩氏不是主文学古奥化的反证。"[1]谭氏竭力通过证明韩愈诸人的通俗化倾向来肯定其革新性,今人或许会感到费解,但倘若了解其时文学进步性的标准就在于通俗化与平民化,看一看当时众多的白话文学史、平民文学史,我们就会理解这一论证的意义。嗣后在其所撰写并反复修订的文学史中,他语气明确地肯定了古文运动的革新性就是其通俗化[2]。

四　钱穆对古文运动纯文学性的赋予

曾被视为"复古"典型的古文运动,如何又称为一种文学革新的典范呢?郭绍虞认为这只是文学观念的转换而已。"骈文之变为古文,昔人称之为复古,近人称之为革新,究竟哪一说对呢?实则两说各有所见,由其所标榜之主义而言,则是复古;由其改变文学作风,改变文学体制之另一种倾向而言,实在是革新。"[3]既然是两说各有所见,那么后来者理当不能有所轩轾,不过,这是一种理想的状况,批评者终究会有自己的视野,所以宣称不持立场的郭先生实际上还是给出他的判断,尽管这判断深深地隐藏在冷静的描述中:"骈文时代有文笔之分,至此时则文道合一,不免以笔为文,这是文学观念的复古。当时之古文运动,既是托古的革新,所以崇古心理牢不可破。……所以由古文运动的主张言,实在是复古。然后韩、柳之文一改古文著述之体而成为单篇,又能融化古文已成之语而别创面目,这实在是文学史上崭新的奇迹。"[4]也就是说,古文运动倡导者在观念上是复古的,而在创作实践中是革新的。

作者从观念上与实践上将古文运动的评鉴置于对立的两极,其用意何在呢?显然,唐宋时期正处于他所判定的文学思潮的复古期,古文运动自然概莫能外;另一方面,古文运动所取得的巨大成就终究是无法抹杀

---

〔1〕 谭丕模:《唐代古文运动之革新性》,《中学生杂志》第 57 期,1942 年。载《中国古代文论研究论文集》,上海古籍出版社 1989 年版,第 306 页。

〔2〕 "我们以为唐代的古文运动,不是号召写作在模拟过去文学的形式,而是号召写作者走向通俗、活泼的形式,可以说,古文运动是唐代散文革新的鲜明标志。"谭丕模:《中国文学史纲》,高等教育部教材编审处 1954 年版,第 222 页。

〔3〕 郭绍虞:《中国语言与文字之分歧在文学史上的演变现象》,《学林》第 9 辑,1941 年。

〔4〕 郭绍虞:《中国语言与文字之分歧在文学史上的演变现象》,《学林》第 9 辑,1941 年。

的。为了解决这一困惑，他采取了一分为二的方式。这种方式的妥当与否不在我们评价之列，我们所感兴趣的是这一困惑产生的症结所在。钱锺书曾经对郭绍虞以复古论唐宋古文运动颇不以为然：

> 您说您没有褒贬，可我从您的文句里看出您在褒贬。在您书的第三页，我不大明白，好像是说杂文学外形虽和纯文学一样美丽动人，但却不是立足于正确的文学观念。而纯文学所立足的正确文学观念，并不在美丽的外形，而在于内质的侧重于情。说来说去，似乎又回到郭先生所不甚赞成的复古派那里去了，还是从内质来认识文学，不过是将内质的内容从道换成情了。您的书中好几个地方似乎都在扮演一种矛攻盾的武艺。[1]

这一段话颇能给我们以启迪。郭先生与钱先生争论的焦点在哪里？或者说郭先生之所以将古文运动的观念与实践分而视之的根结何在呢？恐怕就在这"纯文学"的立场。出于其时所公认的"纯文学"的立场来评价古文运动与古文，难免更为关注它们的"表里不一"。不过，作者对它们观念与创作的割裂，终究是为了褒扬古文运动，是为了将它们部分地纳入到纯文学的框架之内。倘若失去了这样的背景，再强调以中正的立场去看待文学思潮的自然流转，或许就会滋生令我们惊讶的观点：

> 人们常说韩愈等人的古文运动是以复古为创新，这种认识仍是建立在"文起八代之衰"的传统观念上。其实，"八代"未必是"衰"，他要恢复的战国秦汉之文也未必见得就是"盛"，不过是借盛、衰之名，行恢复儒家道统、文统之实罢了。所以唐宋文学运动，又可以说是以革新为复古了。[2]

> 韩愈被苏轼誉为"文起八代之衰，道济天下之溺"。"八代"之文未必真"衰"，而韩愈力图恢复儒家的道统、文统是实。"非

---

〔1〕 钱锺书：《论复古》，《大公报·文艺副刊》第 111 期，1934 年 10 月 17 日。
〔2〕 孙耀煜：《中国古代文学原理》第 16 章"批评论"，江苏教育出版社 1996 年版，第 440 页。

三代两汉之书不敢观,非圣人之志不敢存",这就是他"文以载道"的主旨。"意需师古"与"词必己出",是他的文学批评的基本观念。前者即为"复古",后者则有创新之意,他是以复古为目的。他自身的文学批评实践不多,到了他的后继者们的身上,也只是在语言的"奇"与"正"论争,在批评理论上并无多少建树。[1]

如果不能从根本上解释"师古"的进步意义,只是单纯地在语言上强调韩愈的创新性,无论这创新多么引人注目,终究只是皮毛,无法改变他"复古"的本质,也就无法在文学殿堂里给他树立其崇高的形象。如何才能彻底颠覆"古文运动"因"复古"所带来的保守形象呢?基本的对策有两个:一是树立一种新的文学观念,在这种观念中,与古文联系更为紧密的实用性也被认可为文学的重要属性,也就是说,改变纯文学的立场,以杂文学的眼光来评判古文,承认中国古代文学的特殊性;一是将古文运动拉入"纯文学"的阵营,通过对古文运动的重新评估,强化它与现代文学观念相通的一面,使它得以顺理成章地为后来者所仰慕。前一种策略,无疑较为缓慢,需要漫长地等待;后一种策略,能迅速契合学者的企盼心理。正是在这一背景下,钱穆的《杂论古文运动》尤为引人注目。

自从 20 世纪"古文运动"这个概念出现以来,运动的对象就被限定为骈文。胡适首先在《国语文学史》中明确指出:"古文自韩、柳之后,中间经过晚唐的骈偶文复辟,势力又衰落了","古文运动是反对骈文的,是要革骈文的命的"。[2] 此后,在众多学者眼中,古文运动的复古与革新,都被理解为古文与骈文两种文体之间的争斗。这种看法无疑是有一定道理的,至少从表现形式上看来,古文运动的成果,就是古文取代骈文,成为文坛的正宗。胡适之前,学者论定八家之功,也往往是从这一角度入手。这样一来,人们极易在认识上产生偏差。既然韩、柳的古文运动只是对六朝

---

〔1〕 孙耀煜:《中国古代文学原理》第 16 章"批评论",第 441 页。
〔2〕 胡适:《国语文学史》,安徽教育出版社 1999 年版,第 93—94 页。

骈文的革新,是对先秦两汉之古文的回归,那么为了更好地巩固古文成果,或者说为了超越唐宋古文,不如也直接以秦汉之文为学习对象。这种思想不仅在明代颇为盛行,甚至在八家之说深入人心之后也有极大的影响,如清代沈德潜在《唐宋八家古文读本》序言中就明确指出,他编选八家古文,只是把八家古文作为一个阶梯,使人们能更好地学习和取法秦汉之文,秦汉之文才是人们努力的终极目标。总之,古文运动的意义,被局限为对六朝骈体之文的反拨。韩、柳古文的意义因此被埋没。

嗣后,不少学者意识到,韩、柳的成功,并不仅仅是对骈文这一文体的否定,他们超越中唐古文先驱之处,就在于充分地吸收了骈文发展的成果,即所谓韩愈"文起八代之衰",实则是集八代之大成。这些学者,肯定了韩、柳等人对六朝骈文艺术的承接,但他们依然认为,韩、柳等人学习骈文艺术的目的,正是为了彻底推翻这一形式。也就是说,韩、柳的古文,始终只是作为六朝骈文的反拨而存在,古文运动的意义就是使古文这一文体形式得到回归。

钱穆提出从"纯文学"来理解古文运动,打破了长期以来学者所建立的古文运动与六朝骈文的二元对立,使唐宋散文作为一种新的典范而出现,其革新的对象不再是六朝骈文,而是先秦以来的应用之文。因此,古文运动的胜利不是散文形式对骈俪形式的胜利,而是散文文学性对实用性的胜利。在某种程度上,这实际上是散文文学性自觉的时代:

> 然韩、柳之倡复古文,其实则与真古文复异。一则韩、柳并不刻意子史著述,必求为学术专家;二则韩、柳亦不偏重诏令奏议,必求为朝廷文字。韩、柳二公,实乃承于辞赋、五七言诗盛兴之后,纯文学之发展,已达灿烂成熟之境,而二公乃站于纯文学之立场,求取融化后起诗赋纯文学之情趣风神以纳入于短篇散文之中,而使短篇散文亦得侵入纯文学之阃域,而确占一席地。故二公之贡献,实可谓在中国文学园地中,增殖新苗,其后乃蔚成林薮,此即后来之所谓唐宋古文是也。故苟为古文,则必奉韩、柳为开山之祖师。明代前后七子,不明此义,意欲凌驾二公,

再复秦汉之古,则诚无逃于妄庸之诮尔。

故韩、柳古文之所实际用心努力者,主要仅亦沿袭东汉乃及建安以下社会流行之诸体。世风众趋,固难违逆也。如碑志与书牍,此两体,实自东汉以下,始盛行于社会。碑志为东汉以下之新兴体,可勿待论。即书牍,在古人偶亦有之,然既不视为篇章著述,亦不引为文学陶写。其用于政治场合者勿论,即其在私人朋友交往间,偶有杰作,间世而出,如司马公之《报任少卿》,此乃景星庆云,不期而呈现耳。必俟东汉建安以下,乃为有意文学之士所藻采润色,而刻意求其成为文学之一体焉。故书牍之入文学,亦新体也。[1]

在《中国散文》一文中,钱穆进一步解释了韩愈对散文文学性的贡献:

散文确获有纯文学中之崇高地位,应自唐代韩愈开始。韩愈提倡散文,实在有一些是采取《文选》中赋前之序变化而出来的。如《送李愿归盘谷序》,为唐代一篇名文。此文有人把它拿来与陶渊明的《归去来辞》相提并论。我们若把《文选》中所收有些赋前小序合看,便可悟其同出一类。又如韩愈《送杨少尹序》之类,此可谓是一种无韵的散文诗。韩愈于此等散文,本是拿来当作诗用,这实在是一个脱胎换骨的大变化。再像《祭田横墓文》,把祭文也改用散体。这一改变,遂破除了以前种种格调的限制与拘束。这也正如我们另换了一套宽大的衣服,而感到格外地轻松与舒适。散文在纯文学中之地位崇高,其功当首推韩愈。[2]

把散文"拿来当诗用",实际上就是破除文章种种束缚,把它从实用的园囿中解脱出来,赋予其"诗性",从而和诗歌一起陶写性灵,咏叹人生,具有纯文学之价值。那么,韩愈的贡献,不在于对骈体形式的摈弃,而在于

---

〔1〕 钱穆:《杂论唐代古文运动》,载《新亚学报》第 3 卷第 1 期,1957 年 7 月。

〔2〕 钱穆:《中国散文》,载《中国文学论丛》,生活·读书·新知三联书店 2002 年版,第 70 页。

对古文文体"诗性"的改造;古文运动的胜利,也就不仅仅是外部对骈文文体的胜利,而是对艺术性的强化,是古文内部自身的变革。

那么,如何理解古文运动的"纯文学性"呢?钱穆的另一个重大贡献,就是提出了自己对古文艺术性的认识,从而使古文运动的历程,或者说中国散文乃至中国文学的演进,在某一个方面的理解更为明晰。在《杂论古文运动》一文中,钱穆反复指出,韩、柳等人的重要贡献,就是书牍、碑志等散文短制不再受到社会人生实际应用的限制,"乃站于纯文学之立场,求取融化后起诗赋纯文学之情趣风神以纳入于短篇散文之中,而使短篇散文亦得侵入纯文学之阃域,而确占一席地"[1]。

那么,钱穆心目中的"纯文学性"究竟是怎样的呢?在突破了社会人生实际应用的限制之后,它又向哪一个方面进行开拓呢?《杂论唐代古文运动》一文中在论述书牍之文的变革时曾有所描述:

> 写情说理,辨事论学,宏纤俱纳,歌哭兼存,而后人生之百端万状,怪奇寻常,尽可容入一短札中,而以随意抒写之笔调表出之。无论其题目之大小,内容之深浅,正因其乃一书牍之体,而更易使人于轻松而亲切之心情下接受领会,此实为韩公创新散文体之一绝大贡献。而后之来者,对此一体,亦终少称心惬意之佳构,足以追随韩公者。盖碑志之难,人所易知。书牍之难,人所难晓。此两体,一必求其典雅,一必求其自然,又皆不脱应酬人情,世俗常套,故极难超拔,化臭腐为神奇,自非有深造于文学之极诣者,实不易为。

真正给纯文学性以明确地界定,给古文运动的本质,即"文以载道"之"道"以清晰地说明,则是在《中国文学论丛》一书中。在《中国散文》一文中,作者曾把中西文章进行比较,从而说明中国古文之道的特征:

> 中国文学另一个特征,常是把作者本人表现在他的作品里。

---

[1] 钱穆:《杂论唐代古文运动》,载《新亚学报》第3卷第1期,1957年7月。

> 我们常说的文以载道,其实也如此。苟非其人,道不虚行,故载道
> 必能载入此作者之本人始得。此又与西方文学有不同。设辞作
> 譬,正如一面镜子,西方文学用来照外,而中国文学乃重在映内。
> 也可以说,西方文学是火性,中国文学是水性。火照外,水映内。

正是从"映内"这一角度出发,钱穆阐释了古文运动的意义,认为古文之所
以进入纯文学的畛域,就在于把自己的认识,把日常生活都纳入了表现
领域。

> 韩愈同时有柳宗元,下及宋代欧阳修等人,多擅记叙文章。
> 如柳的山水游记,欧的园林杂记如《醉翁亭记》之类,其实多有诗
> 意。尤属主要的,则须能把自己投入作品中。由于中国文学这
> 一特性,遂引起后人为各著名作家编年谱,及把诗文编年排列,
> 这又是中国文学与史学发生了关系。
> 宋明理学注重人格修养,这正如韩愈所说:"我非好古之文,
> 好古之道也。"尤其如朱子、阳明,是理学家中能文的。他们的文
> 章,也都把自己的日常生活一切事物及对外迎接都装入其诗文
> 中去。从这里,我们更看得清楚些,所谓文以载道,其实是要在
> 文学里表现出作者的人生。[1]

古文运动的本质,唐宋八大家的贡献,就在于使散文走上了表现人生
的道路。这是古文文学性得以凸显的核心。而在钱穆看来,后来者如明
清两代之文,之所以日渐衰微,就是因为脱离了古文必须表现人生这一宗
旨,而误以为古文表现的对象是文学:

> 我们再回头看古文派的唐宋八家,是以韩愈为主的。韩愈
> 虽为散文提高了其纯文学中之地位,但韩愈的文章实是从经、
> 史、子中蜕变而来的。但以后的古文家,尤其是在明清两代,渐

---

〔1〕 钱穆:《中国散文》,载《中国文学论丛》,第 70—71 页。

渐不能遵从这条路了。这确是一大错误。从归有光、方苞以下，古文的气味转弱，渐不够有力了。古文派之所谓文以载道，本来是要抓住人生的道，而来表现在文学之中。并不是即以文学来表现文学。散文之所以被重视，正是因为它最容易表现人生。而桐城派在此方面之成就，实远比不上唐宋。[1]

第三节　20世纪中后期对古文运动文学性的反思

一　《中国文学史教学大纲》对古文实用性的肯定

如上所述，钱穆削弱古文的实用性而凸显它的文学性以提升古文运动意义的途径，主要有两个：一是强调韩愈等人对古文诗性的赋予，一是改变人们对其间所载之"道"的不良印象。但前者终究只是一种表现方法而已，无论怎样强化它的意义，其作用终究有限，所以钱穆也把古文的诗性局限在"短篇"之内。嗣后罗联添追本穷源，认为这种古文的"诗性"是前人有所揭橥的"以诗为文"：

> 韩愈"以诗为文"之说，首揭于钱宾四先生，原其根据则出于清代曾国藩"无韵之诗"一语。再上追溯，明元南宋各家论者亦隐然有"以诗为文"看法。惟后人不甚注意，钱氏首先揭示，于研究、赏析韩文实有莫大贡献。韩愈既"以文为诗"，复"以诗为文"，真正达到"诗文合一"境地。"以文为诗"，扩展诗之领域；"以诗为文"，提高文之意境。诗中有文，诗成为文；文中有诗，文亦是诗。韩愈将诗、文俱变成散文诗，是为韩愈文学之创新，亦文学上前所未有之成就。[2]

---

〔1〕　钱穆：《中国散文》，载《中国文学论丛》，第73页。
〔2〕　罗联添：《论韩愈古文几个问题》，《唐代文学研究》第3辑，1992年。

无论是"以文为诗",还是"以诗为文",都不失为创作方法上的重要突破,不过也仅限于创作方法上的改变而已,对于诗、文的根本性质与内在属性很难说有决定性的影响。即使对于古文情感性、形象性的讨论一度热闹非凡,但酒醒人散之后,大家恍然发现那只是"触氏"与"蛮氏"之间的游戏而已。散文自是散文,诗自是诗,曾经无限接近的它们无论怎样接近也不会泯灭彼此的差异。至于将韩愈等人所传之"道",扩充为表现情性的人生,虽然与古文的"诗性"极其吻合,却不免忽略了古人浓烈的政治情怀。这本是"为人生而艺术"观念的延续,却偏偏又矗立于纯文学的立场,自然会让人茫然。

大约就在钱氏上述刊发的同时,游国恩、刘大杰、冯沅君、王瑶、刘绶松等著名教授受教育部委托制定了《中国文学史教学大纲》。这部经中国文学史教科书编辑委员会通过的《大纲》,给韩愈古文运动的盖棺论定是:

> 韩愈的古文运动虽号召复古,他的散文实际是革新。他的特色是在古代散文的基础上,吸收新的语言成分,形成一种有条件,有规律,宜于说理、叙事、抒情的新散文,而成为中古以来最流行的合于实用的文体。[1]

《大纲》对于韩愈古文运动的基本定位是"革新",这一看起来应该能够引起普遍共鸣的观点,在当时并不具备代表性,更为流行的表述是"复兴",即散文夺回了一度为骈俪之文盘踞的阵地。如复旦大学《中国文学史》的看法是:"唐代的古文运动是一个群众性的社会思想运动,它是在唐初以来逐渐形成的儒学复古主义思潮的基础上发展起来的。这个运动的内容包括两个方面:表现在思想上,是'尊重儒学,攘斥佛老';表现在文学上,是'反对骈俪、复兴散文'。"[2]吉林大学《中国文学史》的观点也颇为相似:"唐代古文运动的产生,究其本质,一是世俗地主阶级为了反对僧侣

---

〔1〕 中华人民共和国教育部审定:《中国文学史教学大纲》,高等教育出版社1957年版,第103—104页。

〔2〕 复旦大学中文系古典文学组学生集体编著:《中国文学史》(中册),中华书局1959年版,第512页。

地主阶级而提倡儒学,建立它的儒家道统观念,因而要求'文'的'复古';二是唐前期新兴的中小地主阶级的清新、健康的思想意识,要求'文'的写作从骈俪的束缚中解放出来,而自发地从事了散文的写作。"[1]"他(韩愈)的这一方面的努力和成就,打击了骈俪文,创造了新的文学语言,这是其有积极意义的,有进步性的。"[2]同一时期出版的北京大学版《中国文学史》最为简捷直致,明确说明"他(韩愈)用古文占夺了原来骈文的领域,宣告了对骈文斗争的胜利"[3]。陆侃如等人描述较为含蓄,观点却相差无几:"所谓古文运动,就是提倡以儒家思想为内容,以先秦两汉作家为范例,写朴素切实,不讲声律对偶的文章"[4]。

　　进入 20 世纪 60 年代,"新散文"的概念依然没有引起重视。影响国人达二三十之久的游国恩等人主编的《中国文学》,对于古文运动的意义,依然在于肯定它"逐渐压倒了骈文"[5]。中国社科院所编的《中国文学史》也是将韩愈所谓的"古文"与"骈文"相对立,不过在强调它传统文体回归的同时,还指出改革的意义,即对文体、文风、文学语言的改革促进了文章的演变[6]。这一说法在 70 年代后期 13 所院校联合编纂的《中国文学史》中,得到进一步强调[7]。

---

〔1〕 吉林大学中文系:《中国文学史稿》(唐宋部分),吉林人民出版社 1959 年版,第 179 页。

〔2〕 吉林大学中文系:《中国文学史稿》(唐宋部分),吉林人民出版社 1959 年版,第 187 页。

〔3〕 北京大学中文系文学专门化 1955 级集体编著:《中国文学史》(二),人民文学出版社 1959 年版,第 276 页。

〔4〕 陆侃如、冯沅君:《中国文学史简编》(修订本),作家出版社 1957 年版,第 123 页。

〔5〕 "从贞元到元和的二三十年间,古文逐渐压倒了骈文,成为文坛的主要风尚,这就是文学史上所谓的'古文运动'。"游国恩等:《中国文学史》(二),人民文学出版社 1963 年版,第 158 页。

〔6〕 "'古文'是和'骈文'相对立的概念。它的特征是散行单句,不拘格式,不同于骈文讲究排偶、辞藻、音律和典故。这在文体上恢复了先秦两汉文章的传统,所以成为'古文'。这个运动主要是文风、文体和文学语言的改革运动,在文章的演变上有着划时代的意义;对文学特别是文学散文的发展,也产生过直接的影响。"中国社会科学院文学研究所编:《中国文学史》(二),人民文学出版社 1962 年版,第 492 页。

〔7〕 "'古文',是对'骈文'而言的。先秦两汉文,以质朴自然、散行单句、不拘格式为特点,故称'古文'。所谓'古文运动',就文学上言,是指唐代韩愈等人提倡秦汉时期流行的散文,反对魏晋以来盛行的骈文;就政治上言,则表面提倡复古,实则力求创新。但二者之间,还是以文风、文体和文学语言的改革为主要内容。"十三所高校《中国文学史》编写组:《中国文学史》(上),江西人民出版社 1979 年版,第 309 页。

当然,也有与《大纲》观点看起来一致的《中国文学史》,如华中师范学院中文系编写的教材。虽然书中也认为古文运动的主要目的是反骈文,但对古文运动的性质已经明确界定为"文学革新",革新的具体表现是语言的创新,因为"语言本是文学作品的建筑材料,也就是文学的第一要素。文学的艺术性固然不限于语言,而思想艺术都是靠语言来表达的",革新的目的是创造一种简练朴素、明白晓畅的"新散文"来表现新的内容[1]。只是这里对于"新散文"的理解,主要停留在语言的"通俗朴素"而切于实用,这与《大纲》的描述有着一定的差距。

在我们看来,《大纲》对古文运动关的描述中,最值得关注的是对古文运动宗旨的认识。古文运动的特色是创新,创新的路径是语言,创新的结果是为了便于说理、叙事与抒情,而其根本宗旨却是为了切于实用。也就说是古文运动革新的根本目的在于强调文章的实用性,而不是文学性,虽然说文学性与实用性在某些阶段与场合是同一的,但显然二者的差距是如此明显,已经不需要我们去做任何多余的辨析。而在上述诸多文学史中,对于古文运动的发生,无论是强调文体、文风还是文学语言的变革,都是将改革的意义固定在文学散文的层面上。几乎所有的文学史在描述古文运动的背景时,都提到了骈文成为反映现实、表达作家思想的桎梏,而古文更适应表达的需要。不过,这里的"适应"往往大多被理解为更便于说理、叙事与抒情,从而体现为文学性的增强[2]。至于古文的实用性,则有意无意为人们所忽略了。仔细想来,这并非当时人们的视角出现了盲区,而是长期以来大家都在努力拔高古文的艺术性,使之脱离世俗实用的层面,因此将古文运动的宗旨同实用联系在一起,就很难让人接受了。

20世纪末期,实用性作为散文的首要功能才得到了一定程度的阐发。如谢楚发将我国散文的民族特色归结为功能上的实用性、文字上的

---

〔1〕 华中师范学院中文系:《中国文学史》,华中师范学院1960年版,第285—287页。

〔2〕 这一认识是普遍性的,如吉川幸次郎《中国文学史》也认为中唐散文改革的重要原因是骈文装饰性太强,无法承担记述与描写的重任,韩愈的贡献在于利用新文体表现了以前散文所不能表现的题材,这使散文的实用范围大大增加了,但这一切终究是文学天地方面的事情。四川人民出版社1987年版,第114—116页。

特殊性、内容上复杂性与理论上的稳定性[1]。万陆也将"实用性"作为中国古代散文的首要特征,认为"实用性体现的无疑是我国古代散文和社会生活的紧密联系,这是保证它始终折射着不同时代的光点、具有无穷的活力并使文体自身也能源远流长地发展的奥秘所在"[2]。其他特征依次是真实性、抒情性、意象性、灵活性。实用范围的大大增加,与散文走向生活,也被一些学者认定是古文运动的重大成果[3]。

二　郭绍虞将时文作为古文革新的对象

大约在 20 世纪 80 年代,文学史对于古文运动的叙述已经建立在革新的范畴内,而韩愈的古文也被认定为是一种新传统的开拓,开拓的重要表现是应用范围的增加。如下的表述极具代表性:"古文运动的胜利,使不适应社会发展需要的骈文退出了文坛,使文体从形式主义的桎梏中解放出来,开创了散文的新传统,开拓了散文的实用范围,使散文又一次获得了新的生命。"[4]在古文的实用价值不断得到人们认可的同时[5],古文运动革新的对象却在悄然发生变化,虽然这种变化是极其细微而很少引起人们的关注。

在韩兆琦等人看来,古文运动与其是古文与骈文之争,不如看成是古今文体之争。但什么算是今体呢?作者又做出了一个奇怪的举动,用"骈体文"来加以解释[6]。这看似多余的行为却暴露了作者内心的狐疑。他

　　〔1〕　谢楚发:《散文》,人民文学出版社 1994 年版,第 1—7 页。其两年前出版的《中国散文简史》(长江文艺出版社 1992 年版),亦有相似的论述。

　　〔2〕　万陆:《中国散文美学》,中州古籍出版社 1989 年版,第 14 页。

　　〔3〕　"散文不仅恢复了历史地位,而且实用范围被推广了。从此,人们不但以散文著书立说,而且在日常生活中,广泛地用它来叙事、写景、抒情、言志。"朱其铠:《中国文学史二百四十题》,山东文艺出版社 1985 年版,第 306 页。

　　〔4〕　董冰竹:《中国文学史讲话》,河南人民出版社 1988 年版,第 104 页。

　　〔5〕　如北京师范大学中文系古典文学研究室《简明中国文学史》:"古文运动的胜利,有力地打击了风靡三百年的绮丽柔弱的文风,开阔了散文的应用范围。"北京师范大学出版社 1984 年版,第 186 页。

　　〔6〕　"古文就是古典散文,它是与今体(骈体文)相对立的一种散文文体。""从这个意义上,中唐古文运动是齐梁以来古今文体之争的必然结果。"韩兆琦等主编:《中国文学史》,北京师范大学出版社 1996 年版,第 279、281 页。

不愿意如他人一样将古文运动革新的对象锁定为骈体文,但树立其"今文"这一目标又似乎显得冒昧。同样的情形也发生在王文生等人主编的《中国文学史》中。在解释"古文"时,他们将之认定为"时文"的对立面,但同时又用"骈文"来诠释时文,也明确表示"古文运动实是针对骈文弊端所进行的一场文体、文风和文学语言的改革运动"[1]。而姜书阁明确地阐述了"今体"成为古文运动对象的缘由:

> 先秦散文中,有奇有偶,有参差长短的,有整齐对称的,有不讲声律的,也有注重音韵谐调的,一切以能够适当地表达作者的思想感情为准,并不专在文字技巧上下工夫,所以那时的文章并无骈散之分。秦汉之时,稍稍有人重视辞采声律之美,而辞赋家为尤甚,骈文盖起源于是。此风至魏、晋而渐渐普遍形成,到六朝便大为兴盛,在文坛上占了统治地位。当时号为"丽辞",或称为"今体",说明它是与前古文章不同的一种形式。后来唐代柳宗元说这种今体丽辞是"骈四俪六,锦心绣口",于是人们就称之为"骈文",而与"散体"的"古文"对立为二了。[2]

"今文"是不是等同"骈文"以及"散文"是不是等同"古文",这是一个更为复杂的问题。虽然已经有学者提出要注意它们之间的分别,但混为一谈的情形实在过于普遍,让我们几乎丧失了辨析的勇气。在上述引文中,另一个值得注意的问题是对今体发生过程的描述。作者认为今体之所以名为"今体",在于它与前古文章的不同。这种描述乍然看来似乎没有问题,仔细想却值得商榷。这一描述的结果意味着"今体"的出现是为了有别于"古文",这显然是倒果为因,因为我们历来认为"古文"是相对于"今体"而出现的,即古文之所以名为"古文",是为了和"时文"文字相区别。也就是说,在"古文"的概念出现之后,"今体"或时文的意义才展示

---

〔1〕 "'古文'是指和'时文'(骈文)相对而言的散体文。"王文生主编:《中国文学史》(上),高等教育出版社1989年版,第537页。

〔2〕 姜书阁:《中国文学史四十讲》,湖南人民出版社1982年版,第228页。

出来,这与之前它们是否存在没有必然关联。或如袁枚《答友人论文第二书》所言:"夫古文者,途之至狭者也。唐之前无古文之名,自韩、柳诸公出,惧文之不古,而古文始名。是古文者,别今文而言之也。"[1]古文出现之后,作为对立面的"今体"的意义才得以确立。

既然"古文"的出现是为了和俗下流行的"今体"相区别,那么古文运动以"今体"为革新对象也是水到渠成的事情了。20世纪中期明确将今体时文作为古文运动对象的,是郭绍虞。也是在他那里,骈文与时文被严格区分开来:

> 在唐代,古文斗争的目标有两种:最主要的是骈文。李汉所谓"摧陷廓清之功",苏轼所谓"文起八代之衰",都是肯定韩愈在这方面的成就。李兆洛《骈体文钞序》说:"自唐以来始有古文之目,而目六朝之文为骈体。"可见古文和骈文是敌对性的。另一方面是时文,即当时流行的应举之文。唐以诗赋取士,律赋,就是当时从骈体更进一步的应举文体。韩愈《与冯宿论文书》云:"辱示初筮赋,实有意思,但力为之,古人不难到;但不知直似古人,亦何得于今人也。仆为文久,每自测,意中以为好,则人必以为恶矣。……时时应事作俗下文字,下笔令人惭,及示人,则人以为好矣。"此所谓俗下文字,很可能指一般的骈文,都是也可能指律赋一类的应举文。从此以后,古文经常与骈文相对立,也经常与时文相对立。所以包世臣《云都宋月台古文钞序》说:"唐以前无古文之名,北宋科举业成,名曰时文,而文之不以应科举者,乃自目为古文。"这也是一种说法,是说明古文和时文有敌对性的。阮元《书梁昭明太子文选序后》说:"明人号唐宋八家为古文者,为其别于四书文也,为其别于骈偶文也。"四书文即当时的八股文,可见古文和骈文时文是一向对立的。因此,韩愈所谓俗下文字,可以包括科场应试之文;但是矛头所指,是不会专对科场

---

〔1〕　袁枚:《小仓山房文集》卷一九,江苏古籍出版社1993年版,第320页。

应试之文的。于是,在这里就说明了一个问题。古文运动的主要矛盾固然不是为了科场应试的时文,却可以包含着科场应试的时文,而以后却又经常成为时文的对立面,那么骈文和时文必有一个共同之点,至少有一部分共同之点,是很明显的事实了。……这就说明了古文重在后世之传而俗下文字则是与世浮沉的,不能自树立的,当然,收名也不会远的。这一点,可以说是当时的骈文和时文的一个共同之点。在当时,论时文的书,有白行简的《赋要》、浩虚舟的《赋门》、张仲素的《赋枢》以及纪干俞的《赋格》诸书。这些敲门砖一类的著作是不会传世的,所以时文是当时的俗下文字。另一方面,当时的应用文,所谓"应事为俗下文字"的,又大都是骈文。我们只需看《旧唐书·李商隐传》称"商隐能为古文,不喜偶对,从事令狐楚幕,楚能章奏,遂以其道授商隐,自是始为今体章奏",可知今体章奏,正是韩愈心目中所谓俗下文字,而这种体制是在唐代一直流行着的,即在古文运动以后也并没有衰歇的。今体章奏,正是南朝人所谓"笔"。这种"笔",在韩愈看来,正是所谓"与世浮沉,不自树立"的。韩愈同样也写章奏书启一类的文章,但因体制和风格都不一样,所以不能沿用"笔"的名称。[1]

郭绍虞对于骈文与时文的区分,可能会引起学者的质疑,因为他将两个层面的东西同时摆在一个桌面上了。当我们将骈文作为古文运动的对象时,是着眼于文体的改革;而当时文成为古文运动的对象时,主要是从文风上立足,尤其是指应试文字,所以包世臣说:"唐以前无古文之名,北宋科举业盛,名曰时文,而文之不以应科举者,乃自目为古文。"[2]即使如此,郭绍虞对于时文与骈文的区分,意义依然极为重大。因为古文与骈文

---

〔1〕 郭绍虞:《试论"古文运动"——兼谈从文笔之分到诗文之分的关键》,《跃进文学研究丛刊》第2辑,新文艺出版社1958年版,第44—45页。

〔2〕 包世臣:《艺舟双楫·零都宋月台古文钞序》,世界书局艺林名著丛刊1936年影印版,中国书店1983年版,第51页。

的斗争是短暂的,古文收复曾经失去的阵地所花费的时间相对并不太长,但与时文的缠斗从未平息,即使在它所盘踞的阵营中。古文与时文的关系,才是困扰人们的重要问题,至于与骈文的斗争,在古文运动大旗扛起之日,我们已经可以预料它的结局了。也就是说,革命本身是一个问题,而成功之后的发展是一个更大的问题。韩愈所发起的这种运动,给南宋以来的文人们所带来的就是这样一种压力。当古文传统被确立以后,如何避免它走向郭绍虞所说的另一种形式主义,这才是这场运动被人们提及的根本原因,因为在这个意义上,这场运动才没有终止。

三　章培恒等人对古文运动文道关系的剥离

20世纪末期章培恒等人主编的《中国文学史》没有接受郭绍虞对于时文与骈文的区分,他们认为"'古文'是韩愈等人针对'时文'即魏晋以来形成、至初盛唐仍旧流行的骈体文而提出的一个概念"[1]。也就是说,作为古文革新对象的时文就是骈体文。不过,饶有趣味的是,他们认可了郭绍虞从文笔之分角度来探讨古文运动意义的做法,把古文运动的背景还原为骈体文的过度膨胀,即挤压了散体文生存空间,使后者几乎只剩下历史、地理等不多的几种著作类型,因而迎来了散体文的迎头痛击。

与大多数文学史不同的是,他们认为这一反击的效果虽然是引人注目的,却也不能被无限夸大。当他们强调古文运动其实是以一种"矫枉过正"的面貌出现的时候,是否也在提醒着学者对于古文与骈文的关系及各自价值的认识也不要"矫枉过正"呢? 他们所谓"文学同其他文学现象一样,从来不存在不偏不颇、十全十美的发展道路"、"骈体文的出现在中国文学史上有其重要的贡献,但它是带着偏颇和弊病发展起来的,古文运动也是如此"[2],展示出一种严谨的立场,表达出对于古文运动狂热追捧后的反思。

这一反思首先表现为对古文运动成果的描述更为审慎,他们反对众

---

〔1〕　章培恒、骆玉明主编:《中国文学史》(中),复旦大学出版社1996年版,第183页。

〔2〕　章培恒、骆玉明主编:《中国文学史》(中),第185页。

多文学史中所谓运动之后古文彻底取代骈文的说法,认为骈体文与散体文是两者共存、相互融汇的。这一结论得到印证并不困难,也是当下许多学者在著述中所反复呼吁的。反思的另一方面是要求将古文运动的政治目的与文学目的区别开来,他们认为:

> 所谓"古文运动",其实并不是单纯的文学运动。从基本的特征来看,古文运动是要改革文体;而改革文体,却可以用于不同的目的。一方面,古文家企图以此来复兴儒道,恢复散文宣扬正统思想的功能,以挽救唐王朝的衰亡;另一方面,他们也需要以此来更好地表达个人在实际生活中的思想感情,而这一种需要同前一个目的有时一致,有时不一致。"古文运动"之所以有文学史上的价值,主要还是因为后面这一点。[1]

古文运动具有强烈的政治诉求,这是人们所熟知的,也是所有学者在研究古文运动所无法忽略的一个重要事实。章培恒等人认为古文运动的文学价值往往产生于忽略政治诉求之时,这一结论可能会引起许多学者的共鸣,因为"纯文学"的立场是 20 世纪许多学者的梦想,虽然事实证明它最终也只能是梦想。这种理性化的状态还表现在他们对于文章实用性与艺术性的区分:"文体的改革不可避免。不但实用之文要恢复其实用性,就是艺术之文也需要有更自由地表达思想、抒发情感的形式。何况,文章的所谓实用性和艺术性也不是截然分开的因素。"[2]

他们强调"文章的所谓实用性和艺术性也不是截然分开的因素",事实上还是认为文章的实用性和艺术性是能够而且也应该区别开来的,只不过在特定对象与场合没有这个必要。区分了文章的实用性和艺术性,也就区分出了文章的政治性与文学性,谈论数百年之久的文与道又一次被剥离。20 世纪末期,古文的实用性得到了越来越多的学者的关注,因为他们意识到将文章的实用性从文学领域中剔除实在是一件高风险的事

---

[1] 章培恒、骆玉明主编:《中国文学史》(中),第 184 页。
[2] 章培恒、骆玉明主编:《中国文学史》(中),第 184 页。

情。嗣后余恕诚所言"中国古代散文的实用性很强,有时很难区分文学性散文和其他文章的界限"[1],就是希望能将这一问题暂时搁置。黄卓越则走得更远,他明确表示要将文章的政治诉求作为古文的核心价值:"古文的概念从一开始提出,就不限于一种形式论上的诉求,而是为了寻找与此文体、文风相联系的价值观,以便更有利于述志与述政。"[2]这实际上是对"文以载道"在表现形式上的正视与认可。

古文的价值究竟何在? 这个困扰20世纪学者的重要问题带给南宋学者的压力其实更为巨大。古文运动曾经使"文"与"道"为着共同的目的走到了一起,奋斗目标的消失使它们的分道扬镳看起来也在所难免。值得我们注意的是,真正从文章学的角度总结与完善唐宋八大家艺术传统的,是南宋那一批声名显赫的理学家。其中,南宋浙东学者对于唐宋古文艺术传统确立的贡献最为卓著。那么,他们的用心何在? 这种重视给古代散文的走向又造成了何种影响呢?

问题并不简单。20世纪初期曾毅有一个为人们所忽略的观点:"唐之取士以诗赋,宋之取士以策论,故宋之文学不在诗而常在文。文主议论,故散文尚焉。其间文体之变迁,亦可划分为一时期。前半期力振复古之气运,后半期肇时文之发生。"[3]他认为宋代古文后半期的重要成果,是时文的发生。这一匪夷所思的说法仔细想来也有几分道理。我们所无法否认的事实,是南宋理学家尤其是浙东学者,他们对于唐宋古文艺术的运用,主要体现在时文的写作中。而此后古文与时文几百年的纠缠,也肇始于此。郭绍虞所批评的从一种形式主义走向另一种形式主义,也正是从这个意义上产生的。通过对陈亮、陈傅良、吕祖谦与叶适等南宋浙东学派时文创作与时文观的分析,并不足以解决我们对古文价值判断所产生的困惑,但对了解古代散文的因革流变却不无裨益。

---

〔1〕 余恕诚:《中国古代散文发展述论》,《安徽师范大学学报》2005年第2期。

〔2〕 黄卓越:《书写、体式与社会指令——对中国古代散文研究进路的思考》,《北京大学学报》2010年第2期。

〔3〕 曾毅:《中国文学史》,第185页。

第二章　陈亮及其时文

20世纪以来,学者普遍认为南宋散文虽有平弱之讥,与北宋之文不可同日而语,但也涌现了一批成就卓越的古文家,如永康学派的核心人物陈亮就是其中的一员。单就文章而言,陈亮果真一直是以古文傲视群雄而闻名于世的吗? 宋末元初的方回,曾经言之谆谆地告诉我们陈亮是"时文之雄"[1]。那么方回的这一说法是否成立呢? 假如成立,为什么后来者又会对陈亮在时文方面的影响视而不见,而将之视为古文家? 从时文家转换为古文家,这一现象是否仅仅发生在陈亮身上? 这些都是值得我们关注并深思的问题。

陈亮的文集,由其子陈沆编订。叶适的《龙川文集序》叙述了这一事件,并声称它共有四十卷。叶适此文作于嘉泰四年甲子(1204),十年后的嘉定七年(1214),作者又在《书龙川集后》中说"(陈亮)遗稿未辑,愈久将坠"[2],则陈亮的作品或恐在四十卷之上,其初陈沆所编,自当未为全编。陈振孙《直斋书录解题》卷十八著录陈亮《龙川集》四十卷外,另有《外集》四卷[3]。叶适《书龙川集后》特别指出陈亮"又有长短句四卷,每一草就,

---

〔1〕 方回:《桐江集》卷三《读陈同甫文集二跋》,阮元辑《宛委别藏》第105册,江苏古籍出版社1988年版,第203页。
〔2〕《水心文集》卷二十九《书龙川集后》,刘公纯、王孝鱼、李哲夫点校《叶适集》,中华书局2010年版,第597页。
〔3〕 陈振孙:《直斋书录解题》,上海古籍出版社1987年版,第548页。

辄自叹曰'平生经济之怀,略已陈矣'。"〔1〕。陈振孙将之理解为叶适的讥诮之言,所以他强调"《外集》(四卷)皆长短句,极不工,而自负以为经纶之意具在是,尤不可晓也"。由此可见,陈振孙所说的"《外集》四卷",当就是叶适所说的"长短句四卷",也是他所言未辑遗稿的一部分。此后,《宋史·艺文志》也认定《陈亮集》四十卷,《外集》词四卷。不过两百多年以后,至明代成化年间,我们所能见到的陈亮作品仅有三十卷,故后人感叹其多逸散〔2〕,今日通行的《陈亮集》"都是直接或间接沿袭汪海辑补、朱润集资刊行的那个三十卷本而来的"〔3〕。也就是说,这留存的四分之三一直是我们研究陈亮的基础。

陈亮的作品,除了他的词作与上书之外,由于朱、陈之辨的关系,我们经常关注的是他的那些书信。但这些书信是作为研究的资料而存在的,在当时作为社会名人的他是依靠哪些作品来建立及扩大自己的影响呢?叶适在《龙川文集序》中非常肯定地说:"同甫文字行于世者,《酌古论》、《陈子课稿》、《上皇帝四书》,最著者也。"〔4〕以下便主要讨论陈亮的《酌古论》与《陈子课稿》。

第一节　作为试论进策的《酌古论》与"中兴五论"

一　《酌古论》

《酌古论》对于陈亮确实具有非同寻常的意义,因为它是陈亮登上历史舞台的标志。宋史本传载:"(陈亮)生而目光有芒,为人才气超迈,喜谈

---

〔1〕《水心文集》卷二十九《书龙川集后》,载《叶适集》,第 597 页。

〔2〕毛晋《龙川词跋》:"据叶水心序,其集云四十卷,今本止三十卷,想尚多佚遗。其最著者,莫如上皇帝四书及《酌古论》。自赞云人中之龙、文中之虎,真无忝矣。"载毛晋:《汲古阁书跋》,古典文学出版社 1958 年版,第 96—97 页。另,应宝时《龙川文集跋》云:"别集类则收是集,以视原帙,乃十佚其三。"《陈亮集》附录三,中华书局 1974 年版,第 478 页。

〔3〕邓广铭:《三十卷本〈陈龙川文集〉补阙订误发覆》,《邓广铭治史丛稿》,北京大学出版社 2010 年版,第 320 页。关于陈亮版本问题,其文有详细讨论。

〔4〕《水心文集》卷十二《龙川集序》,载《叶适集》,第 207 页。

兵,议论风生,下笔数千言立就。尝考古人用兵成败之迹,著《酌古论》。郡守周葵得之,相与论难,奇之,曰:'他日国士也。'请为上客。及葵为执政,朝士白事,必指令揖亮,因得交一时豪俊。因授以《大学》、《中庸》,曰:'读此可精性命之学。'遂受而尽心焉。"〔1〕

这一段慧眼识英才的佳话,多为人津津乐道。它的真实性是毋庸置疑的,陈亮的《祭周参政文》有云:"亮昔童稚,纵观废兴。大放于辞,愿试以兵。狂言撼公,一见而惊。借之齿牙,爱及公卿。爱均骨肉,前辈典型。《中庸》、《大学》,朝暮以听。随事而诲,虽愚必灵。行或不力,敢忘其诚。"〔2〕

周葵是官至参知政事,一生行事可资后人评述者并不多见,却因绍兴三十年(1160)知婺州后的一个小小举动,使得我们无法忘记。不过,这一段佳话并不完美。言之者自是谆谆,而听之者不免藐藐。周葵授学不可谓不尽心,但陈亮却表示只是为前者热忱的态度所感动。在《钱叔因墓碣铭》中,陈亮更直接地向我们展示了他们之间的罅隙:"绍兴辛巳、壬午之间,余以极论兵事为一时明公巨臣之所许,而反授以《中庸》、《大学》之旨,余不能识也,而复以古文自诡于时,道德性命之学亦渐开矣。"〔3〕

两人的误会,陈亮似乎说得很明白,即在于对待道德性命之学的不同态度,后人也多从这一角度来阐发。自号"惟心居士"的周葵,"平生问学,不泥传注"〔4〕,对性命之学自然热衷,而陈亮却对此类学说颇存敌意。在《送吴允成运干序》中,他颇为愤激地说:"自道德性命之说一兴,而寻常烂熟无所能解之人,自托于其间,以端悫静深为体,以徐行缓语为用,务为不可穷测以盖其所无;一艺一能皆以为不足自通于圣人之道也。于是天下之士始丧其所有,而不知适从矣。为士者耻言文章行义而曰'尽心知性',居官者耻言政事书判而曰'学道爱人',相蒙相欺以尽废天下之实,则亦终

---

〔1〕 脱脱等:《宋史》卷四三六《儒林六·陈亮传》,中华书局 1977 年版,第 12929 页。
〔2〕 《陈亮集》卷十二《祭周参政文》,第 346 页。
〔3〕 《陈亮集》卷二十八《钱叔因墓碣铭》,第 421 页。
〔4〕 《宋史》卷三八五《周葵传》,第 11836 页。

于百事不理而已。"〔1〕

我们还可以找出陈亮与周葵在其他方面的不和谐之处,如周葵"终日谈禅,不亲郡政"〔2〕,而陈亮将佛氏视为儒家不共戴天的仇敌;陈亮力主抗战,一生为恢复而呐喊,而周葵却"始终守自治之说"〔3〕,反对北伐,以为"今日之举,当量度国力"〔4〕,并极力促成了隆兴和议〔5〕。那么,当初周葵为什么会如此欣赏陈亮并不遗余力地加以培养呢? 难道仅仅是出于他的宽厚与胸襟,抑或是陈氏个性魅力所致? 周葵对其的赏识或许与《酌古论》的性质有关。"正因为科举的性质,所以试图利用策问(及部分标明指导学生的文章)来讨论一个人的思想有其内在的困难,必须与考官保持一致所造成的现实或想象的压力几乎是一个普遍障碍,使人不能在考试的程式下自由发表意见"〔6〕。在周葵看来,《酌古论》只是青年陈亮为准备考试而作的文章策论而已,即使主张谨慎行事的他,对于用兵这个现实的热点问题也不会不关注,所以才同陈亮相与论难。在更大的意义上,这是一种思维与文字的训练,并不能视为思想上的交锋。然而,让周葵始料未及的是,陈亮的思想却在科举文章的训练中稳定下来,至少在基本思想倾向上终其一生没有发生巨大的变化。

因此,《酌古论》的意义,不仅在于作为陈亮一生中首次亮相的重要标示,也在于作为他思想走向成熟的证据。评论者对于陈亮思想的叙述,往往从这里起步。他们一般认为"这时的陈亮,不过才十八九岁,而其超迈

---

〔1〕《陈亮集》卷十五《送吴允成运干序》,第 179 页。

〔2〕 李心传《建炎以来系年要录》卷一百七十五:"(绍兴二十六年十二月)乙卯,三衢乞免减吏额,许之。殿中侍御史周方崇论知信州周葵终日谈禅,不亲郡政,诏葵与宫观差遣。"上海古籍出版社 1992 年版,第 3 册,第 475 页。

〔3〕《宋史》卷三八五《周葵传》,第 11835 页。

〔4〕 佚名《宋史全文》卷二四上《宋孝宗一》"隆兴二年二月己未",黑龙江人民出版社 2004 年版,下册第 1647 页。

〔5〕 何勇强:《周葵与陈亮》,载卢敦基、陈承革主编《陈亮研究》,上海古籍出版社 2005 年版,第 179—188 页。

〔6〕 田浩:《功利主义儒家——陈亮对朱熹的挑战》,江苏人民出版社 2012 年版,第 19 页。

之才气与英伟之识见,却已通过《酌古论》而充分显露出来"[1]。所谓的才气,自然是对历史有着惊人的洞察力;所谓的识见,则是对现象的分析细致而精微,鞭辟入里,入木三分。具体而言,人们对《酌古论》的肯定集中在以下几个方面。

首先,陈亮的这些分析虽然是面对历史,却都是为现实服务的,具有极强的针对性。"陈亮早在青年时代就有抗金救国的壮志。他发愤研究历史,希望从中得出一些可作现实借鉴的经验教训。《酌古论》一书就是这样写成的。当时陈亮才十九岁。所谓'酌古',意即参考古人的成败得失,书中对汉唐以来许多重大的军事活动作了细致的分析,反映了陈亮军事思想中朴素的辩证观点。"[2]

其次,《酌古论》在技术操作层面是值得肯定的。也就是说,这些军事谋略具有极其重要的价值。"贯穿《酌古论》的思想主题是对'人谋'的特别重视,充分强调决策的重要性,强调在确切把握事件当前的客观情势的前提下人的主动精神对于事态发展的主导作用。"[3]这些"人谋",陈亮自己也认可,以为是可以用来扭转历史局面的,不仅写作之初认为它们"大则兴王,小则临敌"[4],而且多年以后翻阅年少之作,依然自信满怀,自我惋叹道:"政使得如其志,后将何以继之?"[5]胡应麟将之视为两百年难得之人物,也是就《酌古论》而言。其《题范茂明淮阴先生辩陈同父酌古论》云:

> 方茂明为此文年仅二十一,同父作论才十八九耳,英气已勃勃,乃尔二君皆老寿终,顾其后撰述,卒无能有加于此,岂其笔力弱冠时固已定耶?茂明辩说纵横,大有秦汉风,一扫宋人预习,而他作不尽尔。同父论体势,实步骤苏氏兄弟,时时错稚语其

---

〔1〕 董平、刘宏章:《陈亮评传》,南京大学出版社1996年版,第25页。成中英亦认为《酌古论》展示出了早年陈亮纵横的才情、绝佳的智谋与设计能力、发挥其决策批评的想象力,见其《义利之辨与儒家中的功利主义》,卢敦基、陈承革主编《陈亮研究》,第26页。

〔2〕 上海市建工局工人理论组注:《陈亮诗文选注》,上海人民出版社1977年版,第138页。

〔3〕 董平选注:《陈亮文粹》,浙江古籍出版社2006年版,第177页。

〔4〕 《陈亮集》卷五《酌古论序》,第49页。

〔5〕 《陈亮集》卷八《酌古论跋》,第90页。

间，而奇伟绝人之识，即前代豪杰身当其事者且心折九地下。惜乎其登第遽没，当南渡勋勚戎马，而未展一筹也。其论淮阴策李左车，足尽刷史迁胸臆之陋，但所设破赵策未为中窾；至论薛公策黥布、孔明扼司马、邓艾取蜀，可谓深识天下之大势，切中行陈之机宜，非振世之才，莫能与矣。茂明亦好谈兵事，屡进策绍兴间，弗用。同父上皇帝四书，卒为奸人所中，几杀身。宋柄国者类尔，弗灭于金固幸，尚望以恢复计乎？但两君生同世，又并及紫阳朱氏游，而绝不相闻问，何也？岂同父数走四方，而茂明老居一壑故耶？噫嘻！若两君者，吾郡二百年无此人物矣。[1]

更有论者，以明之定都金陵一统宇内，作为陈亮谋略之实证：

（陈亮）著《酌古论》二十篇，首称光武，余皆有见。朱子与书，词多峻，而同甫益谦。予读其集而深悲之。同甫固奇才也，时不能用，与之适道可也。元末我师取采石，遂都金陵，顿兵京口，遂混一中原，然则同甫之见卓矣哉。[2]

此后，追慕、仿效者代不乏人，如牛兆昕模仿《酌古论》诸文惟妙惟肖[3]，戴望"心慕其为人"[4]。不过，也有人对陈亮《酌古论》的看法不以为然。陈斌即认为战场形势瞬息万变，用兵当要随机应变，没有千古不变的一定之规。陈亮强调谋略，强调出奇制胜，这种用奇只能偶尔为之，终

---

〔1〕 胡应麟：《少室山房集》卷一百六，文渊阁四库全书本。

〔2〕 黄佐：《庸言》卷八，《四库全书存目丛书》子部第9册，齐鲁书社1995年版，第628页下。

〔3〕 储大文《存研楼文集》卷十五《书淀洋先生之墓》："淀洋先生姓牛氏，名兆昕，字月三，淀洋其号也，泽州高平县市王里人。……先生之学以经世务为宗，尤研精宋永康陈氏之说。孝宗四书，文公成公诸往复文翰，日吟诵不辍，善推阐三代暨汉唐宋明国势，涛涌霆轰，视《中兴》、《酌古论》惟肖。"《清代诗文集汇编》第216册，上海古籍出版社2010年版。

〔4〕 戴望《颜氏学记》卷八《兵法要略序》："余自幼喜谈兵，读苏明允《权书》、陈同甫《酌古论》，心慕其为人。稍长，学孙武兵法，略知奇正虚实之术，而束伍营陈操练之方、形名器甲之用、车骑水陆接刃合战攻城守垒之法，概不得其详焉。每遇老于行陈者问之，其言皆野战之事，而与古节制之师不合。嗟乎，野战可以制胜而无事于兵法久矣。节制之说，竟无从得其详。及读戚南塘《练兵实纪》，与赵本学《续武经总要》，而后有得也。"清同治冶城山馆刻本。

要以用正为根本。其《读陈龙川酌古论》：

> 古今变以神察，兵以机发，而皆不可以豫言，况事后邪？龙川陈氏《酌古论》，由千余年兵家成败之迹，而欲以一人之智尽具变，岂竟前人失之，后人得之哉？此其所筹，即十得五六，而苟无其本，则亦虽奇而不足用矣。三代以上，战、守皆正兵。秦、汉以后之用兵者，守以正，战以奇；备敌以正，胜敌以奇。其隽功殊烈，克除天下之大毒，而立去生人之久痛者，盖莫不能用奇矣。然成军十万，无数千蹈凶入陷之死士，则不可以用奇；行军千里，无数辈出鬼没神之间谍，则亦不可以用奇。吾观握奇之家，凤谋而成，临战而败者有之。夫岂非死士不附贵将，间谍不由公赏？恩动义结，尝恐不得，而况无专闻之帅，而况无猝应之饷？投机之会，转瞬莫及，虽欲用奇，何自而用之哉？杜牧有言曰："上策莫如自治。"此用奇之本。而所谓最下策者，浪战也。若决胜而犹待两陈之间，非浪战乎？故古之儒者必知兵，然不必言兵。范文正之备敌，王文成之胜敌，盖兵在胸中，虏在日中，而不可殚言也。宜龙川悔其妄作也。[1]

因此，我们可以认为《酌古论》展示出了陈亮过人的才华，显示出了巨大的潜能，但不能将文中之言一概视为真知灼见，视为救国疗世的不二良方。虽然也不断有学者质疑陈亮观点的独断性[2]，但这种质疑却淹没在众多的颂扬中。至于如张之洞斥《酌古论》为秀才论兵、书生之见[3]，虽

---

〔1〕 魏源：《魏源全集》第 17 册《皇朝经世文编》，岳麓书社 2004 年版，第 205 页。

〔2〕 陆容《菽园杂记》卷十："天下有一定不易之理，虽中人所能知。而气数之变，事机之来，奇怪特出，虽上智大贤有莫能预为之测者。陈同甫《酌古论》云：'晋虽弱，中国人。秦虽强，夷狄也。自古夷狄之人，岂有能尽吞中国哉！'此以定理论也。孰知宋季之世，元氏人主中夏，混一华夷。然则宋非中国，而蒙古非夷狄耶？妇人不可加于男子，犹夷狄不可加于中国也。在宋之前，亦尝有妇人易姓改号君临天下如武曌者。而何独以中国夷狄概天下后世，而为此确然不易之论哉？"中华书局 1985 年版，第 124 页。

〔3〕 张之洞《张文襄公诗集》诗集三《误尽四首》之四："兵食无筹治本疏，秀才酌古论孙吴。朱辛都爱龙川好，北固楼头一酒徒。"民国十七年刻张文襄公全集本。

为过激之论,或能给奉为圭臬者当头棒喝。四库馆臣称"使其(陈亮)得志,未必不如赵括、马谡狂躁偾辕"[1],亦不无因。其实对于《酌古论》,我们所关注的重心,应该是陈亮研究问题的角度以及在表达中体现出了雄豪之气。相对而言,卢敦基对于《酌古论》的评价更为中正平和:

> 从内容上看,陈亮此际主要研究历史,而非研究道德心性;从转变天下的途径看,陈亮侧重于从决心、谋略、策略等技术层面入手,而不是从个人道德、社会伦理等等入手,所以,他的学术与当时社会开始流行的理学思潮格格不入。但是还不能说陈亮在此际反对理学,只能说他此时还不知道学术界的主流话语。……所以,尽管陈亮在周葵这里得到了启蒙,但是他毕竟没有马上遵从周葵指引的学术路径。从今天的角度来看,此事必然呈现出它的两面性:一方面,由于陈亮坚定的学术立场和独特的学术识见,这让他在复杂的社会中能慨然提出自己的学术观点,深刻地分析社会的某些症结,在思想界占有自己的一席之地。而另一方面,也正是由于周葵的指引,日后他不得不在这一方面多加探索,有所发现。他一生不服理学,但是他必须面对理学,因为反对主流学术,也是进入主流学术界后的一种姿态。[2]

《酌古论》的价值,在于它视野的独特性。从这个角度来理解陈亮与周葵的学术分歧,也似乎更能令人信服。不过,由此证明陈亮已经拥有了坚定的学术立场,却是证据不足,更毋庸说它凸显了陈亮非主流的姿态。言兵论政,一直是宋代士人的喜好。陈亮对于理学的态度,也更为复杂,不能因后来发生的朱、陈之辨简单地将之置于理学的对立面。日本学者吉原文昭就曾讨论了陈亮早期著作中的道学倾向[3],田浩也认为陈亮最

---

〔1〕　永瑢等:《四库全书总目》(下)卷一六二《龙川文集》提要,中华书局 1965 年版,第1391 页上。

〔2〕　卢敦基:《陈亮传》,浙江人民出版社 2006 年版,第 37—38 页。

〔3〕　[日]吉原文昭:《南宋学研究·陈亮其人和他的生活》,日本研文社 2002 年版。

早处于道学与政治保守主义阶段,不仅听从了周葵的建议深入研读了《中庸》、《大学》,并撰写了不少谨慎与传统的文章,认为"不由《大学》、《论语》及《孟子》、《中庸》以达乎《春秋》之用,宜于《易》未有用心之地也"[1]。不过,田浩认为陈亮这一时期对四书的持续兴趣,"不但不是为了科举,而且也不是仅仅为了取悦周葵而作的短期行为"[2],这一说法或许武断。我们固然可以承认陈亮的研读四书不是为取悦周葵,却不能全然否定科举的明确目的。对于引起周葵关注的《酌古论》,我们要从时文的角度去评判与理解;对于 12 世纪 60 年代陈亮研读道学著作的行为,恐怕也要和这一目的联系起来。

对于《酌古论》一书的性质,宋末元初的方回说得最为明白坦率,当然这一结论不太令人愉快。在他的《读陈同甫文集二跋》中,有过这样一段对话:

> 或问陈同甫之文何如? 予曰:时文之雄也。《酌古论》纵横上下,取古人成败之迹,断以已见,拾《战国策》、《史记》之遗语,而传以苏文之体,乾淳间场屋之所尚也。上孝宗皇帝三书,气太盛,意太迫,以布衣之士而欲限以十日、三日得对清光,何其躁哉。且历诋当时公卿,皆不足以望上之万一,是亦召祸之道。与晦翁论辩,不平心定气,而肆其侠客辨士之风,兼有禅衲棒喝之意。年二十六荐于乡,又二十二年廷对首选,老矣。乃祖故有状元童汝能之梦,故幼名汝能,而字同甫,后改名亮,此何足诧? 而以形诸告墓之文。送韩子师序,足以见其狎侮邦君,而无含蓄涵融之象。送吴恭甫序,足以见其所交所喜在乎跌荡,而以发其借彼喻己之私。凡策问骋粗迹而略精义,凡书简肆俗语而少雅言。叶水心为其文序,而曰使同甫晚不登进士第,则世终以为狼疾人矣。真西山非之,予亦非之,谓同甫得一状元,足以盖其平世之非,何所见之陋耶! 同甫幸脱图圄,卒不令终,殆器识亏欠为之。

---

〔1〕《陈亮集》卷十四《杨龟山中庸解序》,第 164 页。

〔2〕 田浩:《功利主义儒家——陈亮对朱熹的挑战》,第 65 页。

惜其遇朱、吕二公，而不能有所化也。[1]

方回对陈亮的批评极为犀利，态度也颇为偏激，值得商榷处极多。不过就《酌古论》而言，却不失坦白直率。他认为，《酌古论》其实就是受到苏轼影响而盛行于乾淳时期的时文。这一结论是值得我们关注的，从场屋之作的角度理解《酌古论》，确实最接近其特质。陈亮文风深受苏轼之影响，容后再论。陈亮学习苏文的一个重要方面，就是对其试论的模仿。七十七篇论体文是苏文的重要组成部分，也是对南宋士人影响最大的一部分。七十七篇论体文中，《进论》二十五篇是为应举而作。这二十五篇分别是：中庸论（三）、大臣论（上、下）、秦皇论、汉高论、魏武论、伊尹论、周公论、管仲论、孙武论（上、下）、子思论、孟子论、乐毅论、荀卿论、韩非论、留侯论、贾谊论、晁错论、霍光论、扬雄论、诸葛亮论、韩愈论。其中除了前面五篇外，剩下二十篇都是史论，且均为历史人物评论。苏轼为什么会大量写作史论呢？陈寅恪曾经这样分析史论的价值：

> 若推此意而及于中国之史学，则史论者，治史者皆认为无关史学而且有害者也；然史论之作者，或有意或无意，其发为言论之时，即已印入作者及其时代之环境背景，实无异于今日新闻纸之社论时评，若善用之，皆有助于考史。故苏子瞻之史论，北宋之政论也；胡致堂之史论，南宋之政论也；王船山之史论，明末之政论也。今日取诸人论史之文，与旧史互证，当日政治社会情势，益可借此增加了解，此所谓废物利用，盖不仅能供习文者之摹拟练习而已也。[2]

可见史论不仅具有政论的意义，是士子表达政治情怀的重要渠道，同时还可以供应试者模仿练习。苏轼的史论，不仅是文学与史学结合的典

---

[1]　方回：《桐江集》卷三，第 203 页。

[2]　陈寅恪：《冯友兰中国哲学史上册审查报告》，《金明馆丛稿二编》，生活·读书·新知三联书店 2001 年版，第 280 页。

范,也是应举与抒怀结合的典范[1]。陈亮的《酌古论》也是史论,作于十八九岁,自然具有模拟练习的意图。巧合的是,与苏轼《进论》中的史论篇数相同,也是二十篇,不过所论历史人物多不相同。这二十篇分别是:光武、先主、曹公、孙权、苻坚、韩信、薛公、邓禹、马援、诸葛孔明(上、下)、吕蒙、邓艾、羊祜、崔浩、李靖、封常清、马燧、桑维翰[2]。

　　除了选材与主题外,在写作方式与写作风格上,陈亮的《酌古论》与苏轼的《进论》亦多有相似之处。谢枋得曾经一语道出苏轼史论的重要特点:"凡作史评,断古人是非得失存亡成败,如明官判断公案,须要说得人心服。若只能责人,亦非高手。须要思量:我若生此人之时,居此人之位,遇此人之事,当如何应变,当如何全身,必有至当不易之说,如弈棋然。然败棋有胜着,胜棋有败着,得失只在一着之间。棋师旁观,必能覆棋,历说胜者亦可败,败者亦可胜,乃为良工。东坡作史评,皆得此说,人不能知;能知此者,必长于作论。"[3]苏轼作史论,具有"了解之同情",善于设身处地,站在古人立场思考局势,一一详为筹划,指出其应变得失,尤其喜欢讨论胜负之际不同的处置方式可能会出现的不同结局,甚至是天翻地覆的后果。而陈亮的《酌古论》得名之由来,就在于作者屹立在历史的长河中,对那些"身处重大变局的英雄们,不论是帝王或是将相,都一一加以衡量。对他们每一人的行事都设身处地地为之筹思,为之计划,指明他们的成败,并特别指明其成败的缘由,使得失昭然,可供观览,可作法则,可资鉴戒,大之则兴邦立业,小之则临阵对敌,皆可以就此而有所斟酌"[4]。卢

---

　　[1]　"从仁宗朝开始,伴随着试论制度的实行与古文运动的展开,史论发生了一个决定性的变化,这一过程我们不妨将之称为史论的文学化过程。这一时期的最具有代表性的史论为苏轼的史论。"孙立尧:《宋代史论研究》,2001年南京大学博士论文,第18页。

　　[2]　"陈亮的《酌古论》,是其早年的作品,其撰作时间更远在朱熹编写《通鉴纲目》之前,以蜀汉为正统的观念自然更不会出现。所以,在《酌古论》中论及三国时期的一些人物时,其先后次第如《文粹》卷十七的目录所载,是先之以《曹公》,继之以《孙权》,最后才是《刘备》;然而在成化本中,也是为了求合于《紫阳纲目》,竟把论刘备的一篇移置在《曹公》之前,而且改题为《先主》。这一项窜改,不但为成化以后的所有刻本所承袭,甚至也未为宗廷辅所觉察。"邓广铭:《三十卷本〈陈龙川文集〉补阙订误发覆》,《历史研究》1984年第2期。

　　[3]　谢枋得:《文章轨范》卷三,四库全书本。

　　[4]　邓广铭:《陈龙川传》,生活·读书·新知三联书店2007年版,第10页。

敦基也认为《酌古论》的"写法大多与上篇类似,指出历史上的军事、政治大人物失误的地方,并且设想应该怎样做。在陈亮眼中,历史上的诸多失败,如果按照他的运筹,都是可以避免的"[1]。

如苏轼的《魏武帝论》,曾指出曹操倘若急攻刘备、缓攻孙权,就不会出现三分天下的局面:

> 魏武长于料事,而不长于料人。是故有所重发而丧其功,有所轻为而至于败。刘备有盖世之才,而无应卒之机。方其新破刘璋,蜀人未附,一日而四五惊,斩之不能禁。释此时不取,而其后遂至于不敢加兵者终其身。孙权勇而有谋,此不可以声势恐喝取也。魏武不用中原之长,而与之争于舟楫之间,一日一夜,行三百里以争利。犯此二败以攻孙权,是以丧师于赤壁,以成吴之强。且夫刘备可以急取,而不可以缓图。方其危疑之间,卷甲而趋之,虽兵法之所忌,可以得志。孙权者,可以计取,而不可以势破也,而欲以荆州新附之卒,乘胜而取之。彼非不知其难,特欲侥幸于权之不敢抗也。此用之于新造之蜀,乃可以逞。故夫魏武重发于刘备而丧其功,轻为于孙权而至于败。此不亦长于料事而不长于料人之过软?嗟夫!事之利害,计之得失,天下之能者举知之,知之而不能权之以人,则亦纷纷焉或胜或负,争为雄强,而未见其能一也。[2]

苏轼提出先攻蜀、后取吴的依据,在于刘备、孙权不同的个性。陈亮《酌古论》中的《曹公》一文,也提出了相同的战略方针,不过他的依据则是"术"。因为一个出色的战略家,不仅是"运奇谋,出奇兵,决机于两阵之间",更重要的是能够"审敌情,料敌势,观天下之利害,识进取之缓急,彼可以先,此可以后,次第收之,而无一不酬其意"。曹操虽然取得了许多重大胜利,如破黄巾、降张绣、擒吕布、毙袁氏等,但在处置荆州二刘、江东孙

---

〔1〕 卢敦基:《陈亮传》,浙江人民出版社 2006 年版,第 19 页。

〔2〕 苏轼:《魏武帝论》,孔凡礼点校《苏轼文集》第三卷,中华书局 1986 年版,第 83 页。

氏及张鲁、刘璋与关西的问题上,出现了重大战略错误。

> 夫所谓术者,当审敌之强弱难易而为之先后。以势度之,璋、鲁弱而易,其势在所先;孙、刘强而难,其势在所后。夫荆州至近,表又寝弱,而有刘备在焉,故不若留之以恣备之所欲为,而并鲁取璋以孤其势。然则欲引兵西向,而关中诸将适当其前,则如之何? 盖尝考之,关西诸将皆不足畏,所可惮者,唯一马超。而公制之非其术,此所以卒为边患,而反为璋、鲁之藩蔽也。[1]

苏轼《诸葛亮论》批评诸葛孔明仁义诈力杂用,在曹操新丧、曹丕新立之际,他没有抓住这一时机,导致形势逐渐不可收拾:

> 取之以仁义,守之以仁义者,周也。取之以诈力,守之以诈力者,秦也。以秦之所以取取之,以周之所以守守之者,汉也。仁义诈力杂用以取天下者,此孔明之所以失也。曹操因衰乘危,得逞其奸,孔明耻之,欲信大义于天下。……刘表之丧,先主在荆州,孔明欲袭杀其孤,先主不忍也。其后刘璋以好逆之至蜀,不数月,扼其吭,拊其背,而夺之国。此其与曹操异者几希矣。……曹操既死,子丕代立,当此之时,可以计破也。何者? 操之临终,召丕而属之植,未尝不以谭、尚为戒也。而丕与植,终于相残如此。此其父子兄弟且为寇仇,而况能以得天下英雄之心哉! 此有可间之势,不过捐数十万金,使其大臣骨肉内自相残,然后举兵而伐之,此高祖所以灭项籍也。孔明既不能全其信义,以服天下之心,又不能奋其智谋,以绝曹氏之手足,宜其屡战而屡却哉![2]

陈亮的《诸葛孔明》却全然在为孔明辩解。作者认为真正的英雄是"去诡诈而示之以大义,置术略而临之以正兵"[3],诸葛亮之所以让谲诈

---

〔1〕《陈亮集》卷五《酌古论一·曹公》,第55页。

〔2〕苏轼:《诸葛亮论》,《苏轼文集》第四卷,第112页。

〔3〕《陈亮集》卷七《酌古论三·诸葛孔明上》,第70页。

的司马懿束手无策，"来不敢敌，去不敢追"，就在于他的堂堂正正之气。假如孔明晚死，结局则完全不同：

> 论者以孔明制戎为长，奇谋为短；虽知者亦止以为知其短而不用。吾独谓其能为而能不为，将以乖仲达之所能，而出其所不能也。故吾尝论孔明而无死，则仲达败，关中平，魏可举，吴可并，礼乐可兴。请遂言之。夫仲达以所能要其君，压其同列而夸其国人。今敛重兵而自守，姑曰"待其弊"。然孔明始试其兵，或以饥退，晚年杂耕渭滨，为久驻之基，木牛流马日运而至，则其弊不可待矣。迟之一二年，仲达将何辞哉！不战则君疑之，同列议之，国人轻之，其身不安，其英气无所驰，故不免于战；战则败耳。败则魏人破胆，郡县响震。引兵略地，关中可有。分慰居民，彰明汉德，然后举兵而临关东，势如破竹，所攻者下。关东平，则谕以信义，燕赵可指麾而定矣。至五六年而魏明即世，齐王践位，上下相疑，萧墙衅起。引兵合进，可以一举而覆其巢穴，俘其君臣，分定州县，安集流亡。魏既举，则吴人胆破矣。况权之末年猜疑益甚，果于杀戮，虽陆逊不能自明。至十年而逊没，其后步骘、朱然、全琮之徒，复相继云亡。权之勇决之气亦已就衰，嫡庶分争，内不能制。于是使蜀汉之师顺流而下，荆襄之师乘势而进，一军出夏口，一军出皖城，一军出广陵，吴之群臣无亮敌也。攻城略地，孰能御之？尽一年之力，而吴可举。江东既平，天下既一，偃武修文，彰善瘅恶，崇教化，移风俗。数年之间，天下略治。[1]

苏轼的史论文善于翻空出奇，死中求活，在习见的材料中得出令人耳目一新的结论。如《乐毅论》以为其不知大道，即使燕昭王尚在，反间计不得行，也只有失败的命运；《荀卿论》指斥荀子好为异说，敢为高论，才导致其徒李斯焚烧六经，烹灭三代之诸侯；《韩非论》以为天下混乱，生灵荼毒，

---

[1]　《陈亮集》卷七《酌古论三·诸葛孔明上》，第71—72页。

其罪在于老聃、庄周之异端等。其中,《留侯论》以"忍"字为楚汉相争的胜负手,尤为人所难以思及。故前人多称赞苏轼之论工于立意[1],苏轼也是如此总结:

> 东坡教诸子作文,或辞多而意寡,或虚字多,实字少,皆批谕之。又有问作文之法,坡曰:"譬如城市间种种物有之,欲致而为我用,有一物焉,曰钱;得钱,则物皆为我用。作文先有意,则经史皆为我用。"大抵论文以意为主。今视坡集诚然。[2]

陈亮之《酌古论》也善于立意,将无作有,提出与传统完全不同的看法,历史材料完全为其历史观点所服务。如他指出"光武法高帝之所未能为,而中兴之功远过古人"[3],认为孙权不惑于流议,不慑于曹操,深谋远虑,"帝(汉高祖)之成实出于幸,权之不成实出于不幸"[4],均是言人之所未言。对于韩信,他更是反复称道,肯定他的智谋无人匹敌,司马迁、班固以来的种种说法是不足信的:

> 夫项氏之患,蚩尤以来所未有也。故韩信出佐高祖而劫制之。彼其所以谋项氏者,可谓尽矣。不以其兵与之角,而欲先下诸国以孤其势,故一举而定三秦,再举而虏魏豹,三举而擒夏说。乃欲引兵遂下井陉。李左车说赵将陈馀,曰:"韩信乘胜远斗,其锋不可当。赵地阻险,愿足下假臣奇兵三万人,从间道。绝其辎重,足下深沟高垒勿与战,信必成擒矣。"馀不能用,信乃一举而破赵。世之议者皆曰:"使左车之策遂行,则信必不敢下井陉,下则必为所擒矣。"嗟夫! 此何待信之薄哉! 信而非英雄则可,若英雄也,则计必不出此矣。且赵不破则燕不服,燕不服则齐未可

---

[1] 范温《潜溪诗眼》:"老坡作文,工于命意,必超然独立众人之上。"郭绍虞《宋诗话辑佚》卷上,中华书局 1980 年版,第 333 页。
[2] 周煇撰,刘永翔校注:《清波杂志校注》卷七,中华书局 1994 年版,第 299 页。
[3] 《陈亮集》卷五《酌古论一·光武》,第 51 页。
[4] 《陈亮集》卷五《酌古论一·孙权》,第 58 页。

平，齐未可平则刘项之权未有所分也。信之用兵，古今一人而已。今屈于左车之计而不能决刘项之雌雄，斯亦何取于信哉！故吾谓左车之策行，则信亦下井陉，赵亦破，馀亦擒，左车亦就缚。请遂筹之。……司马迁、班固不达兵机，以为信然，乃记于传曰："广武君策不用，信使人间。视知之，乃敢引兵遂下。"从迁、固之言，则信特幸人之无算者尔，彼岂知广武君之策用而信亦敢下兵哉！此殆可与晓机者道也。昔者曹操伐张绣，而刘表断其后，操随机应之，卒败绣、表。夫绣不下于馀，表不下于左车，而操之用兵，特信之流亚固也。以信之流亚犹能败绣、表，信独不能破馀、左车？从是观之，则吾之说有不妄者矣。[1]

前人以为"为文有三难：命意上也，破题次也，遣辞又其次也"[2]。苏轼与陈亮之史论，不仅命意新奇，总能出人意料，而且破题极有力量，给人石破天惊之感。如苏轼《韩非论》开篇言"圣人之所为恶夫异端尽力而排之者，非异端之能乱天下，而天下之乱所由出也"[3]，《留侯论》言"古之所谓豪杰之士者，必有过人之节，人情有所不能忍者"[4]，《贾谊论》"非才之难，所以自用者实难"[5]，《晁错论》言"天下之患，最不可为者，名为治平无事，而其实有不测之忧"[6]等，都是从大处着笔，躧栝题意，造成先声夺人的效果。陈亮《酌古论》开篇亦是如此，其论孙权开首即云"天下之事最难为者，百万之事卒然临之而群情有不测之忧"[7]，论曹操开首说"善图天下者无坚敌"[8]，论苻坚以"智者之所以保其国者无他，善量彼己之势而已"[9]

〔1〕《陈亮集》卷六《酌古论二·韩信》，第62—63页。
〔2〕孙奕：《履斋示儿编》卷八《破题道尽》，中华书局1985年版，第三册，第72页。
〔3〕《苏轼文集》卷四，第102页。
〔4〕《苏轼文集》卷四，第103页。
〔5〕《苏轼文集》卷四，第105页。
〔6〕《苏轼文集》卷四，第107页。
〔7〕《陈亮集》卷五《酌古论一·孙权》，第56页。
〔8〕《陈亮集》卷五《酌古论一·曹公》，第54页。
〔9〕《陈亮集》卷六《酌古论二·苻坚》，第59页。

为开端,论韩信以"英雄之士,常以多算胜少算,而未尝幸人之无算也"〔1〕破题,都取得了同样的效果,都让人看到了苏文睥睨天下的雄浑之风。

对于自己的应试之作,苏轼曾有所不满。在《答李端叔书》中,他曾反思道:"轼少年时,读书作文,专为应举而已。既及进士第,贪得不已,又举制策,其实何所有。而其科号为直言极谏,故每纷然诵说古今,考论是非,以应其名。"〔2〕这其中虽然有自谦的成分,但还是一语道破了这部分史论的性质。当然,这些史论是值得后人关注的,一方面即使是应举之文,对文章的训练也有极大的帮助,如清人程晋芳所言:"韩、柳、欧、苏所为策论应试之文,即今之时文也。不曾从事于此,则心不细而脉不清。"〔3〕另一方面,这些史论也融入了作者的真挚情感,并非单纯的为文而文,所以清人浦起龙为之辩解说:"科举之文,不适于用,自昔然矣。眉山兄弟方少年,抵掌当世之务,假制体以献言,传无用为实用,此诏策所为作也。序曰'率其意所欲言,卓然近于可用',盖实录也。"〔4〕他们在不适于用的应试之文中,依然寄寓了自己浓厚的政治情怀,满怀着将无用之文转为实用之文的期待。事实上,我们确实能够在这些应试之文中体察到他们的那些贞亮之心、耿直之气,如清人徐学乾所感受到的那样:

> 轼于仁宗时应制科,意在振厉有为。迨熙宁新法,横山用兵,则又失之欲速而急功利,故复拟进士对策,以讽时政,意在因循旧贯,慎重改作。前后所主不同,其忠君爱国之心,直言敢谏之气,则一也。〔5〕

苏轼这些产生广泛影响的史论,在后世也发生了实际的政治效用。靖康之初,金人肆掠,不少大臣有畏怯之意,主张避其锋芒。何栗便以苏轼《论东迁》为证,反对其动议:

---

〔1〕 《陈亮集》卷六《酌古论二·韩信》,第61页。
〔2〕 《苏轼文集》卷四九,第1432页。
〔3〕 袁枚:《随园诗话》卷六,江苏广陵古籍刻印社1988年版,第104页。
〔4〕 浦起龙:《古文眉诠》卷六七,清乾隆九年(1744)静寄东轩刻本。
〔5〕 徐乾学:《古文渊鉴》卷四九,清同治十二年(1873)浙江书局刻本。

靖康初，金为城下之盟而去。唐钦叟少宰引唐自明皇而后，屡失而复兴者，以人主在外，可以号召四方力救京师。宜举景德故事下诏，出临洛京，以令天下，或能大振王略。不然亦可还据秦雍，以图兴复。翌日何栗入对，引苏内翰《志林》以为：周之失计，未有如东迁之甚。其议遂格。[1]

陈亮的《酌古论》虽然也是为应举而作的文章训练，但具有极强的针对性，现实意义特别突出。"综观这二十篇论文，其每一篇的造意设词，处处在论列往昔，也处处在针对现实。而更重要的，则是处处在借以往的事以施用自己的韬略，推陈以出新，以为自己用世应变时的准备"[2]。在此后相当才的一段时期，陈亮都保持了对历史人物的浓厚兴趣，一方面固然是为史论的创作收集更丰富的材料，另一方面，《酌古论》的写作及其成功，更加激发了他对这一题材的兴趣，他希望从历史中寻找解决现实困境的方案。为此，除了对英雄豪杰一如既往地保持关注之外，他还对其他类型的历史人物进行了研究。作于乾道二年（1166）前后的《英豪录》就"备录古之英豪之行事，以当千里马之骨"[3]。大约作于同时的《高士传》、《忠臣传》、《义士传》、《谋臣传》、《辩士传》等，也当承担着裒辑资料以为作文之用的功能，同时也展示出了作者的志趣。如《高士传》称赞颜回、闵损"屹然立于颓波靡俗之中"，"尊于王公"[4]，不无自我激励之意；《谋臣传》为武庚、翟义、王凌、毋丘俭、诸葛诞等人翻案，反对前人盖棺之定论，显示出作者的桀骜梗概之气；《义士传》表彰伯夷以至东汉的死义之士，指出他们的死节不是为了一家一姓之王朝，而是大义所在虽死而不惜，这无疑具有一定的针对性；《谋臣传》备录奇谋至计，"章列其事，以备谋国者之览"[5]，也是希望"有国家者兼而用之"；至于《辩士传》褒扬陆贾等人"辩

---

〔1〕　陈长方：《步里客谈》卷上，《丛书集成初编》第2862册，中华书局1991年版，第4页。
〔2〕　邓广铭：《陈龙川传》，第14页。
〔3〕　《陈亮集》卷十三《英豪录序》，第157页。
〔4〕　《陈亮集》卷十三《高士传序》，第152页。
〔5〕　《陈亮集》卷十三《谋臣传序》，第155页。

析利害,切见事情","肆伟辩以济人之事"〔1〕,也含有无限的自我期待。

为应试之用,陈亮收集了相当丰富的历史材料。宗廷辅曾质疑陈亮《通鉴纲目》的真实性,他的理由是陈亮不会为应试而摘抄史事:"龙川著作宏富,《宋史·艺文志》均不存目,惟载陈亮《通鉴纲目》二十三卷。窃疑朱子所作龙川岂不见之,而朱子《通鉴纲目》五十九卷,入史部编年类,此则入史抄类,又与何博士《备论》、叶学士《唐史钞》并列。《备论》,《四库》入兵家类。又《唐史论断》、《唐鉴》、《读史管见》等书《四库》悉入史评类,《宋史》并入是类,则是书之为评、为抄均未可定。然摘抄史事以备程试之用,断非龙川所为,若以为论断其得失,而两家尺一往来,何以略不提及?今书既亡佚,存而勿论可矣。"〔2〕

陈亮之《通鉴纲目》既然已经亡佚,确实可以存而不论,但以"摘抄史事以备程试之用,断非龙川所为"来否定它的存在,就过于牵强了。至于书的性质等方面所引起的怀疑,已有学者加以辨析:

> 此说是一种臆说,因为其理由是不充分的。《宋史·艺文志》均不存目,惟陈亮《通鉴纲目》二十三卷,不应有疑,《宋史·艺文志》的编者除《陈亮集》外,见到过《通鉴纲目》即著录之有何不可。朱熹作过《通鉴纲目》就不许陈亮再作《通鉴纲目》也有点武断。特别是用四书分类不同来证陈亮《通牲纲目》是伪书更不能服人。〔3〕

苏轼的《进论》虽以史论为主题,但毕竟还是夹杂着《中庸论》等经纬。苏辙的《进论》二十篇中,有《礼论》、《易论》、《书论》、《诗论》、《春秋论》;李清臣的二十五篇《进论》,包含着《易论》(上、下)、《春秋论》(上、下)、《礼论》(上、下)、《诗论》(上、下)。在以经学与史学为主体的试论中,北宋后期以来,经学所占的比例在逐步增加。这或许就是周葵授陈亮以《中庸》、

---

〔1〕 《陈亮集》卷十三《辩士传序》,第156页。
〔2〕 应宝时:《龙川文集跋》,《陈亮集》附录三,第478页。
〔3〕 刘建国编:《中国哲学史史料学概要》,吉林人民出版社1983年版,第483页。

《大学》的原因之一,毕竟在陈亮的《酌古论》中只有史论这一部分,而陈亮知识结构的单一大约也可以想见,这对他应举是极为不利的。因此,在周葵至临安的这一段时间,陈亮对经学还是颇为用心的。在成为解元进入太学后,透过与芮烨的交往,我们发现陈亮依然保持着对传统经学的兴趣。《宋元学案》载:"陈傅良、陈亮、蔡幼学、陈谦皆在太学,先生陶铸之甚至。"[1]田浩据此指出"陈亮在太学前二三年的主要老师是芮烨。芮烨是道德修养与静坐冥思的著名实践者。他非常推重陈亮,两人的友谊超出了传统的师生关系。……1212年版本中那些最谨慎、最传统的文章大概就写于1168至1170年在太学的第一阶段。"[2]

二 《中兴五论》

乾道五年(1169),陈亮落第后,向孝宗皇帝进献了一千八百多字的《中兴论》[3],还包括论开诚、执要、励臣、正体之道等,这就是著名的"中兴五论"。"中兴五论"被不少学者认为是陈亮重要的政论散文[4],但就当时性质而言,实则属于"进策",亦可视为"时文"之一种。苏轼《进策》二十五篇中,有《策略》五首,是苏轼改革思想的集中体现。《策略一》是改革的总宣言,强调改革势在必行,"方今天下,非有水旱盗贼人民流亡之祸,而咨嗟怨愤,常若不安其生。非有乱臣割据四分五裂之忧,而休养生息,常若不足于用。非有权臣专制擅作威福之弊,而上下不交,君臣不亲。非有四夷交侵边鄙不宁之灾,而中国皇皇,常有外忧。此臣所以大惑也"[5]。以下四篇为苏轼改革的具体思路。《策略二》着重解决王朝的外

---

〔1〕 黄宗羲著,全祖望修补,陈金生、梁运华点校:《宋元学案》卷四十四《修撰芮国器先生煜》,中华书局1986年版,第2册,第1420页。

〔2〕 田浩:《功利主义儒家——陈亮对朱熹的挑战》,第65页。

〔3〕 其具体上书时间,见姚瀛艇《关于陈亮上"中兴五论"的年代》,《河南师范大学学报》1980年第5期。

〔4〕 如于非主编《中国文学教程》(下):"他(陈亮)的政论始终贯穿着一条抗金救国的主线,而以《中兴五论》最为著名。《五论》全面地论述了南宋治国、治军、恢复中原的策略。这些政论常以史论今,分析精辟。"高等教育出版社2009年版,第56页。

〔5〕 《苏轼文集》卷八,第226页。

患问题,提出任用专人来处理西北二虏事宜;《策略三》着重解决人事任用问题,指出"天下之所以不大治者,失在于任人,而非法制之罪"〔1〕,希望人主能够充分信任群臣,从而达到"上下相交,君臣相亲"的效果;《策略四》着重解决人心的凝聚问题,主张大开功名之门,使"天下人英雄豪杰之士,务以其所长,角奔而争利,唯恐天下一日无事也,是以人人各尽其才"〔2〕;《策略五》着重解决朝野的沟通问题,希望君主"去苛礼而务至诚,黜虚名而求实效,不爱高位重禄以致山林之士,而欲闻切直不隐之言"〔3〕,以通上下之情。

陈亮的"中兴五论",在思路与结构上与苏轼的《策略五首》颇为相似。《中兴论》论述了中兴的必要性与可行性,阐述了"立国之大体"与"谋敌之大略",是这一组文章的纲领与宣言。以下四篇则为中兴的具体策略与思路。《论开诚之道》与苏轼的《策略三》主题接近,都是在论述的"任人之道",都是希望君主能够给予大臣以充足的信任;《论执要之道》论述分权的问题,是上一篇的补充,也是对大臣信任的具体体现;《论励臣之道》讨论上下同心的方案,与苏轼《策略四》主旨相通;《论正体之道》阐述理想的君臣关系,其观点与苏轼《策略五》"皆有所感发,知爱于君"〔4〕大体一致。

苏轼二十五篇《进策》,汇集了他的主要政治思想,其平生政治上所为大概不出此书之范围。陈亮的"中兴五论",也是他思想走向成熟的标志,此后的政治立场与主要观点,都可以在其间寻找到端倪。我们无法断定陈亮的"中兴五论"是否有意去模仿苏轼的《策略》五首,只是这些相似之处不得不引起我们的关注。我们可以想象的是,当陈亮完成这"中兴五论"的时候,他一定是踌躇满志,期待着如苏轼的《进策》那样光彩夺目,产生巨大的轰动与反响。然而让他尴尬的是,这次上书犹如一块小小的石子投入深潭之中,在他看来或许是用尽全力的一掷,但对于巨潭而言,却

---

〔1〕《苏轼文集》卷八,第 232 页。
〔2〕《苏轼文集》卷八,第 235 页。
〔3〕《苏轼文集》卷八,第 239 页。
〔4〕《苏轼文集》卷八,第 240 页。

只是片刻的涟漪而已,这不能不让年轻的陈亮感到沮丧。十年之后,读着这些饱含青春梦想的文章,已历经沧桑的陈亮仍然热血沸腾,"间关世途,虽或悔恨,而胸中耿耿者终未下脐也"[1]。而数百年以后,清人吴赞皇还为陈亮的中兴梦感叹不已,视其为具有远见卓识的英雄而满怀敬佩之情。其《读陈同甫中兴论》云:

> 陈同甫之上《中兴五论》也,盖在孝宗之初。时金方强盛,而蒙古犹未起也。然其言曰"倘豪杰并起,业归他姓,则南北之患方始",一若逆知后日之祸而言之者。先是,张魏公亦言中原久陷,今不取,豪杰必起而收之,乃知天下事未有不为英雄所逆料也。然而其理固有必然无可疑者。英雄非能以数知之,乃能以理知之耳。东晋不能因刘聪、石勒之既弊,乘机以定中原,遂使十六国互起,尽灭于魏,历周至隋,卒以并江南,一天下。南宋不能因完颜亮之暴虐失众,奋义北向,遂使世宗中兴,金国传位数世,元乘其衰,卒以灭金。金灭而宋亦随之以亡。古今一理,有固然乎。然惟英雄能料之,亦惟英雄能忧之。故未治则皇皇以求其治,既治又切切以忧其乱也。彼蚩蚩之民,方为燕雀处堂之智也,故恒多乐而少忧。惟多乐而少忧也,故忧之而亦无及矣。呜呼,若是人者,岂不重可哀哉![2]

第二节 作为时文示范的《陈子课稿》

倔强而自信的陈亮,不愿接受落第的事实,于是试图用上书的方式来证明自己,不过却换来了更惨烈的打击。骄傲的他随即表示归隐畎亩,在给叶衡的信中,他展示了这一姿态:"忽去年偶为有司所录,俾填成均生员

---

〔1〕《陈亮集》卷二《中兴论跋》,第30页。

〔2〕 吴赞皇:《读陈同甫中兴论》,任继愈主编,(清)吴翌凤编《中华传世文选·清朝文征下》,吉林人民出版社1998年版,第1456页。

之数,未能高飞远举,聊复尔耳。岂敢不识造物之意,而较是非利害于荣辱场中,不自省悟! 来秋决去此矣。"[1]他这样说了,也确实这样做了。在十年后所写的《中兴五论跋》中,我们看到的是另一条告别科场的理由:"一日,读杨龟山《语录》,谓'人住得然后可以有为,才智之士,非有学力,却住不得',不觉恍然自失。然犹上此论,无所遇,而杜门之计始决,于是首尾盖十年也。"[2]在这里,充实自我的内在需求,促使他毅然离开了荣辱场。

陈亮说的这些理由都是事实,然而未必是事实的全部。他的归隐畎亩,恐怕还与他经济上的窘迫有关。在会试落第前,陈亮的家庭发生了诸多变故。他的母亲与祖父母先后去世,父亲一度入狱,妻子被接回娘家,弟弟一家别居于路旁小屋,整个家庭只剩下他与小妹守着三具灵柩。在多年以后撰写的《祭妹文》中,他描述了当时的窘困:

> 比我年二十有二而吾母以盛年弃诸孤而去,未终丧而吾父以胄挂困于囚系,我王父王母忧思成疾,相次遂皆不起。三丧在殡而我奔走以救生者,我妻生长富室,罹此奇祸,其家竟取以归,吾弟亦挟其妻而苟活于道旁之小舍。独汝(其妹)与一婢守此三丧,夐焉在疚。人不可堪,汝左汝右。悲涕横膺,见者疾首。号呼苍天,竟不我覆。余时无策,副前失后,大恸欲绝,出入贸贸[3]

原本期待会试后局面就会得到彻底改变,但天不遂人愿。陈亮"重以三丧未葬,而无寸土可耕,甘旨之奉阙然。每一念至,几不聊生。又羞涩不解对人说穷,愈觉费力。就使解说,其穷固亦自若也"[4]。茫然四顾,他唯有先归乡解决生计问题。对于陈亮而言,谋生的最佳方式莫过于开门授学。"壬辰、癸巳(乾道八年至九年,即1172—1173)而贫日甚,欲托于讲授以为资身之策,乡闾识其素而不之信,众亦疑其学之非是也"[5]。

〔1〕《陈亮集》卷二十一《与叶丞相》(二),第317页。
〔2〕《陈亮集》卷二《中兴论跋》,第30页。
〔3〕《陈亮集》卷二十五《祭妹文》,第385页。
〔4〕《陈亮集》卷二《中兴论跋》,第30页。
〔5〕《陈亮集》卷二十八《钱叔因墓碣铭》,第420—421页。

归乡之后虽有质疑嘲笑的声音,却并非如作者所叙述得那么严重,只是他心里还不太适应这一角色的转换罢了。在《孙贯墓志铭》中,我们可以看到他表述的含蓄与委婉:"有宋中兴之四十六,亮始取古今之书一二读之,稍稍与其可者共学。"[1]骄傲的陈亮终究是敏感的。在与朱熹的信中,他自嘲道:"今年不免聚二三十小秀才,以教书为行户。"[2]对于那些信任他的家族,陈亮则充满了感激:"余往贫不能自食,乡人徐介卿欲以子硕属余,而使食焉。"[3]

一　《汉论》

陈亮自述他下帏讲学时才"取古今之书一二读之",这所读"古今之书"当是与授学相关的经学典籍。不论陈亮是否在讲学期间揭橥了功利主义的大旗,他讲学的内容无法脱离当时的基本范畴,必须以六艺、典制及写作技巧为主要内容,而以在科场上取得功名为主要目的。因此,在这一阶段陈亮所撰写的《经书发题》,包括对《书经》、《诗经》、《周礼》、《春秋》、《礼记》、《论语》、《孟子》的阐述,尽管写出了他独特的理解,其宗旨依然是为时文的写作提供训练[4]。也正因为如此,我们才会在他的五卷《汉论》中感受到了道学倾向,而这成为田浩反对侯外庐主张陈亮的道学思想与传统儒家注释只是偶尔一露的重要依据[5],不过我们认为这种反

---

〔1〕《陈亮集》卷二十七《孙贯墓志铭》,第 399 页。

〔2〕《陈亮集》卷二十《又乙巳春书之一》,第 283 页。

〔3〕《陈亮集》卷二十九《徐妇赵氏墓志铭》,第 431 页。

〔4〕也有不少学者把《经发解题》作为陈亮思想中儒家成分的典范,如何俊《陈亮解经、系谱与南宋儒学的建构》即云:"如果细读陈亮《经书发题》对儒家经典的诠释,则可以更清楚地看到他对儒家精神的确认。"(卢敦基、卢承革主编:《陈亮研究》,第 53 页)。这些看法无疑忽视了《经书发题》的性质,或许夸大了传统儒家经籍对陈亮的影响。

〔5〕"陈亮讨论汉代君主的文章中流露出的道学思想倾向与该时期其他著作相同,这就证明了我在此所讨论的问题:陈亮生活的过渡时期是其发展中的道学阶段。五卷《汉论》是为学生做的范例,这些学生于 1172 年向他问学。若是这些范文的主题在他 12 世纪 70 年代初期及中期的其他序跋、书信、论文中不很常见的话,那么只保存 1212 年版本中《汉论》的道学思想和政治保守主义就不值得如此重视了。这些主题在这一时期占据着主导地位,否定了侯外庐主张的陈亮的道学思想与传统儒家注疏只是偶尔一露的观点。"田浩:《功利主义儒家——陈亮对朱熹的挑战》,第 74 页。

驳忽视了《汉论》的性质,也未必能够成为陈亮道学倾向的标志。正如田浩所言,五卷《汉论》是陈亮为学生所做的范例,它与陈亮这一阶段所写的诸多序跋、书信与论文一样都具有极强的时效性,这些文章的性质与功用决定了它的思想倾向,决定了它必须与主流的价值观念相吻合。事实上,也有不少学者怀疑这五卷《汉论》正是为叶适所称赞而又淹没在历史长河中的《陈子课稿》的一部分。邓广铭《陈亮集增订本出版说明》即推测道:

> 从《文粹》(《龙川水心二先生文粹》)辑出来的《策问》三卷、
> 《汉论》五卷,作于何年,不易考知。我很怀疑,《汉论》可能就是
> 叶氏所提及的《陈子课稿》的一部分,是在陈亮授徒讲学期内向
> 学生提示的一些历史问题,为学生撰写的一些示范文字。[1]

单纯从《汉论》的后三卷来看,这一推测是值得信奉的。这三卷都是由史书记载中的某一细节入手,来具体讨论重大社会问题。如《高帝朝》第一篇是对《史记·高祖本纪》中"秦始皇曰东南有天子气,于是东游以厌当之"展开讨论,指出始皇依恃人力,得意至极,却不可胜天理。第二篇由"秦二世元年,陈涉起蕲至陈,自立为楚王,郡县多杀长吏以应涉"一句发散开来,批评陈涉虽有首义之举却无雄心壮志,错失时机,终无所作为。这些文字大多是对具体历史事件的评点,内容涉及得天下与治天下的方方面面,包括对具体政策措施的讨论,与《酌古论》及"中兴五论"只是大略阐述施政纲领颇有不同。田浩声称"《汉论》仍坚持着陈亮前期作品,如《酌古论》、《中兴论》的中兴主题与抗金主题"[2],这一结论是颇令人费解

---

〔1〕 邓广铭:《陈亮集增订本出版说明》,邓广铭点校《陈亮集》(增订本),中华书局1987年版,第4页。

〔2〕 田浩:《功利主义儒家——陈亮对朱熹的挑战》,第79页。

的[1]。《汉论》虽然保持着早年指点江山的气概,但语气明显更为平和,内容也较为实在,旨趣与早年已有较大差异。有学者曾判定陈亮在教授学生时,他所特别强调并贯彻始终的是以现实政事为根本关切对象的切实实用之学。他认为知识的目的就在于能转化出实际的效用,能培养洞达物情、处事明敏的干略与才能,而必有补于有现实政治之进步与昌明[2]。这一看法,在《汉论》的重新发掘之前,我们更主要的是透过陈亮的自述和他的思想倾向来达到这一理解。《汉论》的出现,可以说使我们的猜测得到一定程度的证实。不过,该学者同样由陈亮的思想观念所判定的"他(陈亮)所突出的重点以及对学生之思想,却确乎与当时学界之风气大异其趣。理学家所津津乐道并为之辨析毫厘的心性义理之学在他那里几乎略无影响"[3],却因此出现了抵牾。

在《汉论·文帝》中,令我们惊讶的观点出现了。具有英雄气质的陈亮,竟然声称"人主不可以不先正其心"。他还煞有其事地论证说:"此心既正,纯矣而固,一矣而无二三,培事物之根,濬至理之渊,择善而固执之,不以他道杂之,虽非常可喜之说欲乘间而进,吾毋庸受焉,则始终唯一,无间杂之病,施之治道,岂不粹然而明,浑然而全欤?"[4]在《汉论·孝景》中,作者继续渲染道:"继前人之治,要在识前人之心,心不前人之心,而治欲光前人之治,亦难矣。何也,心者治之原,其原一正则施之于治,循理而行,自与前人默契而无间,有如本原之地。已非其正,则措之政事之间,必有背理伤道而不自知者。"[5]

《汉论》中这些对心性道德之说的熟练运用,虽然使人猝不及防,但并

---

〔1〕　田浩的依据是《汉论》中经常出现朝代持久性的问题,但这一主题是旧时文人讨论的永恒主题,并不是某一时期某一文人所特有的。尤为明显的证据是,《汉论·光武》对中兴之主提出严厉的斥责,批评他"中兴之功已成,不知养才于拙,晦智于愚,其中翘然,恃其所长,视在廷之臣若无以当其任者。凡一政一事,唯恐以愚拙目我,于是介焉以思,役役焉以察,必期下之人不能欺我然后已",这与《酌古论》将光武置于首位、为激励人心而称颂不已的姿态形成了鲜明的对照。

〔2〕　董平、刘宏章:《陈亮评传》,第51页。

〔3〕　董平、刘宏章:《陈亮评传》,第51页。

〔4〕　邓广铭点校:《陈亮集》(增订本),第194页。

〔5〕　邓广铭点校:《陈亮集》(增订本),第196页。

不意味着陈亮从此就进入了一个道学与政治保守主义的阶段。事实上，在《汉论》开篇的《七制》中，我们还发现了陈亮鲜明的功利主义倾向："寒暑之推移，天不能以常春；晦明之递迁，日不能以常昼。时乎唐、虞三代也，君心退藏优游于德化之中，固不容专以功名也。奈之何秦人挈宇宙而鼎镬之，生民之无聊甚矣。当是时也，苟有君人者出而拯之于水火之中，措之衽席之上，而子子孙孙第第相承，又皆有以覆护培植之，使其父子兄弟得以相保相安于闾里之间，若是犹曰无功，可不可耶？若是犹欲辨其德而掩其功，是亦不恕而已。"〔1〕这一旗帜鲜明的观点，才让我们重新与熟识的陈亮会心一笑。它与"朱陈之辩"中的语调如此接近，以至于有学者猜测《汉论》是陈亮的读书笔记，而作于同朱熹商榷之时〔2〕。

不过，《汉论》思想的复杂性及其体制不容许我们认可这一判断，即使其间出现了功利主义的倾向，但这也只是其中的一种较为引人注目并在后期得到作者进一步阐述的倾向而已，正如道德心性之说亦杂处其间。在某种程度上，对道德性命之学的不同态度才是陈亮思想演化的分野，批评的激烈程度才是其思想成熟的程度。《汉论》的糅杂，确实表明了作者将历史的研究与哲学的研究相互融会的学术努力〔3〕。不过，这种努力注定要让他失望了，哪怕这种努力是如此虔诚，虔诚得让不少学者将之视为道学的重要传承者，甚至是二程的真正传人〔4〕。但终究陈亮的心性与之难以兼

---

〔1〕 邓广铭点校：《陈亮集》（增订本），第 192 页。

〔2〕 "《汉论》是陈亮阅读汉代历史的笔记，虽无法确定其究竟撰于何时，但从其内容来看，似大抵应作于陈亮与朱熹发生争论的期间。在与朱熹的辩论中，朱熹曾认为汉唐之君，其心全是出于利欲，并且正因而此而道也无一日得存于天下。这一观点陈亮无论如何也不能接受。在《汉论》中，我们仍然可以看出其辩论的影子。"董平选注：《陈亮文粹》，浙江古籍出版社 2006 年版，第 152 页。

〔3〕 "本篇专论汉文帝，其旨实即在表明，汉文帝之心是纯一而无间杂的，是以仁正其心而以德化于民的，这实际上是对朱熹观点的某种回应。但值得重视的是，正是在《汉论》中，陈亮进一步补充、发展了他的哲学思想，从而表现出了明显的'心学'倾向，陈亮思想中的这方面内容，向来为研究者所忽视。而实际上，以心为万化之原，以心为致治之本，以心的纯正与否来衡量其政治绩效是否有德，与陈亮'正六情以行道'的观点是统一的，这一方面体现了陈亮关于动机与结果须相互统一的思想，另一方面也体现了他将历史的研究与哲学的研究相互融会的学术努力。"董平选注：《陈亮文粹·汉论·文帝》，第 152 页。

〔4〕 何炳松：《浙东学派溯源》，广西师范大学出版社 2004 年版。

容,嗣后陈亮半是自嘲半是自傲地表示他的根本功夫自有欠缺[1],这根本功夫就是他曾经试图去接近终究又无法接受的道德性命之学了。

二　《经书发题》

除了《汉论》之外,作为时文示范的《陈子课稿》还包括哪些内容呢?宗庭辅猜测道:

> 《问答》十二道,《谢安比王导》四论,《经书发题》七通(原注:与《问答》相类,但有问无答耳。玩"发题"二字可见),《国子》、《传注》等十策,疑即水心《序》所谓《陈子课稿》,当时私拟程试之作,与水心之《永嘉八面锋》相似。[2]

宗庭辅的猜测是否接近真相呢? 从形式上来看,这一猜测具有很大的可能性。不过,《经书发题》七篇,与其说时文范例,不如说是导读与讲稿,因为在文章的结尾,陈亮往往强调他自己只是抛砖引玉,用以激发大家来思考这些问题,如论《诗经》言"愿与诸君求其所以兴者"[3],论《周礼》言"故将与诸君参考同异"[4],论《春秋》言"故将与诸君以天下之公而观之"[5],论《论语》言"亮于此书,固将终身之所愿学也,方将与诸君商榷其所向而戒途焉"[6],论《孟子》言"尝试与诸君共之"[7]等,这些结束语都非常明确地展示了这些"发题"的性质,即在于"启发"诸生。不过它们虽然只是"发题",但其角度却颇值得我们重新讨论,因为近年来的结论使我们感到困惑。鄙夷者认为这些《经书发题》与陈亮的另外一些作品是反对功利的,是作为道学的因子而存在的,因此展示出陈亮思想混乱的一

---

〔1〕《陈亮集》卷二十《又乙巳春书之二》:"亮辈根本功夫自有欠缺,来谕诚不诬矣。至于畔去绳墨,脱略规矩,无奈通国皆称其不孝而因谓之不孝乎。"第291页。

〔2〕《陈亮集》附录三《宗庭辅覆应宝时书》,第482页。

〔3〕《陈亮集》卷十《经书发题·诗经》,第101页。

〔4〕《陈亮集》卷十《经书法题·周礼》,第102页。

〔5〕《陈亮集》卷十《经书法题·春秋》,第103页。

〔6〕《陈亮集》卷十《经书发题·论语》,第104页。

〔7〕《陈亮集》卷十《经书发题·孟子》,第105页。

面,这决定了陈亮的思想里虽然有非儒的成分,却终究不可能突破儒家体系的藩篱[1];而褒扬者将之视为陈亮唯物主义思想的重要载体,展示出了陈亮进步的哲学观,其具体体现就是"夫盈宇宙者无非物,日用之间无非事"、"道之在天下,平施于日用之间"这些话语[2]。但这些特意寻觅出来的话语真正代表了《经书发题》的主要倾向吗? 还是让我们回到陈亮所抛出的那些引人深思的问题吧。

对于《诗经》,陈亮提出的质问是"章句训诂,亦足以兴乎"[3];对于《周礼》,陈亮的质问是"自周之衰以于迄盖千五百年矣,天独未厌于斯乎"[4];对于《春秋》,陈亮的疑问是"然则《春秋》者周天子之书也,而夫子何与焉"[5];对于《礼记》,陈亮的感叹是"礼者,天则也,果非圣人之所能也"[6];对于《论语》,陈亮的体会是"用明于内,汲汲于下学而求其心志所同然者"[7];对于《孟子》,陈亮的感受是"求正人心之说者,当知其严于义利之辨于毫厘之际"[8]。也就是说,陈亮认为《诗经》的价值要从日常生活的运用去理解,而不是从字句传注方面去接受;《周礼》的意义在于以此为基础而进行损益、变通,而不能全盘遗弃;《春秋》要"以天下之公而观之,毋以一人之私而观之"[9];理解并严格遵循《礼记》的基础,在于把它当作"天则",而非圣人的臆造,由此才会有敬畏之心等。

那么,这其间最为陈亮所独有的视角何在呢? 贯穿于其中的且最为我们所惊讶的是"公"与"私"这一对矛盾组合。公为天下之公,私为一己

---

〔1〕 束景南:《朱子大传》第十四章"全方位的文化论战",商务印书馆 2003 年版,第 598—599 页。

〔2〕 参见张岱主编:《中国唯物史论》,河南人民出版社 1994 年版,第 487 页;侯外庐:《中国哲学简史》,中国青年出版社 1963 年版,第 305 页;任继愈:《中国哲学史简编》(修订版),人民出版社 1984 年版,第 317 页。

〔3〕《陈亮集》卷十《经书发题·诗经》,第 101 页。

〔4〕《陈亮集》卷十《经书发题·周礼》,第 102 页。

〔5〕《陈亮集》卷十《经书发题·春秋》,第 103 页。

〔6〕《陈亮集》卷十《经书发题·礼记》,第 104 页。

〔7〕《陈亮集》卷十《经书发题·论语》,第 104 页。

〔8〕《陈亮集》卷十《经书发题·孟子》,第 105 页。

〔9〕《陈亮集》卷十《经书发题·春秋》,第 103 页。

之私。经典的价值，圣人的意义，就在于对"天"——"公"的代言人遵从。
于是在《经书发题·书经》中，我们看到了作者强调"删《书》者，非圣人之意，天下之公也"[1]；在《经书发题·周礼》中，我们看到了作者认为完美制度的设立出于公天下之心，"自伏羲、神农、黄帝以来，顺风气之宜而因时制法，凡所以为人道立极，而非私天下之心也"[2]；在《经书发题·春秋》，我们看到作者认为圣人的功劳在于顺应天之公心，不偏不倚，"如天之称物平施，如阴阳之并行不悖，文、武、周公之政，所以曲当乎人心者也"[3]；在《经书发题·礼经》中，我们看到了作者指出礼"非圣人之所能也"，礼"无非吾心之所流通也"，"故世之谓繁文缛节，圣人之所以穷神知化者也"[4]。总之，在众多的"发题"中，我们不难发现作者有意识地弱化了圣人的地位与作用。行为准则与国家准则的制定，应该是为"人道立极"、"曲当乎人心"，圣人整理、修改经典，体现的是"公"的意志，而非他一人之意志。在天、圣人与私人三者之间，圣人的地位下降，也就意味着其他两者地位的上升，而在传统的道学家那里，作为沟通天与人的圣人，地位往往得到了最大程度的凸显。陈亮强调天与人，而天又是人之公心之展示，这样一来，凡人的作用与地位就不可轻视了。异端之为异端，是体系之内相异的另一端，而非体系之外的不同观念者。从这个角度去理解陈亮的《经书发题》，其意义才会得到充分的阐释，他观念的延续性才会得到体现，而他所谓"乡间识其素而不之信，众亦疑其学之非是也"[5]才会得到印证，因为众人所谓的"其学"不能脱离经学的范畴。

　　公与私关系的论述，是陈亮思想中的重要部分，但历来人们的视野被"义利王霸"之辩所吸引。田浩曾经指出："公与私的关系是中国思想史中一再被提出的重要问题。与此相关的两对概念是义、利和王、霸。合起来看，公私、义利和王霸构成大多数传统儒者探讨政治、社会和历史中伦理

---

〔1〕《陈亮集》卷十《经书发题·书经》，第100页。
〔2〕《陈亮集》卷十《经书发题·周礼》，第101页。
〔3〕《陈亮集》卷十《经书发题·春秋》，第103页。
〔4〕《陈亮集》卷十《经书发题·礼记》，第103—104页。
〔5〕《陈亮集》卷二十八《钱叔因墓碣铭》，第421页。

问题的中心词汇。义利的对立在三对关系中最为根本:公私的冲突从这里产生,统治者在历史中做出的公益或私利则解释了王霸的分野。"[1]义利的对立是否在三对关系中最为根本另当别论,但毫无疑问是引人注目的,因为公私的冲突与王霸的分野都在这里得到了学理性的解释。因此,我们也甚至可以这样认为,在这三对关系中,实际上公私的冲突才是最基础性的,所谓义利的对立与王霸的分野都是这一冲突在不同领域的衍生。如此,我们可能才会对陈亮感叹"平生所学,所谓公私两字者"[2]有更为真切的同情与理解。

三 《问答》

萧公权很早就关注到了陈亮的公私观念,对于陈亮政治思想的阐述就是由此入手,并把它作为王霸之辩的基础。"持此目的上的公私之义以论前世之政治,则王者大公之极,霸者公而未尽。二者只有程度上之差,非性质上根本不同也"[3]。他所谓的目的,即"天下为公"的原则与精神,也就是说,在政治起源秉承着"天下为公"的精神,而"天下为公"具体体现则为制度之公与目的之公,即君王出于民推,而制度本于民心,其实质则来自于孟子"得乎丘民为天子"的学说。

陈亮的政治思想是否来源于孟子,存在着较大的争议。这一议题并不在我们讨论的范围之内,我们所关注的是萧公权在论述陈亮的政治思想时主要的材料来自于陈亮的《问答》,它提醒着我们十二道《问答》虽然是"私拟程试"之作,带着极强的场屋色彩,其内在意蕴却不容人低估,从而进一步强化了陈亮时文之作的意义。萧公权在论述中四次引用了《问答一》,一次引用了《问答六》,当然陈亮对于"公私"问题的论述并不局限于两篇《问答》,甚至也不局限于这十二道《问答》,但如此集中的并以此为

---

〔1〕 田浩:《陈亮论公与法》,田浩编,杨立华、吴红艳等译《宋代思想史论》,社会科学文献出版社 2003 年版,第 518 页。

〔2〕 《陈亮集》卷二十一《与石应之(宗昭)》,第 334 页。

〔3〕 萧公权:《中国政治思想史》,新星出版社 2005 年版,第 308 页。

核心的论述在其他文章中是比较少见的。

《问答一》提出的问题是：三代视天下为公，汉唐视如一家之私物，但为何汉唐之民的拥戴不减于三代之民？作者得出的结论是："使汉唐之义不足以接三代之统绪，而谓三四百年之基业可以智力扶持者，皆后世儒者之论也。"[1]他的依据则是汉唐君王拯民于涂炭之心无异于商汤周武。《问答二》的问题是：汉高祖父子与唐太宗父子兄弟为什么会出现截然不同的结局呢？难道说帝位是依靠实力的强弱大小来决定得吗？作者认为唐太宗兄弟间的悲剧在于李建成私心自蔽，觊觎了他所不应该得到的东西。《问答三》表面上讨论的是儒家的正名的意义，实际上依然与公利私心有关，因为在名实相符之时，所谓的"名"代表的就是天下之公，而孙权、魏氏之不义则在于私心作祟。《问答四》指出，周朝与汉朝同样大封宗室，结局却完全不同，原因在于"武王、周公固非以天下为己私者"，汉王"不思天下之公义，而用其谋国之私心"[2]。《问答五》提出了儒家忽视利益所带来的缺陷，项羽仁勇兼备，自屈于礼节之士而无所成就；刘邦与天下共其利而获得成功。《问答六》的核心是"合天下而君之，而独私于共事之臣，宜非圣人之公道"[3]。

总之，这六道《问答》讨论的都是如何得天下的问题。在陈亮看来，儒者对这一问题的理解是片面的，因为他们对公私关系的理解较为单纯。他们往往过分强调了"公"的主导作用而将其抽象化，使之完全与私利相脱离，而不知天下共其利就是大义所在。在这里，我们能明确感受到陈亮对个人私利即个人欲望的肯定，这也是后来与朱熹辩论的重要话题。陈亮在那里总结说："秘书（朱熹）以为三代以前都无利欲，都无要富贵的人，今《诗》、《书》载得如此净洁，只此是正大本子。亮以为才有人心便有许多不净洁。"[4]这"不净洁"便是人们共同拥有的欲望。在《问答七》中，陈亮

---

〔1〕《陈亮集》卷三《问答一》，第 33 页。
〔2〕《陈亮集》卷三《问答四》，第 36 页。
〔3〕《陈亮集》卷三《问答六》，第 38 页。
〔4〕《陈亮集》卷二十《又乙巳秋书》，第 293 页。

进一步强调说:"富贵尊荣,则耳目口鼻之与肢体皆得其欲,危亡困辱反是。"这就是对私利的具体化。义利之辨的意义在于何处呢?依然不妨从公私来理解:"故私喜怒者,亡国之赏罚也;公欲恶者,王者之赏罚也。"〔1〕赏罚终究只是手段,关键在于执行者的喜怒哀乐是出于公还是出于私〔2〕。《问答九》则沿着公私处置的方向提出了一系列尖锐的问题:"岂三代公天下之道,后世真不可复行乎?抑人心多自疑,而其流如此?不然,则在德不在险,是真书生之谈耳。"〔3〕《问答十》论述的是帝王谥号排定的原则,即"善恶一付之天下之公论"〔4〕。《问答十一》阐述了"人主一时之私恩,不可谓万世之常法"〔5〕。《问答十二》终于回到了现实,以夷狄中国之别,抨击苟合偷安为万世之耻辱。

四　策问

从形式上看,十二道《问答》应该还是属于试论而不是策问,尽管它们采用了一问一答的形式,因为策问的范围原则上虽可以涉及经、史、子等诸方面,习惯上却以时务为主,即宋真宗所谓"策问宜用经义,参之时务"〔6〕,苏轼所谓"试之论以观其所以是非于古之人,试之策以观其所以措置于今之世"〔7〕。《圈点龙川水心二先生文粹》的出现,证明了策问确实是陈亮时文的重要组成部分,在《陈子课稿》中当不可或缺。宗庭辅的推测之所以略而不论,当是他未能目睹这些佚文。《圈点龙川水心二先生文粹》第十卷至十六卷,共收录了策问共计四十一首,从数量上看当是陈

---

〔1〕《陈亮集》卷四《问答七》,第41页。

〔2〕田浩认为"陈亮的第七条《问答》清楚地表明他将人心和教化民众所施行的法和礼的作用联系起来。因为他视人性为物质的生理欲求,为天下之人所共有,所以陈亮鼓励人君利用人们天生的好恶来引导他们达至整个社会的公益"。联系陈亮的其他论述,这一结论是可以引申出来的。见田浩:《陈亮论公与法》,《宋代思想史》,第528页。

〔3〕《陈亮集》卷四《问答九》,第43页。

〔4〕《陈亮集》卷四《问答十》,第44页。

〔5〕《陈亮集》卷四《问答十一》,第45页。

〔6〕毕沅:《续资治通鉴长编》卷二十六《宋纪二十六》,岳麓书社1992年版,第1册,第316页。

〔7〕《苏轼文集》卷四十九《谢梅龙图书》,第1424页。

亮集中首屈一指,从内容上可谓无所不包,大凡时务均有所涉猎。

　　人才问题,是陈亮最关注的方面。四十一首策问中的首篇《问人才》,提出了他的核心观念,即"一世之才自足一世之用"[1],每个时代都有充足的人才,关键在于如何去发掘、培育与使用。如何去发掘呢? 那就要正确合理地使用科举制度。《问科举》具体探讨了他对科举这一制度的认识。陈亮以为科举制的作用,在于选拔人才同时又能够沟通舆情。"祖宗之制,使天下皆得以以书言事,其所以通下情者至矣"。进士六科,就是联通上下的一个渠道,对于举子而言,通过论时政来展示自己的才华;对于帝王而言,通过求得失来获得贤才。问题是目前渠道的性质发生了变化,举子的这些议论往往是"无故而出于私意","狂言徒乱人听",这一制度既然已经不能充分实现它选拔的功能,就应该有所改变。"小弊则为之损益,大弊则度德顺时,一易而定"[2]。在这里陈亮主要从举子的角度论述了当前科举制中存在的缺陷。在《问科举之弊》一文中,他进一步从考官的角度痛斥了现行制度的弊端:

　　　　人为万物之灵,而才智之士又人之最灵者也,先王所以顺天地之纪而立人之政者,取其最灵者以治之而已。……本朝承唐之余烈,故取士一以科举。艺祖之初,盖犹欲听有司之行其意,而严赏罚以临之,其后一付于法矣。然唯恐其法之不密也,二百年之间,于今为尤密。才智之士,老死于山林,而不敢以为有司之不公,盖亦可谓至矣。而士之骫骳烂熟亦莫甚于今,何哉? 夫一切取必于虚文,其势固必至此。方其盛时,名公巨卿又往往由此而出,则以为非法之弊而时之弊也。[3]

　　陈亮的一个核心思想是观念和法度应该随着历史情境加以调整,而不是以现实去适应既有的观念和法度,这也是他与朱熹等道学家的重要分野。

---

〔1〕　邓广铭点校:《陈亮集》(增订本)卷十三,第144页。
〔2〕　邓广铭点校:《陈亮集》(增订本)卷十三,第147页。
〔3〕　邓广铭点校:《陈亮集》(增订本)卷十三,第156页。

对于宋初的科举之法,他给予了很高的评价,但经过两百多年的发展,弊端已经十分突出,到了非改不可的程度。人们不能因它往日的巨大成就,就对它今日的弊病视而不见,甚至归咎于今日现实不如往时。由此,他进一步指出,人才的标准也应该随着现实的需求而有所调整。《问老成新进之士》一文并不否认老成之人的重要,但陈亮以为在草创之际、国家危难之时,一心倚重他们,听信《孟子》所谓"世臣"之说,就是迂阔而不切于事情。"世臣未足深倚,而遍试天下才智之士诚未足为失也"〔1〕。正是因为现实的迫切需求,舞文弄墨就不应该成为衡文的标准。《问学校之法》则讨论了人才的培养问题:"群天下之士,择其尤者而养之太学,而郡县又自有学,乃独汲汲于一日课试之文。""学校本非所以为课试计"〔2〕,举子当考求治乱而不是猎取一二花言巧语缀辑成文以骗取考官的认可。

这种发展的眼光,使陈亮对南宋社会中诸多抱残守缺的现象进行了激烈的抨击。在学术领域,他以汉儒为例对学者的故步自封进行了嘲弄。在《问汉儒》中,他讥笑道:"汉儒最为近古,好专门名家,其学往往溺于灾异,不足以自通于圣人","今世之士,游心六艺,不拘先儒之说,而尊师重道、深识有守之习,曾不足以自厕于专门者之后"〔3〕。汉儒所以不能充分理解圣人之意,在于他们的亦步亦趋,今日再想仿效汉儒,不是等而下之吗?在国家基本制度方面,陈亮借《问汉唐及今日法制》提出"仁义法制,帝王之所以维持天下之具也"〔4〕,每一代的法度,都随着形势的发展进行了调整,所谓有一利必有一弊,汉代的郡县、集权与唐代的租庸调、府兵制等莫不如此,王朝兴盛的基础在于此,而其隳败也因于此。今日宋朝之最大弊端,就在于开国君主为避免藩镇势力的扩充而采取的系列政策。在用人制度方面,他又借《问两汉用相》"武帝(汉武帝)好儒雅,公孙弘始自海濒而登宰相,人主得以肆其所欲为,而天下弊矣","自是(光武帝)之后,

---

〔1〕 邓广铭点校:《陈亮集》(增订本)卷十三,第146页。
〔2〕 邓广铭点校:《陈亮集》(增订本)卷十三,第147页。
〔3〕 邓广铭点校:《陈亮集》(增订本)卷十三,第147页。
〔4〕 邓广铭点校:《陈亮集》(增订本)卷十三,第147页。

宰相多用儒雅,功名往非前汉比"[1],一针见血地指出北宋中期以来,国势的萎靡不振与过分重用儒雅之人有关。

陈亮始终关注战争问题,在策问中主要表现为对兵制的讨论。《问古者兵民为一后世兵民分》中,陈亮表现了对募兵制所带来的忧虑:"以东南之地,岁入倍于承平之时,而费于养兵者十之九,然敌至犹以为兵少。"[2]《问兵农分合》中也指出:"兵民既分,则民知奉租税而已,兵知执干戈而已,无事则民偷而兵堕,有事则民穷而兵骄。"[3]《问武举》表现了他对人才选举的忧虑:"厌弃文士,崇奖武夫,本不为过,而数年以来,武举之程文,武人之威仪进退,武官之议论词气,往往更浮于进士。"[4]此外,《问理财》、《问榷酤之利病》、《问古今财用出入之变》、《问汉豪民商贾之积蓄》等是一组具体阐述陈亮经济思想的文章,展示出"官民一家"、"农商一事"的进步观念。《问官之长贰不相统一》、《问贪吏》、《问三代选士任官》、《问任官之法》、《问任子之法》等,则是对官员任命及管理问题的集中讨论。当然其中亦有迂腐之论、书生之言,如《问成周汉唐今日王宫之宿卫》、《问建宗室以屏王室》等;也有老调重弹、殊乏新意者,如《问掌阴阳四时之职》等。

不过,最引人注目的还是对儒者的激烈批评,如《问古今损益之道》所谓"近世儒者谓三代以来以天理行,汉唐专是人欲,公私义利,以分数多少为治乱,其说亦不为无据,然不悟天理、人欲不可并用也"[5]、《问古今损益之道》所谓"忠、质、文之循环,真汉儒之陋耳"、《问古今治道治法》所谓"(汉)武帝用儒,而文章礼乐粲然可观,然天子自此多事矣";还有对王霸义利之说的辨析以矫儒者之枉,如《问皇帝王霸之道》所谓"本朝专用儒以治天下,而王道之说始一矣,然则德泽有余而事功不及,虽有老成持重之

---

[1]　邓广铭点校:《陈亮集》(增订本)卷十三,第 147 页。
[2]　邓广铭点校:《陈亮集》(增订本)卷十三,第 154 页。
[3]　邓广铭点校:《陈亮集》(增订本)卷十四,第 163 页。
[4]　邓广铭点校:《陈亮集》(增订本)卷十四,第 158 页。
[5]　邓广铭点校:《陈亮集》(增订本)卷十五,第 174 页。

士犹知病之,而富国强兵之说于是出为时用,以济儒道之所不及"[1]。

五 试论

朱瑞熙对陈亮的时文评价颇高,他认为陈亮与叶适等人一起发展了政论文体,在南宋中期创造了一种专供考试使用的新文体。其重要依据之一便是陈亮的《谢安比王导》四论,朱瑞熙注意到了这些试论逐渐形成了一种比较固定的格式,即从破题到结尾形成了一定的程式[2]。从形式上,陈亮的《谢安比王导》四论作为《陈子课稿》的典范是当之无愧的,它们充分展示出了陈亮文章写作规律的探索成果,也是时文走向程式化的阶段性成果,尽管陈亮一直对时文的烂熟格套深恶痛绝。

北宋以来,时文的程式倾向日益突出,谢枋得《文章轨范》卷三评苏轼《王者不治夷狄论》即云:"此是东坡应制科程文六论中之一,有冒头,有原题,有讲题,有结尾。"熙宁四年(1071)后,进士科一度停考诗赋、帖经、墨义,改考经义达三十五年。在这期间,曾经有"大义式"颁行作为经义的基本体式。时文的程式逐渐走向成熟,如哲宗元祐年间的张庭坚所作的《自靖人自献于先王》,被元人认为"正今日作经义者所当以为标准",明清八股专家亦多以此文为宋元经义文之典范。"南渡以后,讲求渐密,程式渐严,试官执定格以待人,人亦循定格以求合,于是双关三扇之说兴,而场屋之作遂别有轨度。虽有纵横奇伟之才,亦不得而越"[3]。身为纵横奇伟之才的陈亮,在时文走向定型的过程中也占据着醒目的位置,虽然他只是顺应了历史的潮流和现实的需要,如朱瑞熙所言:"宋代时文最后定型为十段文,完全是适应当时贡举和学校考选的需要,而经过无数的官员和学者包括欧阳修、王安石、苏轼、吕祖谦、张孝祥、杨万里、陈亮、陈傅良、张庭坚、戴溪、冯椅等人共同努力的结果,这是不以个人的意志为转移的。"[4]

---

〔1〕 邓广铭点校:《陈亮集》(增订本)卷十五,第172页。

〔2〕 见朱瑞熙:《宋元的时文——八股文的雏形》,载《曙城集》,华东师范大学出版社2001年版,第1—23页。

〔3〕 《四库全书总目》卷一百八十七《论学绳尺》提要,第1702页。

〔4〕 朱瑞熙:《朱熹对时文——八股文雏形的批判》,载《曙城集》,第25页。

陈亮诸人所努力改造的时文,后人称之为十段文。元人倪士毅《作义要诀》曾对十段文有所描述:"首有破题,破题之下有接题(接题,第一接,或二三句,或四句。下反接,亦有正说而不反说者),有小讲(小讲后,有引入题语。有小讲上段。上段毕,有过段语。然后,有下段),有缴结。以上谓之冒子。然后入官题。官题之下有原题(原题有起语、应语、结语,然后有正段,或又有反段,次有结缴),有大讲(有上段,有过段,有下段),有余意(亦曰从讲),有原经,有结尾。篇篇按此次序,其文多拘于捉对。"

大致而言,十段文的结构是由破题、接题、小讲、缴结、官题、原题、大讲、余意、原经、结尾等十部分组成。陈亮的《谢安比王导》四论,作为十段文,思路十分清楚,结构也尤为明晰,排句的使用也极为醒目,如陈亮参加礼部进士考试并得以及第的《勉强行道大有功》:

破题:天下岂有道外之事哉!

承题:而人心之危,不可一息而不操也。不操其心,而从容乎声色货利之境,以泛应乎一日万几之繁,而责事之不效,亦可谓失其本矣。此儒者之所大惧也。

小讲:夫道非出于形气之表,而常行于事物之间者也。人主以一身而据崇高之势,其于声色货利必用吾力焉而不敢安也,其于一日万几必尽我心焉而不敢忽也。唯理之徇,唯是之从,以求尽天下贤者之心,遂一世人物之生。其功非不大,而不假于外求。

缴结:天下固无道外之事也,不恃吾天资之高,而勉强于其所当行而已。

官题:汉武帝好大喜功,而董仲舒言之曰:"勉强行道大有功。"可谓责难于君者矣。请试申之。

原题:昔者尧、舜、禹、汤、文、武汲汲,仲尼皇皇,彼皆大圣人也,安行利行,何所不可,又复何求于天地之间而若此其切哉!盖人心之危,道心之微,出此入彼,间不容发,是不可一息而但已也。夫喜、怒、哀、乐、爱、恶,欲之所以受形于天地而被色而生者也。六者得其正,则为道;失其正,则为欲。而况人君居得致之位，操可致之势，目与物接，心与事俱，其所以取吾之喜、怒、哀、乐、爱、恶者不一端也，安能保事事物物之得其正哉？一息不操，则其心放矣。放而不知求，则惟圣罔念之势也。夫道岂有他物哉？喜、怒、哀、乐、爱、恶之端而已。不敢以一息而不用吾力，不尽吾心则勉强之实也。贤者在位，能者在职，而无一民之不安，无一物之不养，则大有功之验也。天佑下民而作之君，岂使之自纵其欲哉？虽圣人不敢不念固其理也。

讲题：武帝雄才大略，杰视前古，其天资非不高也；上嘉唐虞，下乐商周，其立志非不大也。念典礼之漂坠，伤六经之散落，其意亦非止于求功四裔以快吾心而已，固将求功于圣人之典以与三代比隆而为不世出之主也。而不知喜、怒、哀、乐、爱、恶一失其正，则天下之盛举皆一人之欲心也，而去道远矣，有功亦止于美观耳。**尧舜之都俞，尧舜之喜也，一喜而天下之贤智悉用也；汤武之诰誓，汤武之怒也，一怒而天下之暴乱悉除矣。**此其所以为行道之功也。**经典之悉上送官，非武帝之私喜也，用为私喜，则真伪混淆，徒为虚文耳；外域之侵侮汉家，非武帝之私怒也，用为私怒，则人不聊生，徒为世戒耳。使武帝知勉强行道以正用之，则表章而圣人之道明，必非为虚文也；诛讨而华夏之势定，必不为世戒也。**其功岂可胜计哉！武帝奋其雄才大略，而从容于声色货利之境，以泛应乎一日万几之繁，而不知警惧焉，何往而非患也！

余意：说者以为武帝好大喜功而不知勉强学问，正心诚意以从事乎形器之表，溥博渊泉而后出之，故仲舒欲以渊源正大之理而易其胶胶扰扰之心，如枘凿之不相入，此武帝所以终弃之诸侯也。夫渊源正大之理，不于事物而达之，则孔、孟之学真迂阔矣，非时君不用之罪也。

考经：齐宣王之好色、好货、好勇，皆害道之事也，孟子乃欲进而扩充之。**好色人心之所同，达之于民无怨旷，则勉强行道以达其同心，而好色必不至于溺，而非道之害也；好货人心之所同，而达之于民无冻馁，则勉强行道以达其同心，而好货必不至于溺，而非道之害也。人谁不好勇，而独患其不大耳。人心之所无，虽孟子亦不能以顺而诱之也。不忍一牛之心，孟子欲其扩充之，以至于五十之食肉、六十之衣帛、八口之无饥而谓之王道。孟子之言王道，岂不为切于事情？梁惠王问利国，未为戾于道也；移民、移粟，未为无意于民也。孟子皆不然之，而力以仁义为言。盖计较利害，岂本心之所宜有？其极可以至于忘亲后君，而无可达于事物之理，非好货、好色之比，而况不忍一牛之心乎？圣贤之所谓道，非后世之所谓道也。

　　结尾：为人上者，知声色货利之易溺而一日万几之可畏，勉强于其所当行，则庶几仲舒之意矣。夫天下岂有道外之事哉！

　　陈亮的《谢安比王导》、《扬雄度越诸子》、《王珪确论如何》结构也是如此。如《谢安比王导》冒头为："善观大臣者，常观诸其国而不观诸其身。晋有天下不二世，而为江东，德之在人者尚浅也，而更成百年之业，有王导焉立之于其先，有谢安焉扶之于其后，端靖宽简，均能为一国之轻重有无者，故当时有谢安比王导之论。请因史臣所载而申之。"其结尾亦严格呼应："导与安相望于数十年间，其端静宽简，弥缝辅赞，如出一人，江左百年之业实赖焉。其亦庶几于古之所谓大臣欤！置其立国之功而取其立身之一节以较之，非所以论大臣也。故吾极论江左之兴亡，而二人之相配较然矣。"陈亮在科场上的影响，当与他的这些时文有一定的关联。

　　虽然时文历来为人所鄙夷，如王应麟就曾经引用他人之语进行嘲讽："丘宗卿谓时文之文，如校人之鱼，与濠上之得意异矣；慈湖谓文士之文，止可谓之巧言。"[1]但王应麟对陈亮的场屋之文却赞不绝口："'天下不可以无此人，亦不可以无此书，而后足以当君子之论'。又曰：'天下大势之

━━━━━━━━━

〔1〕　栾保群、田松青、吕宗力校，王应麟著：《困学纪闻全校本》卷十七，上海古籍出版社2008年版，第1870页。

所趋,天地鬼神不能易,而易之者人也。'此龙川科举之文,列于古之作者而无愧。"〔1〕王应麟所引用的两段文字,前一段,来自陈亮的《扬雄度越诸子》,后一段据邓广铭考证辨析〔2〕,来自陈亮的《人法》,作于宋光宗绍熙四年(1193)陈亮参加礼部的进士考试时,为第三场《策问》的答卷。吴子良《荆溪林下偶谈》卷一《陈龙川省试》载:

> 陈龙川自大理狱出,赴省试,试出,过陈止斋,举第一场书义"破",止斋笑云:"又休了!"举第二场《勉强行道大有功论》"破"云:"天下岂有道外之功哉!"止斋笑云:"出门便见'哉',然此一句却有理。"又举第三场《策》,起云:"天下大势之所趋,天地鬼神不能易,而易之者人也。"止斋云:"此番得了!"既而果中榜。

《人法》不见载于三十卷本的《陈亮集》,何焯未曾见此文,故以为不成片段。王应麟所称赞第二段的寥寥数语,即《人法》一文的破题,其承题也十分精彩:"自有天地,而人立乎其中矣。人道立而天下不可以无法矣。人心之多私,而以法为公,此天下之大势所以日趋于法而不可御也。"法的出现,终究还是为了解决人心的"公私"这一组核心矛盾,这是陈亮一贯的思想。"法者公理也,使法自行者私心也",作为公理化身的法在运行过程中为私心所掌控,这是弊端出现的原由,所以主张不能一味任法,要有所变通。"恃公理而不恃使法自行之私心,则他日必有变通至于不穷者。"他的结论是"天下不可以无法也,法必待人而后行者也。多为之法以求详于天下,使万一无其人而吾法亦可行者,此其心之发既出于私,而天下之弊所以相寻于无穷也"。不过,陈亮对于法的注重与理解终究与我们今天所谓的"公民意识"还是有比较大的距离,他对法的公正性与传统的士大夫一样从来没有给予过充分的信任,因而对其权威性没有给予足够的尊重,

---

〔1〕 栾保群、田松青、吕宗力校,王应麟著:《困学纪闻全校本》卷十七,上海古籍出版社2008年版,第1873页。

〔2〕 邓广铭:《三十卷本〈陈龙川文集〉补阙订误发覆》,载《邓广铭治史丛稿》,北京大学出版社2010年版。

虽然他确实很关注公私的问题〔1〕。

宗庭辅曾猜测《谢安比王导》四论也是陈亮的私拟程式之作,是《陈子课稿》的一部分。从吴子良的记载来看,这一猜测是错误的,至少《扬雄度越诸子》与《人法》均为陈亮省试之文,且作于陈亮晚年,自当不在《陈子课稿》之列。至于《国子》、《传注》等,作年难以确考,或属《陈子课稿》。淳熙九年(1182),陈亮曾两度写信给朱熹,前一封感叹作时文的无奈,后一封说他把十篇得意之作中的五篇寄给对方欣赏:

> 某顽钝只如此,日逐且与后生寻行数墨,正如三四十岁丑女更欲扎腰缚脚,不独可笑,亦良苦不堪言。〔2〕

> 近有杂论十篇,聊以自娱,恨举世未有可其论者。且录去五篇,或秘书不以为谬,当继此以进,然其论亦异矣。余五篇乃是赏罚形势,世卿恩旧,尤与世论不合,独恐不以为异耳。〔3〕

朱熹第二年才回信,谈到了他对陈亮这些时文的看法:

> 《策问》前篇,鄙意犹守明招时说;后篇极中时弊,但须亦大有更张,乃可施行。若事事只如今日而欲废法,吾恐无法之害又有甚于有法之时也。如何,如何？去年十论大义,亦恐援溺之意太多,无以存不亲授之防耳。后生辈未知三纲五常之正道,遽闻此说,其害将有不可胜救者,愿明者之反之也。

从朱熹的回信中,我们大致可以推测出,陈亮的十篇论文大多主张变革法令以应对时局。现存陈亮策论中,《制举》、《变文法》、《铨选资格》乃至《量度权衡》等都谈到了打破常规与"常法",亦即涉及了"经"与"权"的

---

〔1〕　田浩认为"陈亮对儒学话语的贡献部分在于他特别注意公、私的问题。他本人声称,毕其一生皆以公私概念为重。……陈亮明白地断言说,法律能知道万民趋向公益,这在荀子那里最多只是一点暗示。陈亮如此明显地看着公私间的互动关系及法律的作用,因此,可以认为陈亮有某种我们称之为'公民意识'的观念"。见其《陈亮论公与法》,载《陈亮研究》,第561页。

〔2〕　陈亮:《壬寅答朱元晦秘书》,第273页。

〔3〕　陈亮:《又壬寅夏书》,载《陈亮集》,第274页。

问题。《任子宫观牒试之弊》、《国子》等则讨论了世卿恩旧等问题，它们更接近朱、陈在信中所提到的"十论"[1]。束景南认为"在十《论》二策中陈亮向朱熹表明了这样一种基本思想：道德的动机可以以非道德的功利手段来实现，功利的做法可以具有非功利的道德效果；反过来，道德的手段也可以包藏着非道德的目的，功利的效果也可以是出自非功利的道德做法"[2]。为此他选择了《汉论》与四十一首《策问》中那些符合这一主旨的文章作为朱陈所讨论的十《论》二策，如《汉论·平帝朝》、《问皇帝王霸之道》[3]等，同时还引用了《问答》中的部分内容。这似乎难以让人信从，因为这里所挑选的文章都是为朱、陈思想上的交锋所准备的，而两人在相关书信的来往中说得十分明确，这十论二策有"极中时弊"，有"讨论赏罚形势，世卿恩旧"等。

此外，陈亮时文多有散佚，如其《春秋属辞》三卷，叶适《书龙川集后》说它虽"仿今世经义破题，乃昔人连珠急就之比，而寄意尤深远"[4]。

第三节　通于时文的《欧阳文粹》

一　《欧阳文粹》的编选宗旨

孝宗乾道九年（1173）年，陈亮编选了《欧阳文粹》。这是南宋一个非常有影响的欧文选本，也是迄今为止所见到的最早的欧文选本，比周必大编刻的《欧阳文忠公集》还要早十八年。《欧阳文粹》共有五卷，选有论十九篇、策问七篇、书二十三篇、劄子十篇、奏状十篇、杂著十五篇、序二十篇、记十七篇、碑铭十二篇，合计一百二十九篇，另有拾遗一卷，选有诗三

〔1〕　田浩以为陈亮淳熙九年所写的文章是《问答》，见其《功利主义儒家——陈亮对朱熹的挑战》，第88页。又见其《朱熹的思维世界》："陈亮在1182年写成的'十论'，提出了许多与自己道学阶段不同的看法。"江苏人民出版社2011年版，第161页。

〔2〕　束景南：《朱子大传》，商务印书馆2003年版，第599页。

〔3〕　田浩认为《问皇帝王霸之道》写于12世纪80年代陈亮在太学期间，不知其依据何在。见其《朱熹的思维世界》，江苏人民出版社2011年版，第162页。

〔4〕　叶适：《水心文集》卷二十九《书龙川集后》，载《叶适集》，第597页。

首、文八篇。陈亮自称所选欧文为一百三十篇，今所见实则合计为一百四十篇[1]。

《欧阳文粹》的出现，对于促进欧文的经典化乃至促进唐宋古文艺术传统的形成，都做出了一定的贡献。《四库全书总目提要》曾经比较唐宋文章家创作的总体倾向："唐时为古文者，主于矫俗体，故成家者蔚为巨制，不成家者则流于僻涩。宋时为古文者，主于宗先正，故欧、苏、王、曾而后，沿及于元，成家者不能尽辟门户，不成家者亦具有典型。"[2]宋代文人具有强烈的"宗先正"意识，即极具经典化与偶像化的倾向[3]。北宋文人创作，以韩、柳为旗帜；南宋文人则主要以欧、曾、苏、王为榜样，其中尤其以欧、苏为模仿学习的对象。如叶适就曾明确表示："自欧、曾、王、苏外，非无文人，而其卓然可以名家者，不过此数人而已。"[4]黄震亦言"求义理者必于伊、洛，言文章者必于欧、苏"[5]。故而元人刘壎一语道出南宋文坛根底："欧、曾、苏、王，四家为宋文宗。"[6]近人刘咸炘进一步总括道："南宋之文，则欧、苏二派而已。策论为主，苏文最盛，序记则以欧为准。"[7]

刘咸炘的总结，颇为精辟。欧、苏文虽然同称南宋两大派，影响同样巨大，但性质还是略有区别。刘咸炘以为苏文的影响主要在策论，欧文的影响主要在序记方面，而策论为多用于科场，序记多用于私人往来。大致而言，苏文对于场屋的影响更为直接。元人袁桷《曹伯明文集序》指出了

---

[1]　陈亮：《书欧阳文粹后》，自称选欧文一百三十篇。元人刘壎《隐居通议》卷十五"龙川宗欧文"也称陈亮所选为一百三十篇（丛书集成初编本，中华书局 1985 年版，第 162 页）。但曾经看到过陈亮选本的朱熹，称陈亮所编为"百十篇一集"（《朱子语类》卷一三九）。清人瞿镛《铁琴铜剑楼藏书目录》称其所见宋刊巾箱本《欧阳先生文粹》"凡文一百三十篇，又拾遗十一篇"。

[2]　《四库全书总目》卷一百六十九《凫藻集》提要，第 1472 页。

[3]　朱熹所谓"古人作文作诗多是模仿前人而作之，盖学之既久，自然纯熟"，颇能代表宋人心态。朱熹语见《朱子语类》卷一三九，载《朱子全书》第 18 册，第 4291 页。

[4]　叶适：《习学纪言》卷四七《皇朝文鉴一》，第 698 页。

[5]　黄震：《黄氏日抄》卷六一，文渊阁四库全书本。

[6]　刘壎：《隐居通议》卷一五"龙川宗欧文"，第 163 页。

[7]　刘咸炘：《推十书》增补全本《戊集》第 1 册《宋元文派略述》，上海科学技术文献出版社 2009 年版，第 35 页。

这一现象:"江西之文,曰欧阳、王、曾,自庆历以来为正宗,举天下师之无异辞;宋金分裂,群翕然师眉山。公气盛意新,于科举为尤宜。"[1]苏轼的文字,与科举有关联者较多,如他自己所说:"某少年时,读书作文,专为应举而已。既及进士第,贪得无意,又举制策。"[2]苏轼的应举文字,确实精彩夺目,艺术性极强,给人带来美的享受,"如火如潮,如花际春,如霞散绮,使人目眩神移,吟咏流连而不知止也。(苏轼)精才绝艳,一至于此"[3]。尤其是其试论文字,往往自出心裁,"横说竖说,唯意所到,俊辩痛快,无复滞碍"[4],给场屋之文开辟了一个新天地,对后来者颇多启迪。故茅坤以为"东坡试论文字,悠扬宛宕,于今场屋中极利者也"[5],清人张伯行也指出"东坡自谓文如行云流水,即应试论可见。学者读之,用笔自然圆转"[6]。

由于与程试文字联系极为紧密,苏轼的文章很快在南宋风行起来,陆游所谓"建炎以来,尚苏氏文章,学者翕然从之,而蜀士尤盛,亦有语曰'苏文熟,吃羊肉;苏文生,吃菜羹'"[7],已为我们所熟知。陈亮之文,深受苏轼影响,已在《酌古论》《中兴五论》等进论、进策中有鲜明体现[8]。至于陆九渊称赞陈亮"文字轩翥"[9],叶适赞扬陈亮之文"萦映妙巧,极天下之

---

〔1〕 袁桷:《曹伯明文集序》,李修生主编《全元文》卷七百一十八,江苏古籍出版社 2001 年版,第 23 册,第 262 页。

〔2〕 苏轼:《答李端叔书》,《苏轼文集》卷四十九,第 1432 页。

〔3〕 储欣:《唐宋八大家类选》评苏轼《既醉备五福论》语,引自四川大学中文系唐宋文学研究室编《苏轼资料汇编》,中华书局 1994 年版,第 1129 页。

〔4〕 罗大经:《鹤林玉露》乙编卷三"东坡文",中华书局 1983 年版,第 167 页。

〔5〕 茅坤:《唐宋八大家文钞》卷一百一十三《东坡文钞》评《刑赏忠厚之至论》,高海夫主编《唐宋八大家文钞集注·东坡文钞》下,三秦出版社 1998 年版,第 5304 页。

〔6〕 张伯行:《唐宋八大家文钞》卷八《苏文忠公文钞》评《刑赏忠厚之至论》,丛书集成初编本,商务印书馆 1936 年版,第 160 页。

〔7〕 陆游:《老学庵笔记》卷八,中华书局 1979 年版,第 100 页。

〔8〕 邓广铭:《陈龙川传》:"在文学方面,汪洋恣肆一泻千里的苏东坡的文章,是陈氏所最喜欢的,当他作《酌古论》的时候便有意地加以模仿过。"生活·读书·新知三联书店 2007 年版,第 41 页。

〔9〕 吕祖谦:《与陈同甫书》,《陆九渊年谱》"淳熙元年"条,《陆九渊集》卷三十六,中华书局 1980 年版,第 490 页。

奇险"[1]，刘熙载肯定陈亮其文"意思挥霍，气象张大"[2]，《四库全书总目提要》认定陈亮"集中所载，大抵议论之文为多，其才辩纵横，不可控勒，但天下无足当其意者"[3]等，都让我们看到了苏轼文风的影子。故时人王淮甚至认为"朱为程学，陈为苏学"[4]。

朱迎平曾经指出"以时代论，苏文在南宋前期文坛上影响极大，并一直延续到中期，后期则稍为消歇；欧文的影响崛起于南宋中期，并延伸到宋末"[5]。这一判断应该是符合实际的。欧文发生影响，与陈亮等浙东学者有所关联。吴子良《荆溪林下偶谈》即云："淳熙间欧文盛行，陈君举、陈同甫尤宗之。"[6]刘壎则以陈亮的文章与文风为例，证明欧文的影响：

> 龙川先生陈公亮喜欧阳文，其所作有绝似处。尝选欧文一百三十篇，命曰《欧阳文粹》。其序有曰……以上皆龙川所作，而亦纤徐宽平，甚似欧文。岂非诵习之熟，自然迫真。欧、曾、王、苏四家，为宋文宗。然皆未尝用怪文奇字，刻琢取新，而趣味深沉，自不可及。若欧则尤纯粹，宜其为一代之宗工，群公之师范也。[7]

刘壎认为陈亮对欧文涵咏既久，所以文风亦受其影响，有纤徐宽和的一面。当然，也有人以为陈亮还没有将欧文的好处学全："陈同父得欧文之宽大处，却无欧文之拙而好处。"[8]刘熙载为此辩解道："陈龙川喜学欧文，尝选欧文曰《欧阳文粹》，其序极与欧文相类，然他文却不尽似之。此如人饮水，冷暖自知，原不必字模句拟，类于执迹以求履宪也。"[9]陈亮等

---

〔1〕　叶适：《水心文集》卷二十九《书龙川集后》，载《叶适集》，第596页。

〔2〕　刘熙载：《艺概·文概》，上海古籍出版社1978年版，第35页。

〔3〕　《四库全书总目》卷一百六十二《龙川集》提要，第1391页上。

〔4〕　《宋元学案》卷五六《龙川学案》引王淮语，第1842页。

〔5〕　朱迎平：《南宋散文宗欧、宗苏辨》，《古典文学与文献论集》，上海财经大学出版社1998年版，第181页。

〔6〕　吴子良：《荆溪林下偶谈》卷三"李习之诸人文字"，第30页。

〔7〕　刘壎：《隐居通议》卷十五"龙川宗欧文"，第162页。

〔8〕　陈模：《怀古录》，王水照编《历代文话》，复旦大学出版社2007年版，第518页。

〔9〕　刘熙载：《艺概·文概》，第35页。

人为什么要标举欧文呢？朱迎平以为"欧文在南宋文坛上主要是随着学派的繁兴而发生影响的，而这始于南宋中期"，这一说法可不可以与陈亮编选《欧阳文粹》的举动联系起来呢？还是让我们先看一看陈亮本人的陈述。在《书欧阳文粹后》中，陈亮首先描述了欧文在科场上的起起落落：

> 初，天圣、明道之间，太祖、太宗、真宗以深仁厚泽涵养天下盖七十年，百姓能自衣食以乐生送死，而戴白之老安坐以嬉，童儿幼稚什伯为群，相与鼓舞于里巷之间。仁宗恭己无为于其上，太母制政房闼，而执政大臣得以参可否，晏然无以异于汉文、景之平时。民生及识五代之乱离者，盖于是与世相忘久矣。而学士大夫，其文犹袭五代之卑陋，中经一二大儒起而麾之，而学者未知所向，是以斯文独有愧于古。天子慨然下诏书，以古道饬天下之学者，而公之文遂为一代师法。未几，而科举禄利之文非两汉不道，于是本朝之盛极矣。
>
> 公于是时，独以先王之法度未尽施于今，以为大阙。其策学者之辞，殷勤切至，问以古今繁简浅深之宜，与夫周礼之可行与不可行。而一时习见百年之治，若无事乎此者，使公之志弗克遂伸，而荆国王文公得乘其间而执之。神宗皇帝方锐意于三代之治，荆公以霸者功利之说，饰以三代之文，正百官，定职业，修民兵，制国用，兴学校以养天下之才，是皆神宗皇帝圣虑之所及者，尝试行之。寻察其有管、晏之所不道，改作之意盖见于末命，而天下已纷然趋于功利而不可禁。学者又习于当时之所谓经义者，剥裂牵缀，气日以卑。公之文虽在，而天下不复道矣。此子瞻之所为深悲而屡叹也。
>
> 元祐间，始以末命从事，学者复知诵公之文。未及十年，浸复荆公之旧，迄于宣、政之末，而五季之文靡然遂行于世，然其间可胜道哉。[1]

---

[1] 陈亮：《书欧阳文粹后》，载《陈亮集》，第195页。

在这里，陈亮重点揭示了欧文出现的价值。在天下晏然无事、大治如文景之时的仁宗时期，而文坛依然弥漫着五代以来卑陋之气，欧文的出现，无疑具有示范意义。其直接结果，便是科举利禄之文恢复了两汉醇厚之风。但王安石的变法使天下趋于功利，学者为利禄所诱惑，专注于牵强弥合经义，欧文逐渐为人们所遗忘。元祐之后，欧文曾有过短暂的复兴，不久又被经义之文所替代，此后更盛行五代靡靡之风，欧文的价值彻底为人们遗弃。在描述了欧文的兴衰之后，陈亮开始阐述了编选欧文的意义：

> 二圣相承又四十余年，天下之治，大略举矣，而科举之文犹未还嘉祐之盛。盖非独学者不能上求圣意，而科制已非祖宗之旧，而况上论三代？始以公之文，学者虽私诵习之，而未以为急也。故予姑掇其通于时文者，以与朋友共之。由是而不止，则不独尽究公之文，而三代、两汉之书，盖将自求之而不可御矣。先王之法度，犹将望之，而况于文乎？则其犯是不疑，得罪于世之君子而不辞也。虽然，公之文雍容典雅，纡余宽平，反复以达其意，无复毫发之遗，而其味常深长于言意之外，使人读之，蔼然足以得祖宗致治之盛。其关世教，岂不大哉？

> 初，吕文靖公、范文正公以议论不合，党与遂分，而公实与焉。其后西师既兴，吕公首荐范、富、韩三公以靖天下之难。文正以书自咎，欢然与吕公戮力，而富公独念之不置。夫左右相仇，非国家之福；而内外相关而不相沮，盖治道之基也。公与范公之意盖如此。当是时，虽范忠宣犹有疑于其间，则其用心于圣贤之学而成祖宗致治之美者，所从来远矣。退之有言："仁义之人，其言蔼如也。"故予论其文，推其心存至公而学本乎先生王，庶乎读是编者其知所趋矣。[1]

欧文的价值确实体现在多方面。其内容如陈亮在开篇所言："公之文

---

〔1〕　陈亮：《书欧阳文粹后》，载《陈亮集》，第195—196页。

根乎仁义而达之政理,盖所以翼六经而载之万世者也";其艺术成就亦极其突出,即所谓"雍容典雅、纡徐宽平","无毫发之遗而其味常深长于言意之外"。陈亮编选此集,固然是因为欧文关乎世教,使读之者能够感受到盛世的辉煌,使他们能够用心于圣贤之学,但其直接的目的,却是为了改变科举文风,使场屋之风得以恢复三代之旧。也就是说,陈亮编选这一古文选本的目的,就是为时文服务的。他所编选的宗旨,就是主要看其是否"通于时文"。在这个意义上,我们才可能理解四库馆臣抱怨《欧阳文粹》所选"似不足以尽其所长"[1],而学者对于这一选本的肯定往往立足校勘[2],至于朱熹所质疑的《丰乐亭记》的位置[3],也就不那么令我们惊讶了。

二　陈亮的文章观

南宋以来,学者对于欧阳修的文章多有褒扬,如张戒所言"韩退之之文,得欧公而后发明"[4],陈善所谓"韩文重于今世,盖自欧公始倡之"[5],王偁所云"愈之后而修得其传"[6],周必大所述"庐陵郡自欧阳文

---

〔1〕《四库全书总目》卷一百五十三《欧阳文粹》提要:"修著作浩繁,亮所选不及十之一二,似不足以尽其所长。"第1324页。20世纪初,朱希祖也继承了这一看法,但略有修正。其《中国史学通论》云:"陈同甫编欧阳文粹二十卷,似不足以尽所长,而大端可见矣。"时代文艺出版社2009年版,第194页。

〔2〕《四库全书总目》卷一百五十三《欧阳文粹》提要:"然考周必大序谓《居士集》经公抉择,篇目素定,而参校众本,迥然不同。如《正统论》、《吉州学记》、《泷冈阡表》皆是也。今以此本(《欧阳文粹》)校之,与必大之言正合。……其他字句异同,不可枚举,皆可以资参考,固不妨与原集并存也。"第1324页。《四库全书简明目录》卷十五:"《欧阳文粹》二十卷,宋陈亮撰,凡一百三十篇。亮本工文,故所去取颇精审,其篇章字句亦多与集本同异,可互资参考。"古典文学出版社1957年版,第626页。《续文献通考》卷一百九十八:"亮是编所选字句颇有异同,可资参订。"第149页。夏汉宁《论陈亮〈欧阳文粹〉》将其版本价值归结为三个方面:文字与题目均存在差异;仅为文字上的差异;主要为标题上的差异。见《艺文论丛》第三辑,2005年版,第57—58页。

〔3〕《朱子语类》卷一百三十九:"陈同父好读六一文,尝编百十篇一集,今刊行。《丰乐亭记》是六一文之最佳者,却编在拾遗。"《朱子全书》第18册,第4301页。

〔4〕 张戒:《岁寒堂诗话》卷上,丛书集成初编本,中华书局1985年版,第12页。

〔5〕 陈善:《扪虱新语》上集卷一"欧公作文拟韩文"条,丛书集成初编本,中华书局1985年版,第6页。

〔6〕 王偁:《东都事略》卷七十二《欧阳修传》,载洪本健《欧阳修资料汇编》(上),中华书局1995年版,第281页。

忠公以文章续韩文公正传,遂为本朝儒宗"〔1〕,他们都是从唐宋古文艺术
发展的历史上去高度评价欧阳修的贡献,尤其是对韩愈古文精神的继承
与发扬。陈亮虽然也与众多学者一样视欧阳修为一代文宗,承认"公之文
遂为一代师法",但值得我们注意的是,他对欧文的肯定与褒扬更主要的
是从科场文风的变化出发的。在《书欧阳文粹后》中,我们可以发现陈亮
反复强调欧文的出现,使"科举利禄之文非两汉不道,于是本朝之盛极
矣",而今的遗憾是"天下之治大略举矣,而科举之文犹未还嘉祐之
盛"〔2〕。也就是说,陈亮更多的是从场屋之风的变革而不是古文艺术的
发展来探讨欧文的价值的。

　　从与陈亮同时的朱熹到 20 世纪的邓广铭,都认定陈亮很喜欢欧文。
朱熹的结论来自陈亮编撰《欧阳文粹》的举动,邓广铭的看法来自陈亮的
自述〔3〕。在《书欧阳文粹后》,我们确实发现了陈亮对欧文生动的描述
与高度的评价,刘壎所谓"龙川先生陈公亮喜欧阳文,其所作有绝似
者"〔4〕也不无有因,不过倘若就此认为陈亮站到了古文家的立场,恐怕就
是臆测了〔5〕。

　　对于陈亮的文学观念,田浩曾经有一个描述:"虽然有这样的联系(文
中指与苏轼为代表的蜀学有些关系),陈亮却并不主张苏轼以文胜道的哲
学。在讨论文道关系的研究中,现代学者都没有分析陈亮的思想。陈亮
的看法接近宋代儒学主流强调道重于文以及文以载道的观点。陈亮所谓

---

　　〔1〕　周必大:《庐陵周益国文忠公集·平园续稿》卷十五《龙云先生文集序》,载洪本健《欧
阳修资料汇编》(上),第 305 页。
　　〔2〕　陈亮:《书欧阳文粹后》,载《陈亮集》,第 195 页。
　　〔3〕　"欧阳修的文章,雍容典雅,纡徐宽平,反复以达其意,而其味又常洋溢乎意言之外,
使人读之蔼然,倍感亲切,因而也极为陈氏所欣爱。特别因为欧阳氏的文章能根乎仁义而达之
政理,他便选取了一些与时文可以相通的,叫做《欧阳文粹》,让从学诸生去研读,作为应试的准
备。前辈师友郑景望的'书说'和杂文,也因为能说明帝王之所以纲理世变的道理,并可以作为
时文范本,也同被选为教授资料。凡足以帮助他的学生到科场中去求取功名的一切事,他是无
不尽心尽力的。"邓广铭:《陈龙川传》,生活·读书·新知三联书店 2007 年版,第 41 页。
　　〔4〕　刘壎:《隐居通议》卷十五"龙川宗欧文"条,第 162 页。
　　〔5〕　"陈亮在这种文化背景下编选《欧阳文粹》,既鲜明地表明了自己对欧文的态度,即对
欧阳修所倡导的古文运动的充分肯定,同时又表明了他对欧阳修古文理论的认同以及对自己文
学思想的具体表现。"夏汉宁:《论陈亮〈欧阳文粹〉》,《艺文论丛》第三辑,2005 年版,第 53 页。

的道显然不同于朱熹;不过,他仍然将主要的关注点放在道的方面,不太侧重于文的方面。在陈亮那里,'文'主要指文学,包括美文和说理散文,不取比道更具有优先性的笼统的'文化'概念。他着重提出士人在学校和科举中要写什么样的文章以及如何写的问题。这些文章主要讨论有关国家取士的政策和行政问题。他只是在将后世的腐败堕落联系到重文轻武文胜于质时,才指广义的'文化'。"〔1〕

虽然我们不能赞同田浩所有这些对陈亮文学观念的描述,但这里的描述无疑具有极大的价值,因为他研究陈亮文学思想的切入点是那样的与众不同,在我们习见的文学批评史中很少能够找到呼应的痕迹。在文与道的关系中,毫无疑问陈亮是偏重于道的方面。在某种程度上,他仅仅把文作为一种工具:

> 亮闻古人之于文也,犹其为仕也。仕将以行其道也,文将以载其道也。道不在我,则虽仕何为? 虽有文,当与利口者争长耳。韩退之《原道》,无愧于孟、荀,而终不免以文为本,故程氏以为倒学。〔2〕

在陈亮看来,"文"的作用十分单纯。为文人出仕之用,或用于载道,而且出仕的目的也是为了行道。总之,他明确指出文就是为道服务的。哪怕是韩愈那样优秀的文人,即使创作出无愧于《孟子》、《荀子》的《原道》,由于以文为本而在根本方向发生了错误。他以为单纯以文为文是毫无价值的,"吾所谓文,非铅椠之业,必有处事之才"〔3〕。文章的意义在具体的事务中才能体现出来。和许多优秀的政治家和思想家一样,他对文学之路心存藐视,其《桑泽卿诗集序》云:"予平生不能诗,亦莫能识其浅深高下。"〔4〕这里所传达的不是自谦,而是一种极端的自负。不过,文章的

---

〔1〕 田浩:《陈亮论公与法》,载《宋代思想史论》,第 539 页。
〔2〕 陈亮:《复吴叔异》,载《陈亮集》,第 35 页。
〔3〕 陈亮:《酌古论序》,载《陈亮集》,第 49 页。
〔4〕 陈亮:《桑泽卿诗集序》,载《陈亮集》,第 166 页。

价值虽然在实践中才能展示，但对于文人而言，这却是不可或缺的立身之本，是他们展示才华以进入仕途的基础。在《送吴允成运干序》中，陈亮指出：

> 往三十年时，亮初有识知，犹记为士者必以文章行义自名，居官者必以政事书判自显，各务其实而极其所至，人各有能有不能，卒亦不敢强也。自道德性命之说一兴，而寻常烂熟无所能解之人自托于其间，以端悫静深为体，以徐行缓语为用，务为不可穷测以盖其所无，一艺一能皆以为不足自通于圣人之道也。于是天下之士始丧其所有，而不知适从矣。为士者耻言文章行义而曰"尽心知性"，居官者耻言政事书判而曰"学道爱人"，相蒙相欺以尽废天下之实，则亦终于百事不理而已。[1]

尽管陈亮一直试图蜕去自己书生的身份，对文士多有非议，但他最终还是要回归到文人的立场，尤其是在他迈入仕途之前，他还是要把文章行义当作文人的安身之处，立命之所，正如处理政事就是仕宦者的日常生活。文章之道，即使是"一艺一能"，却与政事并列为士人的两大主要任务。正是在这个意义上，陈亮所褒扬的文章，往往内容具有实用价值，能直接服务于政治现实。对内容的偏重，也使他在品评文章时，更强调立意的高超，其《书作论法后》云：

> 大凡论不必作好语言，意与理胜，则文字自然超众。故大手之文，不为诡异之体，而自然宏富；不为险怪之辞，而自然典丽，奇寓于纯粹之中，巧藏于和易之内。不善学文者，不求高于理与意，而务求于文彩辞句之间，则亦陋矣。故杜牧之云："意全胜者，辞愈朴而文愈高；意不胜者，辞愈华而文愈鄙。"昔黄山谷云："好作奇语，自是文章一病。但当以理为主，理得而辞顺，文章自

---

[1]　陈亮：《送吴允成运干序》，载《陈亮集》，第179页。

然出群拔萃。"〔1〕

也正是出于对良好的表达效果的追求,陈亮对文章写作的具体技巧也有过深入的探讨和反复的摸索,虽然他这些写作经验没有能够诉诸系统的文字,但从后人笔记所残存的一鳞半爪,大致可以窥测他曾经所做的不懈努力。元人盛如梓《庶斋老学丛谈》卷中载:

> 陈同甫作文之法曰:经句不全两,史句不全三。不用古人句,只用古人意。若用古人语,不用古人句,能造古人所不到处。至于使事而不为事使,或似使事而不使事,或似不使事而使事,皆是使他事来影带出题意,非直使本事也。若夫布置开阖,首尾该贯,曲折关键,自有成模,不可随他规矩尺寸走也。〔2〕

不过对于陈亮而言,文终究只是载道或入仕的工具,从来没有成为他追求的终结目标,哪怕在许多场合,他也为文章的艺术魅力所感动,如他曾称赞赏喻叔奇"为文精深简雅,读之愈久而意若新",称赞何茂恭"其文奇壮精致,反复开阖,而卒能阐其意",陈德先"其文清新劲丽",表彰喻季直"其文蔚茂驰骋,盖将包罗众体,而一字不苟,读之亹亹而无厌也"〔3〕。但陈亮对于文章之道的关注,具有明确的意向性,因此他对学校与科场上的文风尤其敏感。其所谓文风的改变,多与此有关,如集中阐述这一立场的《变文法》,所探讨的就是科场文风的变化以及由此带来的社会影响:

> 夫文弊之极,自古岂有逾于五代之际哉?卑陋萎弱,其可厌极矣。艺祖一兴,而恢廓磊落,不事文墨,以振起天下之士气。而科举之文,一切听其所自为,有司以一时尺度律而取之,未尝变其格也。其后柳仲涂以当世大儒,从事古学,卒不能麾天下以从己。及杨大年、刘子仪因其格而加以瑰奇精巧,则天下靡然从

---

〔1〕 陈亮:《书作论法后》,载《陈亮集》,第203页。
〔2〕 盛如梓:《庶斋老学丛谈》卷中上,丛书集成初编本,中华书局1985年版,第26页。
〔3〕 陈亮:《题喻季直文编》,载《陈亮集》,第201页。

之，谓之昆体。穆修、张景，专以古文相高，而不为骈丽之语，则亦不过与苏子美兄弟唱和于寂寞之滨而已。故天圣间，朝廷盖知厌之，而天下之士亦终未能从也。

其后欧阳公与尹师鲁之徒，古学既盛，祖宗之涵养天下至是盖七八十年矣。故庆历间天子慨然下诏书风厉学者以近古，天下之士亦翕然丕变以称上意。于是胡翼之、孙复、石介以经术来居太学，而李泰伯、梅尧臣辈又以文墨议论游泳于其中，而士始得师矣。当是时，学校未有课试之法也。士之来者，至接屋以居而不倦。太学之盛，盖极于此矣。乘士气方奋之际，虽取三代两汉之文立为科举取士之格，奚患其不从？此则变文之时也，艺祖固已逆知其如此矣。

然当时诸公变其体而不变其格，出入乎文史而不本之以经术，学校课士之法又往往失之太略，此王文公所以得乘间而行其说于熙宁也。经术造士之意非不美，而新学字说何为者哉？学校课试之法非不善，而月书季考何为者哉？当是时，士之通于经术者，神宗作成之功，而非尽出于法也。及司马温公起相元祐，尽复祖宗之故，而不能参以熙宁经术造士之意，取其学校课试之大略，徒取快于一时而已。则夫士之工于词章者，皆祖宗涵养之余，而非必尽出于法也。绍圣、元符以后，号为绍述，熙、丰亦非复其旧矣。士皆肤浅于经而烂熟于文，其间可胜道哉！[1]

这里的主旨，与作者在《书欧阳文粹后》所表达的看法是一致的。细微的差异在于前者必须以欧文为核心，因此是通过欧文的起落浮沉来描述科场文风的变化，而此文则是直接描述了场屋之风的几次转向。对于这篇文章，我们必须关注的是陈亮对科举的态度。作为一个在科场上历经磨难的失意者，在生命的最后时刻才获得了他应有的辉煌，一般情况下会对科考充满憎恨，这种情绪确实也经常出现，如其所谓"国家以科目取

---

〔1〕　陈亮：《变文法》，载《陈亮集》，第129—130页。

士,以法格而进退之,权奇磊瑰者固已于今世无所合,虽复小合,旋亦弃去"〔1〕,"国家以科举造士,束天下豪杰于规矩尺度之中。幸能把笔为文,则可屈折以自求达。至若乡间之豪,虽智过万夫,曾不得自齿于程文烂熟之士"〔2〕,"本朝以绳墨立国,自是文法世界,度外之士往往多不能自容"〔3〕等等,可谓累见不鲜。不过当他站在历史的长河,对于科举的意义却给予了充分的肯定。文风的改革,终究必须借助于科考的力量才能实现,否则就只能如穆修、张景与苏舜钦兄弟等人那样歌唱于寂寞之滨,得不到人们的赞同与反对。场屋之风的改变,则要具体落实到学校课试之法。因此,对于这些课试之法,尤其要给予足够的重视,不可轻易变换:

> 中兴以来,参以诗赋、经术以涵养天下之士气,又立太学以耸动四方之观听,故士之有文章者、德行者、深于经理者、明于古今者,莫不各得以自奋,盖亦可谓盛矣。然心志既舒,则易以纵弛;议论无择,则易以浮浅。凡其弊有如此问所云者,固其势之所必至也。议者思所以变之,其意非不美矣,而其事则艺祖之所难,而嘉祐之所未及也。夫三年课试之文,四方场屋之所系,此岂可以一朝而变乎?然学校之士,于经则敢为异说而不疑,于文则肆为浮论而不顾,其源渐不可长,此则长贰之责,而主文衡者当示以好恶而不在法也。昔庆历有胡翼之学法,熙宁有王文公学法,元祐有程正叔学法,今当请诸朝廷参取而用之,不专于月书季考以作成大学之士,以为四方之表仪,则祖宗之旧可以渐复,岂必遽变其文格以惊动之哉!古人重变法而尤重于变文,则必有深意矣。〔4〕

在对科举之文一片抨击声中,陈亮却一反常态,要求变革必须慎之又

---

〔1〕 陈亮:《谢教授墓志铭》,载《陈亮集》,第412页。

〔2〕 陈亮:《东阳郭德麟哀辞》,载《陈亮集》,第394页。

〔3〕 陈亮:《与吴益恭安抚》,载《陈亮集》,第328页。

〔4〕 陈亮:《变文法》,载《陈亮集》,第130页。

慎,在于他意识到了这一变革可谓牵一发而动全身,影响极为深远。由此我们不难发现,在陈亮心目中,文的含义往往停留在时文的层面上,而很少转换到美文方面,如他在《祭陈肖夫文》所言:"时学入骨,时文入髓。"[1]他对文辞的漫不经心,遭到了其友人吕祖谦的反复提醒。乾道九年,陈亮将他的文章送与吕祖谦评点,吕氏在褒扬的同时,委婉地指出了陈亮对辞章的轻忽:

> 示及近作,展玩数过,不能释手。如邓耿赞断句,抑扬有余味,盖得太史公笔法;武侯赞拈出许靖、康成事,尤有补于世教。独陈思王赞,旧于河汾之论,每未敢以为安,当更思之。章、何两祭文,奇作也。广惠祈雨文,骎骎东坡在凤翔时风气。跋喻季直文编,语固佳,但起头数句,前辈似不曾如此道定。或云"以予所闻者几人",或云"予所知者几人",众不可盖故也。所见如此,未知中否。恃爱忘之厚,不敢不尽耳。更有一说:词章古人所不废,然德盛仁熟,居然高深,与作之使高,浚之使深者,则有间矣。以吾兄之高明,愿更留意于此,幸甚。[2]

后来在回信中,吕祖谦又提醒道:

> 向来与观近制,如邓仲华赞,盖以识此意者少,非为辞藻之工,其他亦随笔偶及之耳。此固非所以共相期者也。"其高不在文字",此语诚然。然登高自下,发足政在下学处,往往磊落之士以为钝滞细碎而不精察耳。[3]

总之,陈亮一生行事与科场相关联者甚多,他的许多观念都应该从这一经历去感受。科场的蹭蹬,使他迟迟不能超越时文的畛域而进入美文

---

〔1〕　陈亮:《祭陈肖夫文》,载《陈亮集》,第 359 页。

〔2〕　吕祖谦:《与陈同甫》,载黄灵庚、吴战垒主编《吕祖谦全集》,浙江古籍出版社 2008 年版,第 1 册,第 468—469 页。

〔3〕　吕祖谦:《与陈同甫》,载《吕祖谦全集》第 1 册,第 470 页。

的世界,这是他与其他文章家的重要区别。对于时文,陈亮的情感是颇为复杂的。他不屑于以文人自居,也不愿为时文所束缚,但他终究又不得不借助于这一工具进入他的自由世界。所以一方面,他对时文不屑,斥责其烂熟;另一方面,他又对自己在时文方面的失意而耿耿于怀[1],对他人在场屋上的得意而艳羡不已[2]。因此,他对场屋之文的兴趣要远远大于对单纯的古文艺术的兴趣,他的许多重要作品包括所编选的《欧阳文粹》都显示出了他偏重于时文的倾向性,这是我们今天在讨论陈亮把他作为古文家时务必要注意的。或许从时文这个角度出发,我们才会对他的思想与情感有更为真切的理解。

---

〔1〕 "亮二十岁时,与伯恭同试漕台,所争不过五六岁。亮自以姓名落诸公间,自负不在伯恭后。而数年之间,地有肥硗,雨露之养,人事之不齐,伯恭遂以道德为一世师表;而亮陆沉残破,行不足以自见于乡间,文不足以自奋于场屋,一旦遂坐于百尺楼下,行路之人皆得以挨肩迭足,过者不看,看者如常。"陈亮:《又甲辰秋书(与朱熹)》,载《陈亮集》,第 279 页。

〔2〕 "此盖伏遇司谏执事貌粹骨奇神清气劲,学传正派。以百圣为准绳,文擅古风;以两汉为机杼,鼓行场屋而无其对,惊动缙绅而为之先。"陈亮:《谢章司谏启》,载《陈亮集》,第 235 页。"惟君慷慨而有奇志,磊落而无他肠。涵濡乎道义之曾点,并包乎善恶之琴张。处家庭则自力于孝悌,入场屋则自奋于文章。"陈亮:《祭杨子固县尉文》,载《陈亮集》,第 355 页。"稷生子曰武,端整重厚,绝不类常儿。比长,能为文章,有声场屋间。三上,卒能取世科。"陈亮:《宗县尉墓志铭》,载《陈亮集》,第 698 页。"叔父恪茂恭,以文字自奋场屋,有声诸公间。"陈亮:《何少嘉墓志铭》,载《陈亮集》,第 423 页。

第三章　吕祖谦时文研究

由于场屋之文总是与利益密切地联系在一起，这使它将自己置于一个尴尬的处境。飞跃龙门者在获得利益之后，为与新的身份、地位相吻合，往往及时与"敲门砖"划清界限，以弃之如敝屣的态度来展现自己的优雅；碰壁者在头破血流之后，心生嫉恨，也往往对它不遗余力地进行抨击，通过形象的进一步丑化来掩盖自己的失意，表达自己品行的高洁。其结果就是他们对时文的依赖越来越强，关注度越来越高，而对时文的批评也越来越激烈。这种矛盾的态度成为传统文化中的一道奇特景观。圣明如朱子，也未能免俗。一方面，他对吕祖谦用心于时文、以时文招徕从学者的举动颇不以为然〔1〕，以为"课试末流，小小得失亦不足深较也"〔2〕；另

〔1〕　朱熹《答吕伯恭》："科举之教无益，诚如所喻。然谓欲以此致学者而高语之，是乃释氏所谓'先以欲勾牵，后令人佛智'者，无乃枉寻直尺之甚，尤非浅陋之所敢闻也。"朱杰人、严佐之、刘永翔等编《朱子全书》第21册《晦庵先生朱文公文集》卷三十三，上海古籍出版社2002年版，第1427页。

〔2〕　朱熹：《答吕伯恭》，载《朱子全书》第21册《晦庵先生朱文公文集》卷三十三，第1429页。

一方面,他却又将自己的儿子朱塾送至吕祖谦门下学习程文[1]。

作为程文的受益者,吕祖谦的态度确实耐人寻味。他对时文的专注,在他所盘踞的阶层中颇为少见,这自然引起了同属学术界顶端的同道者的警惕,也招徕了不少善意的规劝。这种规劝看起来效果非常明显,吕祖谦明确表达了自己对时文的鄙夷态度,反复辩解他在讲学中只是十余日才偶尔为之[2]。不过,这种辩解是否真是一种战略的迂回大可引人疑虑[3],或许不妨看成是在惯性的巨大压力下的收缩[4],并不能简单地理解为彻底的决裂,因为他众多与科考有关的轶事以及其时数量远远超过朱子的门徒,都让人不得不联想到这一手段对于吕祖谦的重要意义。虽然我们不能将婺学学派如日中天以及吕祖谦卒后的风流云散简单地归结为吕氏以时文维系人心的缘故,因为同一时期的其他学派也不乏借重于这一手段者,但如吕氏将这一方式运用得如此炉火纯青者却依然罕见,从吕祖谦编选的众多文章选本中我们就可初觅端倪。

---

〔1〕 乾道九年(1173)年夏,朱熹将长子朱塾送至吕祖谦门下,后两人就朱塾举业问题多次通信讨论,如吕祖谦《与朱侍讲》:"令嗣在此读书,渐有绪。经书之类,却颇能诵忆,但程文未入律。今且令破三两月工夫、专整顿。盖既欲赴试,悠悠则卒难见工也。此段既见涯涘,则当于经史间作长久课程。大抵举业,若能与流辈相追逐,则可便止。得失盖有命焉,不必数数然也。"黄灵庚、吴战垒主编《吕祖谦全集》第1册,浙江古籍出版社2008年版,第416页。朱熹《答吕伯恭》:"儿子久欲遣去,以此扰扰,未得行,谨令扣师席。此儿绝懒惰,既不知学,又不能随分刻苦作举子文。今不远千里以累高明,切望痛加鞭勒。""儿子既蒙容受,感佩非常。不知能应课程、入规矩否?""儿子蒙教督甚至,举家感激不可言。但所作大义似未入律,闻亦令专治此业,甚善。观其气质,似亦只做得举子学。初尚恐其不成,今既蒙奖诱,不知上面更能进步否?"《朱子全书》第21册《晦庵先生朱文公文集》卷三十三,第1140、1442、1446页。

〔2〕 "近日士子相过,聚学者近三百人。时文十日一作,使之不废而已。"吕祖谦:《与刘衡洲》,载《吕祖谦全集》第1册,第453页。

〔3〕 "科举之习,于成己成物诚无益。但往在金华,兀然独学,无与讲论切磋者。闾巷士子,舍举业则望风自绝,彼此无缘相接。故开举业一路,以致其来,却就其间择质美者告语之,近亦多向此者矣。自去秋来,十日一课,姑存之而已。"吕祖谦:《与朱侍讲》,载《吕祖谦全集》第1册,第398页。

〔4〕 "今年缘绝口不说时文,门前绝少人迹。"吕祖谦:《与陈同甫》,载《吕祖谦全集》第1册,第482页。

第一节　吕祖谦的文章选本与时文观

对吕祖谦与时文紧密关系的重新审视,并不会损害他良好的形象,但对两者关系的漠视却可能会误解他的文学立场。将科举作为吕祖谦进入文学领域的动因,或许是本末倒置;主张吕祖谦文道并重,也不足以将他归属于文学家的领域。北宋文道分裂以后,文章领域中"道"与"文"的平衡被打破,在绝大多数士人眼中,"文"其实降低到了"术"的层次,而吕祖谦恰恰是这一观念的典型代表。南宋吴子良以来,不少学者津津乐道于吕祖谦会融文道,这虽然不至于看成文学界的一厢情愿,但也很难在吕祖谦那里得到印证。时至今日,仍有不少学者通过对《古文关键》等选本的分析来确立吕祖谦与唐宋古文传统的密切关联,或者以吕祖谦的游记等作品将他标举为南宋中期散文家的典范,这种努力既难与吕氏的初衷相吻合,也很难在他的作品中寻觅到充足的证据。"术",应该是解读吕祖谦文学思想与文学活动的一把钥匙,他对文章学的提倡也可以从这个层面上得到阐释,甚至南宋以来古代文章的因革流变也不妨从这个关键点上得到启发。

一　《宋文鉴》

吕祖谦从《宋文鉴》的编纂中获得了令人钦羡的现实利益。首先,他的荣膺即显示出了一种巨大的荣耀。吕乔年告诉我们在议事之初,参知政事李彦颖率先推荐著作佐郎承担重任,但孝宗皇帝默然不对,王淮随即推选出的秘书郎吕祖谦却得到了皇帝的欣然认可[1]。其次,在编撰完成后,吕祖谦得到了孝宗皇帝的大力褒奖,皇帝曾"谕辅臣曰'祖谦编类文

---

〔1〕 吕乔年《太史成公编皇朝文鉴始末》:"淳熙丁酉,孝宗因观《文海》,下临安府,令委教官校正毕刊行。其年冬十一月,翰林学士周公必大夜直奏事,语次及之。因奏曰:'此书乃近时江佃类编,殊无伦理。书坊刊行可耳,今降旨校正刻板,事体则重,恐难传后。莫若委馆阁别加诠次,以成一代之书。'上大以为然。一日,参知政事王公淮、李公彦颖奏事,上顾两参,道周公前语,俾举其人。李公首以著作佐郎郑鉴为对,上默然,顾王公曰:'如何?'淮对:'以臣愚见,非秘书郎吕祖谦不可。'上以首肯之,曰:'卿可即宣谕朕意,且令专取有益治道者。'王公退如上旨,召太史宣谕。"曾枣庄、刘琳主编《全宋文》,上海辞书出版社2006年版,第304册,第94—95页。

海,采摭精详,可与除直秘阁',又遣中使李裕文宣谕,赐银帛三百匹两"。
吕祖谦因修书而得以迁官,引发了不小的争议。中书舍人陈骙以"非有功
不除职"为理由,对孝宗的举动提出质疑。孝宗又亲自出面安抚,解释褒
奖吕氏的理由是其所编之书"采取精详,且如奏议之类有益治道"。陈骙
勉强接受了这一说法,并把它写进了制词中:

> 馆阁之职,文史文先。尔编类《文海》,用意甚深,采取精详,
> 有益治道。寓直中秘,酬宠良多。尔当知恩之有自,省行之不
> 诬,用竭报焉。[1]

官方认可了吕祖谦编撰《宋文鉴》的用心与贡献,但在野的学者却又表达
了不同的看法,最典型的也最让人惊讶的是张栻与朱熹的立场。作为吕氏在
学术界影响最大而又最为亲密的两位诤友,他们不约而同地对吕氏的行为提
出了批评,而批评的理由又正是官方所肯定的"有益治道"[2]。当然,他们的
批评仅仅止步于张、朱两人私下的交流。张栻在写给朱熹的信中抱怨道:
"渠(吕祖谦)好弊精神于闲文字中,徒自损,何益! 如编《文海》,何补于治
道? 何补于后学? 徒使精力困于翻阅,亦可怜耳。承当编此文字,亦非所
以承君德。"[3]朱熹虽然在与吕氏的信中盛赞其"《文鉴》条例甚当",但私
下与人讲学时又批评吕氏之书去取多有不当之处[4]。

张栻的批评极其犀利,无疑是釜底抽薪,彻底颠覆了官方的褒奖。面
对着这样的责难,后人以"误会"将其一笔抹杀。他们一致认为张栻的责难
是在没有充分了解吕氏工作的基础上草率得出的,即在阅读吕氏的《宋文

---

〔1〕 李心传撰,徐规点校:《建炎以来朝野杂记》乙集卷五,中华书局 2000 年版,第 596—597 页。
〔2〕 罗大经《鹤林玉露》卷一:"成公为此书,朱文公、张宣公殊不以为然。谓伯恭无意思
承当,此事便好截下,因以发明人主之学。昔温公作《资治通鉴》,可谓有补治道,识者尚惜其枉
费一生精力,况《文鉴》乎。"中华书局 1983 年版,第 12 页。
〔3〕 张栻《答朱元晦》,张栻撰,邓洪波点校《张栻集》,岳麓书社 2010 年版,第 717 页。
〔4〕《朱子语类》卷一二二:"《文鉴》去取之文,若某平时看不熟者,也不敢断他。有数般
皆某熟读底,今拣得也无巴鼻。如诗,好底都不在上面,却载那衰飒底。把作好句法,又无好句
法,把作好意思,又无好意思,把作劝戒,又无劝戒。"《朱子全书》第 18 册,第 3856 页。

鉴》之前,就已经产生了这种主观印象[1]。殊不知张栻的否定,是对吕祖谦编纂行为的否定,而不仅仅是对所编纂之书的蔑视,这与朱熹有限度的肯定与批评在性质上是不同的。朱熹把"文"也作为编撰的一个重要标准,虽然他对"理"的兴趣更为浓厚[2]。相比于张栻的一概视为"闲文字",朱熹对于"文"并不全然排斥,可见他对《宋文鉴》的定位还是没有脱离"文"的本位。不过作为道学家,他的眼光终究是要回归他的基本立场上来,所以他还从《宋文鉴》编选中看出了吕祖谦的政治用心:"晦翁晚岁语学者,以为此书编次篇篇有意,每卷卷首,必取一大文字作压卷,如赋则取《凤楼赋》之类。其所载奏议,皆系一代政治之大节。祖宗二百年规模,与后来中变之意思,尽在其间。读者着眼便见,盖非《经济录》之比也。"[3]这样的评价,令吕氏的拥趸者感到欣喜。他们认为这样的结论才是在深思熟虑之后得出的,因而也是值得信赖的,至于朱子此前的批评,自然也是草率的。

虽然对吕祖谦的熟识程度,不能够与张栻及朱熹相提并论,不过叶适有理由相信他对吕氏的了解比张、朱两人更为深入[4],至少在《宋文鉴》这一事件上他认为自己更具有发言权,因为他的看法直接来自吕祖谦本人,而且吕祖谦亲近的朋友如陈亮、潘景愈等也认为他适合接受吕祖谦的思想遗产,这使叶适得以理直气壮地点评《宋文鉴》及斥责周必大[5]。在

---

〔1〕《四库全书简明目录》卷十九《宋文鉴》提要:"张栻《与朱子书》谓'祖谦编此等文字,非所以成君德',然祖谦所录,关于学术治法者甚多。栻书盖在祖谦受事之始,犹未见其书也。"永瑢等著,上海古籍出版社1985年版,第837页。

〔2〕《朱子语类》卷一百二十二记录了朱熹所知晓的有关《宋文鉴》编纂的五例:"有正编其文理之佳者;有其文且如此,而众人以为佳者;有其文虽不佳,而其人贤名微,恐其泯没,亦编其一二篇者;有文虽不佳,而理可取者,凡五例。""文"是其四例(阙一例)之一。《朱子全书》第18册,第3856页。又其《答吕伯恭》:"《文海》条例甚当,今想已有次第。但一种文胜而义理乖僻者,恐不可取。其只为虚文而不说义理者却不妨耳。"《朱子全书》第21册《晦庵先生朱文公文集》卷三十四,第1476页。

〔3〕吕乔年:《太史成公编皇朝文鉴始末》,载《全宋文》第304册,第96页。

〔4〕叶适《习学纪言序目》卷十七《皇朝文鉴一·周必大序》:"余以旧闻于吕氏。"又卷五十《皇朝文鉴四·总论》:"吕氏既葬明招山,亮与潘景愈使余嗣其学。"《习学纪言序目》,中华书局1977年版,第695、756页。

〔5〕吕乔年《太史成公编〈皇朝文鉴〉始末》云:"周益公既被旨作序,序成,书来以封示太史。太史一读,命子弟藏之。盖其编次之曲折,益公亦未必知也。"涉及《宋文鉴》的周必大总是作为批评的对象出现,这与声称作为知情者的叶适形成了鲜明的对比。《全宋文》第304册,第95页。

《习学纪言序目》中,叶适用四卷的篇幅对《宋文鉴》进行了逐一探讨。这一举动本身就是意味深长的,因为将之列入《习学纪言序目》一书讨论的范畴表达了叶适对于《宋文鉴》性质的认可,肯定它有资格与历史上不朽的那些子书比肩雁行。因此,最能引起我们关注与兴趣的,不是叶适对《宋文鉴》前所未有的高度评价,即推崇其为《文选》之后最为精当的总集[1],即使这一推崇得到了后来者的一些应和,而是叶适对于《宋文鉴》性质的强调。在讨论《宋文鉴》之初,他首先批评了前人对"文"的误解。伤巧求华而害于义理者,不足为"文";将庄子、司马相如推许为文坛宗主,是作为史学家的司马迁和作为文学家的韩愈所犯下的错误。吕祖谦有效地避免了这些陷阱,"此书刊落浩穰者百存一二,苟其义无所考,虽甚文不录,或于事有所该,虽稍质不废,巨家鸿笔以浮浅受黜,稀名短句以悠远见状。合而论之,大抵欲约一代治体归之于道,而不以区区虚文为主"[2]。

这样看来,周必大的错误不仅在于缺乏实事求是的精神,以均年析号的方式,对于各个时期的文学毫无原则地进行歌颂,而在于以"文"的视角来解读吕氏的用心[3],本身就是隔靴搔痒。所以在结束对《宋文鉴》的逐条分析后,叶适盖棺定论说:"此书二千五百余篇,刚条大者十数,义类百数,其因文示义,不徒以文,余所谓必约而归于正道者千余数,盖一代之统纪略具焉。有欲明吕氏之学者,宜于此求之矣。"[4]叶适提醒我们,吕祖谦虽然编选的是文章总集,但他着眼点并不在于文章,而是通过这些文章来表达他的学术思想与学术体系,因而这一总集也是了解吕氏学术的重

---

〔1〕 叶适《习学纪言序目》卷三十七《隋书》:"文字总集,各为流别,"又卷四十七《皇朝文鉴一·周必大序》:"盖自古类书未有善于此。"《习学纪言序目》,第547、695页。

〔2〕 叶适:《习学纪言序目》卷四十七《皇朝文鉴一·周必大序》,第695页。

〔3〕 周必大《皇朝文鉴序》云:"天启艺祖,生知文武,取五代破碎之天下而混一之,崇雅黜浮,汲汲乎以垂世立教为事,列圣相承治出于一。援毫者知尊周孔,游谈者羞称杨墨,是以二百年间英豪踵武,其大者固已羽翼六经,藻饰治具,而小者犹足以吟咏情性,自名一家……嗟乎!此非唐之文也,非汉之文也,实我宋之文也,不其盛哉!皇帝陛下天纵将圣如夫子,焕乎文章如帝尧,万几余暇,犹玩意于众作,谓篇帙繁夥,难于遍览,思择有补治道者,表而出之。乃诏著作郎吕祖谦,发三馆四库之所藏,裒缉绅故家之所录,断自中兴以前,汇次纂上。"《文忠集》卷一百零四,文渊阁四库全书本。

〔4〕 叶适:《习学纪言序目》卷五十《皇朝文鉴四·总论》,第755—756页。

要渠道。《宋文鉴》的湮没与误读，让叶适无比忧虑，在文章的结尾他感叹道："后四十年，旧人皆尽，吕氏之学未知其孰传也！"[1]在对一部文章总集的点评中，叶适却对吕祖谦学术思想能否流传深感焦虑。这表明在叶适心中，《宋文鉴》并不能以普通文学选集等闲视之。

叶适以"子书"的立场而不是从文学的视野去评判《宋文鉴》，除了他所声称的所谓来自吕氏的第一手材料外，还可以从当时的一些斥责声中寻觅到一些蛛丝马迹。关于《宋文鉴》一书的编撰宗旨，周必大在《缴进文鉴序札子》中曾有所描述："臣窃惟圣朝文章之盛，远过前代，陛下既命采择其菁华，仰以备乙览，俯以幸学者。"[2]这也是陆心源所说的"前辈之文粹然出正，盖累朝涵养之泽，而师友渊源之所渐也。此书会萃略尽，真足以鸣国家之盛"[3]。通过汇辑精妙的文章，来展示北宋一代文章的繁荣，这是周必大提议修书的初衷[4]，虽与吕祖谦最终的成果相去甚远，却也符合孝宗皇帝的期待。吕祖谦的擅自改动，引起了同修者的不安与退缩[5]，导致了他"好名"之声的远扬[6]，甚至也招来了不少危险的攻击，致使《宋文鉴》一时难以刊行：

> （孝宗）既而赐名《皇朝文鉴》，且令周必大为之序，下国子监

---

[1] 叶适：《习学纪言序目》卷五十《皇朝文鉴四·总论》，第 756 页。

[2] 周必大：《文忠集》卷一百零三《缴进文鉴序札子》，文渊阁四库全书本。

[3] 陆心源：《皕宋楼书志书目》卷一百五十三《端平重修〈皇朝文鉴〉》卷一百五十卷。转引自《吕祖谦全集》第 14 册《皇朝文鉴附录》，第 913 页。

[4] 四库馆臣将周必大作为张栻误解吕祖谦的缘由，这也从另一个角度说明了吕祖谦与周必大两人立场差别的巨大："栻殆闻有此举，未见此书，意其议出周必大，必选词科之文，故意度而为此语也。"《四库全书总目》卷一百八十七，第 2617 页。

[5] 《建炎以来朝野杂记》乙集卷五《文鉴》云："初祖谦得旨校正，盖上意令校雠差误而已。祖谦乃奏以为去取未当，欲乞一就增损，三省取旨，许之。甫数日，上仍命（赵）磻老与临安教官二员同校正，则上意犹如初也。时祖谦已诵言皆当大去取，其实欲自为一书，非复如上命，议者不以为可。磻老及教官畏之，不敢与共事，故辞不肯预。而祖谦方自谓得计，及书成，前辈名人之文搜罗殆尽，有通经而不能文词亦以表奏厕其间，以自矜党同伐异之功，荐绅公论皆疾之。及推恩除直秘阁，中书舍人陈骙缴还。比再下，骙虽奉命，然颇诋薄之。祖谦不敢辨也，故祖谦之书上不复降出云。"第 597 页。

[6] 《建炎以来朝野杂记》乙集卷五《文鉴》："上谕曰：祖谦平日好名则有之，今编次《文海》，采取精详。"第 596 页。

板行。有媚者密奏云:"《文鉴》所取之诗,多言田里疾苦之事,是
乃借旧作以刺今。又所载奏疏,皆指祖宗过举,尤非所宜。"于是
上亦以为邹浩《谏立刘后疏》语讦,别命他官有所修订,而锓板之
议遂寝。[1]

这些攻击,并不能完全归之于捏造,甚者吕乔年所辩解的"党同伐异"
也当属空穴来风。今人就有学者深入探讨《宋文鉴》所潜藏的党派立
场[2],也不乏将上述攻击归属为党争者[3]。不过以一党一派的局限来
评论吕祖谦的立场,或以文献学的角度客观冷静地解读吕祖谦的用心,终
究难惬人意,或正如巩本栋所言,"吕氏所谓'道',实内涵丰富,并不仅限
于理学一端;其所谓'治体',不限于北宋朝廷的'家法'和新旧党争的是
非恩怨,还寓含着编者对国家社稷的前途与命运的忧患意识","吕祖谦之
编纂《宋文鉴》,实在是蕴含了他期望以此来承继、建构和发扬自北宋以来
所形成和确立的以文为治、宽大仁厚的政治与思想文化传统的良苦用心
的"[4]。

由此看来,吕祖谦对于《宋文海》的改动,不仅在于增加了 23 门 30
卷,删除了词、志、祷文以及曼语诐词[5],而是改变了它的性质。因此,从

---

〔1〕 吕乔年:《太史成公编皇朝文鉴始末》,载曾枣庄、刘琳主编:《全宋文》,上海辞书出版
社 2006 年版,第 304 册,第 95 页。
〔2〕 王学泰:《〈宋文鉴〉的编刻与时政》,载王学泰:《坎坷半生惟嗜书》,商务印书馆 2011 年版,
第 86—102 页。
〔3〕 "《建炎以来朝野杂记》引《孝宗实录》云……这段文字告诉我们当时《皇朝文鉴》的编
撰已被卷入党争之中,因此时人对之褒贬都不仅仅是从编选的本身而言,明显夹杂着政治色
彩。"罗莹:《宋代东莱吕氏家族研究》,人民出版社 2011 年版,第 276 页。
〔4〕 巩本栋:《论〈宋文鉴〉》,《中国文化研究》2012 年春之卷。
〔5〕 吴子良《荆溪林下偶谈》卷一"曹邺谢逸诗":"《文鉴》载谢逸诗,亦止六韵。削去曼
语,一归之正,使蔼然有行露之风。此亦编集文字之一法也。"第 4 页。

文献学角度批评吕祖谦的妄作〔1〕以及从文学立场上斥责他的偏颇〔2〕，恐怕都不会令吕氏信服。总之，作为一部断代文章选集，将之看成这一时期的诗文发展史似乎是顺理成章的事情，将其选文标准维系在文章方面也应该是理所当然的事情〔3〕，但这里的前提都是从文学家的立场出发〔4〕。尽管吕祖谦与朱熹、张栻对待文学的态度存在着较为明显的差异，我们不能忘记的是这种差异是"同中之异"，是道学家们之间的差异，而对欧、苏等人的认可却只能算是"异中之同"，是对不同阵营中的具体观点偶尔产生的共鸣。

　　确立了这样一个基本的前提，可以防止我们在对吕祖谦的文学意义进行颂扬时走得太远，以至于将他从其所属的阵营中剥离开来，混同于古文家的立场。遗憾的是，正由于吕祖谦对文章艺术发展的影响极其巨大，后来的学者在景仰之余有意无意地忽略了他的立足点，从而对其所持有的道与文关系作出了错误的解读。我们之所以反复讨论吕氏《宋文鉴》的编纂宗旨，就是希望以此进一步明确他的基本立场，明确他对"鉴"的理解与《资治通鉴》之"鉴"有同有异，虽然包括"治道"却也停留在"治道"的层面上。正因为吕祖谦将所以为"鉴"之"道"上升为一种学术体系，那么曾经与经国伟业同不朽的"文"也在这里降低为一种"术"。在这个意义上，"文"作为二级标准才发挥出了它的作用，它对于古文运动的贡献才不会被夸大，时文的作用也不会被抹杀。

　　〔1〕　"吕《宋文鉴》所作的改动，我们所知道的是，……除删去书信抬头'圣俞足下'四字外，又删去'因尽诣东峰顶'句后'既而与诸君议，欲见诵《法华经》汪僧……甚矣'一段共161字。这些删改从文献学上来说也未必是对的。"马茂军：《〈宋文鉴〉与〈宋文海〉》，《大庆师范学院学报》2006年第6期。

　　〔2〕　"这种以理学为眼光，以治道为尺度，必然导致大量空洞的议论和义理说教充斥集中，真正文学艺术性较高的文学作品被排斥在外，如苏轼的《石钟山记》、《喜雨亭记》等，所以带着墨镜的反映'一代之治'的《文鉴》，可能反而不如只是反映'一代之文学'的《文海》来得纯粹。"马茂军：《〈宋文鉴〉与〈宋文海〉》，《大庆师范学院学报》2006年第6期。

　　〔3〕　"《宋文鉴》的选材标准是不拘一格、灵活多样的：或以文章文理，或以文章声名，或以作者声名，或以文章内容，或以文章时代，不一而足。"陈广胜：《吕祖谦与〈宋文鉴〉》，《史学史研究》1996年第4期。

　　〔4〕　对理学家诗歌的入选所产生的心理纠结，就是过分强化文学家立场的后果。

后人在描述《宋文鉴》的编纂宗旨时,反复强调不要为区区虚文所迷惑,要将目光驻留在"谏"上[1],这是否意味着在通常情形下人们往往遗忘了它与治道的关系,而只是对其保留的虚文所吸引呢?同样,当我们一再凸显它对北宋古文运动成果的巩固作用时,是否也意味着这一意义也往往为人们所忽视呢?由于我们所能理解的原因,官方在《宋文鉴》定稿后并没有及时发布,但这丝毫没有影响它的迅速传播。当朱熹听闻建阳人准备刊行《宋文鉴》时,他大吃一惊,急忙写信给吕祖谦,询问后者是否已经杀青,可见朱熹尚未从吕祖谦那里得到准确消息而《宋文鉴》一书已然流布闾里[2]。是什么样的动力在推动着这样一部文章总集如此流行?是出于对文学的热爱,还是出于对吕祖谦的信任与追随,以至于连书商都不愿稍等片刻?宋濂的一段话或许使我们可以一窥其间的消息:"世有恒言,决科之人,不足以行远。呜呼!岂其然哉?顾其合道与否为何如耳。昔吕成公编《文鉴》,其用意浸精密,而张庭坚所著《尚书》二篇特载入之,与龙图序诸文并传,四海之中但识字者,皆知诵之,苟谓其不能行远,可乎?"[3]

宋濂为张庭坚感到庆幸,他的科场文字《惟几惟康其弼直》、《自靖人自献于先王》,由于吕祖谦的赏识而编入《宋文鉴》,从此流传后世。那么,张庭坚的这两篇经义文字何以进入吕祖谦的法眼呢?是因为它们的特别"合道"而显得与寻常经义文章不同吗?这显然不是一个能让我们接受的理由。吕祖谦的《宋文鉴》在选入了张庭坚的这两篇经义外,还增选了苏轼与孔文仲的《制科策》、苏轼与陈师道的《制策》、苏轼的《说书》,这些吕祖谦所增加的与场屋有关的类目,不论是否为正统文人所唾弃,却是此前

---

[1] 商辂《宋文鉴序》:"然则文以鉴名,岂徒辞章云乎哉?"《商辂集》卷七,浙江古籍出版社2012年版,第107页。前人多以为《宋文鉴》所"鉴"主要是治道与教化,文章辞义只是余事,如程珌《书皇朝文鉴后》:"文以鉴名,非苟云尔也。上焉者取其可以明道,次则取其可以致治,又次则取其可以解经评史,又次则取其辞义高古可以追古,以模楷后学。"《全宋文》第298册,第6页。

[2] 朱熹《晦庵先生朱文公文集》卷三十四《答吕伯恭》:"建阳人来,闻欲刊新《文海》,此本已传出耶?"《朱子全书》第21册,第1495页。

[3] 宋濂:《芝园后集》卷二《题东阳二何君〈周礼义〉后》,载《宋濂全集》,浙江古籍出版社1999年版,第1371页。

文章选本所罕见的。吕祖谦究竟是出于怎样的目的增加了这些类目呢？基于文献学家的谨慎而力图保持北宋文学的全貌，还是认定它们有补于治道？吕祖谦所增加的类目应该引起我们的重视，因为它们在某种程度上确实反映出了吕祖谦的文学思想。不过，在他所增加的类目中，人们更关注的是来自民间的诸如"乐语"这一类型，这些来自草野的文学样式跻身于大雅之堂一度让高雅人士深感别扭[1]，它们在《宋文鉴》中的出场驳斥了吕祖谦对民间文艺存有偏见的指控。场屋之文的入选，也打消了正视吕祖谦时文观的顾虑[2]。或许在吕氏看来，他对张庭坚两篇经义的青睐，并不如宋濂所阐释的那般；决科之人不足行远的结论，也不能得到他的认同。作为与"道"相对应的"术"的层面上的古文与时文，本质上是没有差别的。让吕祖谦失望的是，他打开了一个缺口，但这个缺口没有引起人们的注目，后来的文章选集中，时文没有能够登堂入室，与古文鼎足对峙，缺口就这样又慢慢合拢了。

二　《古文关键》

以"术"的角度去审视"文"的意义与价值，实则是把它从不食人间烟火的云端打落到凡尘，这就给学者探讨其技巧与构成提供了可能性。我们并不否认《古文关键》的出现意义重大，在许多方面都具有开创性的贡献，如就评点学而言就有"第一次从文学的角度来评点散文"、"第一次对文学作品本身来进行评议"、"以一种全面的评议方式出现于文坛"等功勋[3]。不过，当文章被纳入技术层面去探讨时，就好比置身于手术台成

---

〔1〕 "至若教坊乐语之俳谐，风云露月之绮组，悉当削去，乃成全书。"程珌：《书皇朝文鉴后》，载《全宋文》第298册，第6页。

〔2〕 日本学者高孝津的一个说法饶有趣味。其《论唐宋八大家的成立》一文在检讨《宋文鉴》的作用时说道："《皇朝文鉴》以文学的方式浓缩了科举官僚们的生活的公私两面的整体形象。欧阳修、王安石和苏轼三位科举官僚特权化地入选其中，是在向人们昭示：此三人是北宋士大夫在文学领域中的理想人物。"作为《宋文鉴》中文章入选最多的三位作者欧阳修、王安石与苏轼，人们历来都是从文学层面去讨论的，很少强调他们共有的科举官僚的身份。《科举与诗艺：宋代文学与士人社会》，上海古籍出版社2005年版，第45页。

〔3〕 孙琴安：《中国评点文学史》，上海社会科学院出版社1999年版，第32—33页。

为解剖的对象,这对于文学而言真的是一件值得庆贺的事情吗?

《古文关键》的另一方面的重要意义是对唐宋古文传统的确立,后世声名借甚的古文团队——"唐宋八大家"在此组成了基本的框架。万历七年(1579)仲春,68 岁的茅坤选定 164 卷《唐宋八大家文钞》,以之为学习古文的门径。茅氏此书,一时"盛行海内,乡里小生无不知茅鹿门者"〔1〕。茅氏此举,亦正式确立了唐宋八家在中国古代散文史上的正统地位,几百年来家弦户诵,遂使八家之说深入骨髓,牢不可破。八家之文,自此为学者百世之祖、不桃之宗,愈久愈醇,愈厌切人心。但有学者追本穷源,以为唐宋八家之说并不始于茅坤。如 20 世纪下半叶,八大家选本迭出层见,愈出愈奇,难以一一覼述。其间引人瞩目的是,众多选本往往恪守共同的准则,即在前言中追溯"唐宋八大家"名称的由来,进而商榷茅坤的首创之功与《文钞》的选评之举。其基本模式是先称述明朝初年朱右,采录韩、柳、欧、曾、王、三苏为《八先生文集》,其为开山之作,茅氏所谓"唐宋八大家文钞"之名,源自朱右所言"八先生"〔2〕;再论证明朝中叶,唐顺之编纂《文编》,于《左传》、《国语》、《史记》之外,唐、宋两朝独选八家之文,实为扛鼎之举,茅氏"唐宋八大家文钞"之实,即取自唐顺之《文编》〔3〕。

近些年来,学者们有将唐宋八家的发明权向前推进了一大步。他们指出元代著名理学家吴澄,在文学理论上卓有建树,其《别赵子昂序》与《题何太虚近稿后》等文中,多次提出"唐宋七子"之说。有论者因此重新勾勒了八大家的演进历程:元初吴澄提出了"唐宋七子",元末朱右提出了

---

〔1〕 张廷玉等:《明史》卷二百八十七《茅坤传》,中华书局 1974 年版,第 7375 页。

〔2〕 秦笃辉:"唐宋八家,初为《八先生集》,实订于明朱右,茅鹿门特踵其说耳。"《平书》卷七文艺篇,载《丛书集成初编》,中华书局 1985 年版,第 179 页。梁章钜《退庵随笔》卷十九:"古文选本,以前明茅鹿门坤所列八家为最。《明史·文苑传》称坤善古文,最心折唐顺之。顺之所著《文编》,自韩、柳、欧、三苏、曾、王外无取焉。故坤选为《八家文钞》。其实明初朱右已采录韩、柳、欧阳、曾、王、三苏之作为《八先生文集》,实远在坤前,特右书不传耳。"江苏广陵古籍刻印出版社 1997 年版,第 482—483 页。

〔3〕 黄宗羲:"鹿门八家之选,其旨大略本之荆川、道思。"《南雷文定前集》卷三《答张尔公论茅鹿门批评八家书》,载《丛书集成初编》,中华书局 1985 年版,第 35 页。纪昀等《四库全书总目》卷一八九《唐宋八大家文钞》提要:"说者谓其书本出唐顺之,坤据其稿本刊板以行,攘为己作,如郭象之于向秀。"中华书局 1965 年版,第 1718 页。

"唐宋六先生",明初李绍提出了唐宋"七大家",受此启发,茅氏推出了"唐宋八大家"之说[1]。既然八家渊源可以寻觅至元初,为何不能再往前迈进一大步呢? 于是又有论者以为八大家之说,实际上缘起于南宋重要学者吕祖谦[2],吕祖谦不仅重视唐宋古文流派的梳理,大力宣传宋六家散文,他的《古文关键》更是构筑了唐宋八大家的基本框架[3]。后来者用王安石替换掉其中的张耒[4],八大家就产生了,"可以说,在文学上,唐宋八大家这一重要名词的雏形是吕祖谦奠定的"[5]。

唐宋八大家散文对于后世的价值,无论怎样高的评判都不算高估,虽然我们也会不断听到一些质疑的声音[6]。当然,这里的质疑丝毫不会影响我们对唐宋八大家的景仰之情。不过,我们也不能忽略这样一个事实,在唐宋古文艺术传统确立之后,无论倡导者怎样大声疾呼,无论朝野如何用心学习,这一传统终究与我们渐行渐远。在精力与知识贮备都远远胜过前人的前提下,为什么古文依然无法重现往日的辉煌呢? 一个重要的原因是"古道"被从"古文"中剥离出来。当我们强调"古文"的核心是"古道"时,实际上是力图将"古文"与"古道"捆绑在一起,使前者不至于降低为一种技术手段,一种可供分析的对象。我们主张"古道"是"古文"的灵魂,是因为当"古道"被抽离时,后者就会成为一堆毫无生命力的零件。而无论是"以古文作时文",还是"以时文作古文",其核心都只是停留在"作"

---

〔1〕 李宜蓬:《吴澄"唐宋七子"说的理论价值——兼论唐宋八大家概念的形成》,《江西师范大学学报》2008 年第 6 期。

〔2〕 高步瀛《唐宋文举要》甲编卷一:"明清之世,言唐、宋文者,必归宿于八家。考八家之选,始于宋吕东莱《文章关键》。"上海古籍出版社 1982 年版,第 1 页。

〔3〕 杜海军:《吕祖谦与唐宋八大家》,《广西师范大学学报》2006 年第 1 期。

〔4〕 张智华《南宋所编古文选本与古文家的文论》:"吕祖谦为什么未选王安石而选了张耒? 为什么所选之文以苏轼为最多? 这主要有两个方面的原因。第一,受政治的影响。吕祖谦为吕公著后代,吕公著为旧党首领,地位仅次于司马光。吕公著与王安石及其新党进行过激烈的斗争,结下了很深的怨恨,因而吕祖谦不会喜欢王安石。"《文学遗产》1999 年第 6 期。

〔5〕 张智华《南宋所编古文选本与古文家的文论》,《文学遗产》1999 年第 6 期。

〔6〕 如刘开《复陈编修书》:"八家未出之前,法未备而文益奇;八家既行之后,法愈密而文日益下。"又其《与阮芸台宫宝论文书》:"盖文章之变,至八家齐出而极盛;文章之道,至八家齐出而始衰。"《刘孟塗集》卷三、卷四,道光六年同里姚氏樛山草堂刊本。

的层面上〔1〕，也就是如何去摆弄一堆没有灵魂的零件，或者说把一堆零件如何摆弄得与众不同。

如果说唐宋古文传统是《古文关键》等这些古文选本所开始确立的，那么它们所确立的传统其实是一种"作"的传统，其意义只是发生写作学领域，是纯创作技巧的探讨。对于这一点，前人早已心知肚明。首先，《古文关键》及其之后的古文选本，大多被严格定位在为"举业"服务的层次上。当然，对于吕祖谦名下的《古文关键》，评论者言辞极为委婉，大多曲意维护。朱熹曾批评吕氏之举"拘于腔子"〔2〕，叶盛《水东日记》为吕祖谦辩解说："要之批选议论，不为无益，亦讲学之一端耳。"〔3〕叶盛的说法显然过于牵强，于是四库馆臣含蓄地表示《古文关键》"实为论文而作，不关讲学"〔4〕。无关"讲学"的"论文"，是一种怎样的行为呢？自然就是科考射利了。这种在古人认定为急功近利性质的做法，是不应该由吕祖谦这样的大学者来张罗的。因此张云章在承认其科举的目后，又以主观上的无意来为吕氏辩护〔5〕。

其次，对《古文关键》之后所确立的"古文"的涵义提出了质疑。韩愈所倡导之古文，本来与"古道"密不可分，而非指形式上与时文迥然不同："愈之所志于古者，不惟其辞之好，好其道焉尔。"〔6〕"愈之为古文，岂独取其句读不类于今者耶？思古人而不得见，学古道则欲兼通其辞；通其辞者，本志乎古道者也。"〔7〕古文的核心，不在于文体之古、文辞之古、文风

〔1〕 潘麟《古文关键序》："予尝从贾人购得一册，乃韩、柳诸家之文，而东莱先生所评点者，字勒段钩，细批总注。如一展读，而一篇之意旨与一篇之精神灿然具陈。而自悬其编曰关键。盖先生揫作者之闑奥，而示学者以行文之法程也。"

〔2〕《朱子语类》卷一百三十九："因说伯恭所批文，曰：'文章流转变化无穷，岂可限以如此？'某因说：'陆教授谓伯恭有个文字腔子，才作文字时，便将来人个腔子，故文字气脉不长。'先生曰：'他便是眼高见得破。'"《朱子全书》第 18 册，第 4216—4317 页。

〔3〕 叶盛：《水东日记》卷九"宋儒批选文章"，中华书局 1980 年版，第 103 页。

〔4〕《四库全书总目》卷一八七《古文关键》提要，第 1698 页上。

〔5〕 张云章《古文关键序》："且后卷论策为多，又取便于科举，原非有意采辑成书以传久远也。"《吕祖谦全集》第 11 册《古文关键》附录，第 133 页。

〔6〕 韩愈：《答李秀才书》，马其昶校注，马茂元整理《韩昌黎文集校注》，上海古籍出版社 1986 年版，第 191 页。

〔7〕 韩愈：《题哀辞后》，《韩昌黎文集校注》，第 304 页。

之古,而在于弘扬古道,即古文"非在辞涩言苦,使人难读诵之,在于古其理,高其意,随言长短,一应变作制,同古人之行事,是谓古文也"〔1〕。但《古文关键》以后,人们对于"古文"的印象往往与文体、文风、文辞等表现形式有关。在文体上,"古文"是对散句形式的回归,"以单行易排偶,由深趋浅,由简入繁,由骈俪相偶之词,易为长短相生之体"〔2〕。在文风上,"古文"是对淳朴古质风格的皈依,"夫平淡古质不为烦华者,古文之别称也。……盖昔人以东汉末至唐初,偶排、摘裂、填事、粉泽、宣丽、整齐之文为时文,而反是者为古文。譬之古物器,其艳质必不如今,此古文之所为名也。若以辞华为古,则韩之先为六朝,欧之先有五代,皆称古文矣。"〔3〕在文辞上,古文表现为对古拙风范的崇拜,"韩、柳亦自知其难,故镂肝鉥肾,为奥博无涯涘。或一两字为句,或数十字为句,拗之练之,错落之,以求合于古人。但知其戛戛独造,而不知其功苦,其势危也"〔4〕。而这一切发生的基础,则在于"古文"的定位始终要与"时文"或"今文"相区分。也就是说,此后人们所理解的"古文",总是相对于"今体"、"时文"而言,甚至是为了与"今文"相区别而出现的〔5〕。唐宋八大家所面临的,是文、道之争,是如何在"文"与"道"之间保持均衡,所有与"文"有关的问题都是针对"道"而发生的;南宋以后所谓的古文家,他们面临的是文章的古、今体这两种形式之争,与"道"业已不在一个层面上了。因此,当四库馆臣讥讽

---

〔1〕 柳开:《河东先生集》卷一《应责》,四部丛刊影印旧抄本。智圆《送庶几序》亦云:"夫所谓古文者,宗古道而立言,言必明乎古道。古道者何?圣师仲尼所行之道也。……非止涩其文字,难其句读,然后为古文也。"《全宋文》第 8 册,第 184 页。

〔2〕 刘师培《文章源始》:"降及唐代,韩、柳嗣兴,始以单行易排偶,由深趋浅,由简入繁,由骈俪相偶之词,易为长短相生之体。"《国粹学报》第 1 年第 1 期。又《南北文学不同论》:"昌黎崛起北陲,易偶为奇,语重句奇,闳中肆外,其魄力之雄,直追秦、汉。虽模拟之习未除,然起衰之功不可没也。"《国粹学报》第 1 年第 9 期。

〔3〕 艾南英:《答夏彝仲论文书》,味芹堂《明文授读》卷二二。

〔4〕 袁枚:《答友人论文第二书》,载《小仓山房文集》卷一九,江苏古籍出版社 1993 年版,第 320 页。

〔5〕 包世臣《雪都宋月台古文钞序》:"唐以前无古文之名,北宋科举业盛,名曰时文,而文之不以应科举者,乃自目为古文。"《艺舟双楫》,世界书局艺林名著丛刊 1936 年版影印,中国书店1983 年版,第 51 页。艾南英《答夏彝仲论文书》:"兄知古文之所以名乎?今之时以碑、铭、序、记、传为古文,对八股、时艺而言耳。古人未有八股、时文,所称者安在?"味芹堂《明文授读》卷二二。

《文章正宗》的做法"终不能强行天下",实则是因为把"古文"理解为"术"的观念深入了人心,真德秀也因为他不合时宜的行为而成为了挡车的螳螂〔1〕。

倘若《古文关键》确实为吕祖谦所编选,我们所见到的《古文关键》确实与完璧相差不远,其所遴选的范围仅仅局限于唐宋两朝,那么吕祖谦的这一举动本身就表明了他对"古文"的一种态度。在"古文"的旗帜飘扬在高空时,唐宋古文家总是试图把自己与先秦两汉的前辈们捆绑在一起,似乎这样才能有效地避免为飓风卷走,而吕祖谦却割断了他们与古人的联系,这是否已经表明他对这些"古文家"的认可只是在形式方面,也正是在文体方面才能够自成一派,至于"道"与思想传承等问题不在体察之内?对于唐宋古文一派的盛名,方孝孺非常困惑:"唐之韩愈、柳子厚,宋之欧阳修、苏轼、曾巩,其辞似可谓之达矣。若李观、樊宗师、黄庭坚之徒,则未也。于道则又难言。"〔2〕在"文与道相表里"成为共识的时代,作为唐宋古文翘楚的韩柳欧苏也只是"辞似可谓达",言下之意则是作为内核的"道"不足论也。这种割裂传统、分离文道所带来的危险,曾引起前人的警惕〔3〕。如身为古文家的姚鼐就多有反思,他承认作为本体的文章自有"道"存在其中,但文章之道终不及大道〔4〕。即使就文章之道而言,割裂

〔1〕 凌廷堪从维护文体正统性与纯洁性的角度出发,反对以韩愈之文为文章正宗,亦是复古而泥于古,与真德秀略同:"盖昌黎之文,化偶为奇,戛戛独造,以矫枉于一时耳,故好奇者皆尚之。然谓文章之别派则可,谓文章正宗则不可也。宋初古学犹存,文章矩镬,人皆习之,故姚(铉)氏明于抉择如此。熙宁而后,厌故喜新,末学习为固然。"《校礼堂文集》卷三十二《书〈唐文粹〉后》,中华书局1998年版,第290页。

〔2〕 方孝孺:《与舒君》,《逊志斋集》卷十一,宁波出版社2000年版,第379页。

〔3〕 章学诚《与汪龙庄书》:"左丘明,古文之祖也,司马因之极其变;班、陈以降,真古文辞之大宗。至六朝古文中断,韩子文起八代之衰,而古文失传亦始于韩子。"《文史通义·外篇》卷三,古籍出版社1956年版,第299—300页。

〔4〕 姚鼐《翰林论》:"使之君子,赋若相如、邹、枚,善叙史事若太史公、班固,诗若李、杜,文若韩、柳、欧、曾、苏氏,虽至工犹技也。技之中,固有道焉,不若极忠谏争为道之大也。徒以文字居翰林者,是技而已。"《惜抱轩全集》卷一,中国书店1991年版,第4页。

传统而驻留于唐、宋之间,亦难有体悟[1]。

最后,对于《古文关键》以来所标举的品评与写作方法提出了批评。茅坤饱受疵议的重要原因是其选文宗旨的功利性,即《四库提要》所云"大抵亦为举业而设",从而使古文的艺术性遭到怀疑。王应奎认为茅坤品评八家之文,斤斤计较于起承转合,丧失了文章艺术的真髓,"余观此书颇斤斤于起伏照应波澜转折之间,而其中一段精神命脉不可磨灭之处,却未尽着眼,有识者恒病之"[2]。包世臣进一步指出,由于茅氏选文的功利性目的,使选本的起点过低,艺术性自然毋庸探讨:"自前明诸君子泥子瞻'文起八代之衰'之言,遂斥《选》学为别裁伪体,良以应德、顺甫、熙甫诸君,心力悴于八股,一切诵读,皆为举业之资,选取八家下乘,横空起议,照应钩勒之篇,以为准的。小儒眯目,前邪后许,而精深闳茂,反在屏弃。"[3]而蒋湘南更以为,正是《文钞》的盛行海内,才导致明、清两代古文的衰微,"夫古文之弊,自八家始也,非八家之弊古文,乃学八家者之弊八家也。八家之名,起自元静海朱氏,其录本不传,传者明茅氏本。其所标伸缩剪裁诸法,大概皆为功令文之法。归震川、唐荆川、李大泌诸君子,孰非工于功令文者?诸君子以八家之法为功令文,故其功令文最古;诸君子遂以功令文之法为古文,故其古文最不古"[4]。时至今日,仍有著名学者大声疾呼,认为茅坤所选唐宋八家,无所见,无所得,陷入了学唐宋文的窠臼,不仅远不如唐顺之的《文编》,连朱右都远远不如。"朱右选唐宋八家,有见于唐代的韩、柳两家,反对六代的浮华而发动古文运动来的;宋代的欧阳、曾、王、三苏六家,反对五代的腐恶,发动古文革新运动来的,是有所见的。唐顺之选唐宋八家,是有见于八家之文,有经纬错综之妙,而神明变化,可

────────────

〔1〕 凌扬藻《王铁夫论韩柳》:"古文之术,必极其才而后可以裁于法,必无所不有而后可以为大家。自非驰骛于东京六朝沉博绝丽之途,则无以极其才。而所谓法者,徒法而已。以徒法而语于文,犬羊之鞟而已。自宋以后,欧、曾、虞、范数公,非不古也,以视韩、柳,则其气质之厚薄、材境之广狭,区以别矣。盖韩、柳皆尝从事于东京六朝。"《蠡勺编》卷三十八,丛书集成初编本,商务印书馆1936年版,第621页。

〔2〕 王应奎:《柳南续笔》卷三,申报馆仿聚珍版印本。

〔3〕 包世臣:《再与杨季子书》,载《艺舟双楫》,第10页。

〔4〕 蒋湘南:《七经楼文钞》卷四《与田叔子论古文书》,中州古籍出版社1991年版,第32页。

以上继秦汉,以救明代复古派之弊。茅坤选唐宋八家,所得较浅,欲从抑扬开阖、起伏照应以求八家之法,不免落入学唐宋文的窠臼"[1]。

朱右究竟是否与茅坤有本质的区别,由于史料的湮没我们无法妄作推测。我们所能肯定的,是茅坤选文的宗旨与品文的方式都受到了吕祖谦《古文关键》直接的影响,上述学者对于茅氏的指责我们都能在《古文关键》中发现因子。当代学者吴承学起初认为吕氏《古文关键》对于茅坤等人的影响是间接而隐微的[2],后来他通过对《古文关键》编排原则与评点方式考察,发现这种影响是直接而巨大的,"《古文关键》的编选与评点在唐宋八大家的形成以及唐宋古文经典化进程中产生了巨大的影响"[3]。至于吕氏选评《古文关键》的宗旨,已无需赘言。不过,我们还是可以从他的书信中寻找出相关的言谈来印证他对待唐宋古文的基本立场。在《与内弟曾德宽》的信中,他说:"小三弟欲习宏词,此亦无害,今去试尚远,且读秦、汉、韩、柳、欧、苏、曾文字,四六且看欧、王、东坡三集以养根本。"[4]这段话历来被作为吕氏重视唐宋古文家的证据,即以韩、柳、欧、苏作为行文的根本,不过其根本是为"宏词"服务的。

从这个角度来看,南宋文章学的发轫虽然是唐宋古文运动高峰之后的题中应有之义,却也是与道学家一拍即合。所以在道学氛围甚为浓厚的南宋,出现了一个令文学爱好者困惑的现象:大张旗鼓,不遗余力地宣传、编辑、推广古文选本的,正是理应对文学深感厌恶的道学家,我们所期待的古文家却销声匿迹了。在没有更多材料被挖掘出来的前提下,我们

---

〔1〕 周振甫:《唐宋八大家论》,《文学遗产》1996年第6期。

〔2〕 吴承学《评点之兴》:"吕祖谦的《古文关键》,特别垂意于唐宋之文,固然与选本的诵读对象有关,但也反映了他对唐宋古文的价值与特点的独到见解。从这个角度来看,他又似乎已经开了明代唐宋派的先声。我以为,吕祖谦对于唐宋派至少存在一种潜在的影响。"《文学评论》1995年第1期。

〔3〕 吴承学:《现存评点第一书——论〈古文关键〉的编选、评点及其影响》,《文学遗产》2003年第4期。

〔4〕 吕祖谦:《东莱吕太史别集》卷十《与内弟曾德宽》,载《吕祖谦全集》第1册,第502页。

还是遵从惯例,将吕祖谦作为《古文关键》的评选者[1]。不过,即使如此,哪怕他还写过一些可供翻阅的古文精品,将他归属于古文家的行列究竟是一件冒险的事情。这并不意味着我们认为他对古文抱有不良的看法,《宋文鉴》的编纂已经证明了他对古文的好感。我们要强调的是,他首先是一个道学家,这一立场自始至终都没有改变过;其次,他是一个时文高手,这是经过实践检验,也得到时人认可的。在这样的前提下,他对韩、柳、欧、苏的文章艺术极为推崇,并有深入细致的研究。而他之所以总结这些写作经验,是为时文提供门径,是为道的传布提供帮助。

吴承学先生曾经指出:"吕祖谦是理学家,但其评点不但毫无理学味,也不甚关心文章的内容,其关注重点是文章的技法。""吕祖谦《古文关键》标志着南宋文学批评的一种新风气:从写作实用的角度,重在分析文章的结构形式、用笔,而基本不涉及其内容,这在文以载道、文以明道风气为学术主流的宋代文坛,确是非常值得注意的。特别之处还在于吕祖谦是位理学家,却开创一种纯形式的批评,这种现象促使我们对宋代理学家与文学的关系这个问题作进一步的考察。"[2]在这里,作者反复强调吕祖谦作为理学家关注文章技法的意义,并因此联想到宋代理学与文学的关系。如果我们不否认宋代理学家将理学与文学的关系设置在"道"与"术"原则下这一基本判断,那么我们在颂扬吕祖谦《古文关键》的意义时,就不会忽略他的基本立场,就不会忽略他整理唐宋古文为时文服务的良苦用心,从而也就不会无限制地放大南宋文章学建立的意义。何孟春曾感叹:"呜呼!学者读书,其专在为文而已乎?苏氏之文,无见于道,亦只是枉读书耳。"[3]时文选本专为射利而用,无见于道而专在为文,故备受斥责;古文

---

〔1〕　对于《古文关键》完整性与所有权的质疑,大约有三:一是认为流行于后世者非完璧,可以四库馆臣为代表;一是推测非一时一地所作,故多罅漏,可以吴承学为代表;一是假定非吕氏所选,可以张云章为代表。分别见《四库全书总目》卷一百八十七《古文关键》提要、吴承学《现存评点第一书——论〈古文关键〉的编选、评点及其影响》与张云章《古文关键序》。

〔2〕　吴承学:《现存评点第一书——论〈古文关键〉的编选、评点及其影响》,《文学遗产》2003年第4期。

〔3〕　《馀冬序录》卷极阳闰三,转引自吴小林《唐宋八大家汇评》,齐鲁书社1991年版,第103页。

选本,何尝又不是专在为文呢? 如此看来,吕祖谦《古文关键》所展示的古文观,亦可作为时文观对待。

三 《三苏文集》

吕祖谦与朱熹之间的友谊是毋庸置疑的,但其间的分歧也是极其明显的。四库馆臣曾总结说:"祖谦虽与朱子为友,而朱子尝病其学太杂。其文词闳肆辨博,凌厉无前。朱子亦病其不能守约,又尝谓伯恭是宽厚底人,不知如何做得文字,却似轻儇底人。"[1]朱熹对吕祖谦的不满,在这里主要归结在两个方面,即治学方法与文风。治学方法上的差异,后人多有阐述,朱氏所谓"东莱博学多识则有之,守约恐谓也"[2]"伯恭学耐事,却有病"、[3]"伯恭于史分外仔细,于经却不甚理会"[4]等多为人们所引用;不过,朱熹对于吕氏文风的批评却鲜有讨论。

四库馆臣以为吕祖谦"文词闳肆辨博,凌厉无前",这自然是对吕祖谦莫大的肯定。但朱子却认为有"轻佻之嫌",似乎是"轻儇人"所为。朱子为什么会对这种"闳肆辨博,凌厉无前"文风不满,"轻儇人"又是指怎样的人呢? 在评述北宋文人时,朱子也曾使用"轻儇"一词:"因言仁宗朝,讲书杨安国之徒,一时聚得几个朴钝无能之人,可笑。先生曰:此事缘范文正招引一时才俊之士聚在馆阁,如苏子美、梅圣俞之徒。此辈虽有才望,虽皆是君子党,然轻儇戏谑,又多分流品。一时许公为相,张安道为御史中丞,王拱辰之徒皆深恶之,求去之未有策。"[5]苏舜钦、梅尧臣等人已为朱子打上了轻薄的标签。当然,在朱熹心目中,文词"闳肆辨博,凌厉无前"而为人又"轻儇戏谑"的典型还是苏轼。

朱子对苏氏的反感,或许出于学术上的敏感[6],为北宋蜀党与洛党

〔1〕《四库全书总目》卷一百五十九《东莱集》提要,第 1370 页中。
〔2〕《朱子语类》卷一百二十二,载《朱子全书》第 18 册,第 3850 页。
〔3〕《朱子语类》卷一百零三,载《朱子全书》第 17 册,第 3418 页。
〔4〕《朱子语类》卷一百二十二,载《朱子全书》第 18 册,第 3852 页。
〔5〕《朱子语类》卷一百二十九,载《朱子全书》第 18 册,第 4024 页。
〔6〕参见谢桃坊《关于苏学之辩——回顾朱熹对苏轼的批评》,台湾《孔孟月刊》第 36 卷第 2 期,1996 年 6 月。

之争沿袭,尤其是南宋初期苏学复兴引发的危机感[1]。虽然他对欧、苏的文字功夫颇为欣赏,也由此肯定他们在经术、义理上的造诣[2],不过涉及道统之争时,朱熹的语气就极其严厉,没有丝毫转圜的余地,所谓"至于论道学邪正之际,则其辨有在毫厘之间者,虽欲假借而不能私也。今乃欲专贬王氏而曲贷二苏,道术所以不明,异端所以益炽,实由于此"[3]。尤其是不少学者主张将苏轼之道与文区别对待时[4],朱熹的态度尤为激烈:

> 语及苏学,以为世人读之,止取文章之妙,初不于此求道,则其失自可置之。夫学者之求道,固不于苏氏之文矣,然既取其文,则文之所述有邪有正,有是有非是,亦皆有道焉,固求道者之所不可不讲也。讲去其非以存其是,则道固于此乎在矣,而何不可之有?若曰惟其文之取,而不复议其理之是非,则是道自道,文自文也。道外有物,固不足以为道;且文而无理,又安足以为文乎?盖道无适而不存者也。故即文以讲道,则文与道两得而一以贯之,否则亦将两失之矣。[5]

在朱熹看来,文与道是不可分离的。苏轼的问题,不仅在于对"道"的

---

〔1〕 "苏氏之学,以雄深敏妙之文煽其倾危变幻之习,以故被其毒者沦肌浃髓而不自知。今日正当拔本塞源,以一学者之听,庶乎其可以障狂澜而东之。若方且惩之,而又遽有取其所长之意,窃恐学者未知所择,一取一舍之间又将与之俱化而无以自还,是则执事者之所宜忧也。"朱熹:《与芮国器》,载《朱子全书》第21册,第1625页。

〔2〕 如《朱子语类》卷一百三十九:"今人作文,皆不是为文,大抵专务节字,更易新好生面辞语;至说义理处,又不肯分晓。观前辈欧、苏诸公作文,何尝如此?""前辈文字有骨气,故其文壮浪。欧公、东坡亦皆于经术本领上用功。今人只是于枝叶上粉泽尔。"载《朱子全书》第18册,第4313页。

〔3〕 朱熹:《晦庵先生朱文公文集》卷三十《答汪尚书(七月十七日)》,载《朱子全书》第21册,第1301页。

〔4〕 汪应辰《与朱元晦》:"荷示谕苏氏之学,疵病非一,然今世人诵习,但取其文章之妙而已,初不于此求道也。则其舛谬抵牾,似可置之。"《文定集》卷十五,文渊阁四库全书本。

〔5〕 朱熹:《晦庵先生朱文公文集》卷三十《与汪尚书(己丑)》,载《朱子全书》第21册,第1305页。

误读迷惑了后学[1]，还在于以"道"作为装点与门面[2]，曲意为文而使文章的发展误入歧途："国初文章，皆严重老成。尝观嘉祐以前诰词等，言语有甚拙者，而其人才皆是当世有名之士。盖其文虽拙而其辞谨重，有欲工而不能之意，所以风俗浑厚。至欧公文字，好底便十分好，然犹有甚拙底，未散得他和气。到东坡文字，便已驰骋，忒巧了。及宣政间，则穷极华丽，都散了和气。所以圣人取先进于礼乐，意思自是如此。"[3]文章散了和气趋于巧，正是苏氏肇其端，"自三苏文出，学者始日趋于巧"[4]。

吕祖谦的弊病，在朱熹的眼中多在于"巧"，如见于《朱子语类》中即有"伯恭之弊，尽在于巧"[5]、"伯恭说理太多伤巧，未免杜撰"[6]、"伯恭解说文字太尖巧。渠曾被人说不晓事，故作此等文字出来，极伤事"[7]等。吕祖谦早年所作的《东莱博议》就受到过朱熹的严厉指责："向见所与诸生论《左氏》之书，极为详博，然遣词命意，亦颇伤巧。"[8]四库馆臣解释道："朱子所谓巧者，乃指其笔锋颖利，凡所指摘，皆刻露不留余地耳，非谓巧于驰辩，或至颠倒是非。"[9]对于朱熹的批评，吕祖谦也老老实实接受了："所与诸生讲说《左氏》，语意伤巧，病源亦在是。自此当力扫除也。"[10]显然就文风的形成而言，吕祖谦之"巧"是受到了苏氏的影响，在给张栻的信中，朱熹明确说道："渠（吕祖谦）又为留意科举文字之久，出入苏氏父子波澜，新巧之外更求新巧，坏了心路，遂一向不以苏学为非，左遮右揽，阳挤

---

〔1〕《朱子语类》卷一百三十九："苏文害正道甚于老、佛。"载《朱子全书》第18册，第4298页。

〔2〕《朱子语类》卷一百三十九："道者，文之根本；文者，道之枝叶。惟其根本乎道，所以发之于文皆道也。三代圣贤文章，皆从此心写出，文便是道。今东坡之言，曰'吾所谓文必与道俱'，则是文自文，而道自道；待作文时，旋去讨个道来入放里面，此是它大病处。只是它每常文字华妙，包笼将去，到此不觉漏逗，说出他本根病痛所以然处。缘他都是因作文却渐渐说上道理来，不是先理会得道理了方作文，所以大本都差。"载《朱子全书》第18册，第4314页。

〔3〕《朱子语类》卷一百三十九，载《朱子全书》第18册，第4300页。

〔4〕《朱子语类》卷一百三十九，载《朱子全书》第18册，第4302页。

〔5〕《朱子语类》卷一百二十二，载《朱子全书》第18册，第3850页。

〔6〕《朱子语类》卷一百二十二，载《朱子全书》第18册，第3850页。

〔7〕《朱子语类》卷一百二十二，载《朱子全书》第18册，第3855页。

〔8〕朱熹：《晦庵先生朱文公文集》卷三十三《答吕伯恭》，载《朱子全书》第21册，第1429页。

〔9〕《四库全书总目》卷二十七《春秋传说》提要，第347页。

〔10〕吕祖谦：《东莱吕太史别集》卷七《与朱侍讲》，载《吕祖谦全集》第1册，第402页。

阴助,此尤使人不满意。"〔1〕

作为科场的宠儿,吕氏浸淫苏子之学当是不证自明。吴子良认为吕祖谦的文风存在着一个明显的变化过程:"东莱早年文章在词科中最号杰然者,然藻缀排比之态,要亦消磨未尽。中年方就平实,惜其不多作而遂无年耳。"〔2〕吕祖谦卒后,时人评价其文风,出现两种对立的看法。或称其华丽,或赞其平实。前者如周必大所言"学富而醇,文敏而丽,通今不流,博古不泥"〔3〕、陆九渊所言"属思纡余,摛辞绮丽"〔4〕,后者如丘崈"作为文章,不弛不凿,纯正宏深,反伪以朴"〔5〕等。

吕祖谦早年文风的华丽以及朱熹的抱怨,或许可以作为一个旁证使我们把《三苏文集》与吕祖谦更紧密地联系起来,因为相对而言它比从编选内容上的考察看起来更为可靠〔6〕。即使《三苏文集》并不是全部出自吕祖谦之手,吕氏手抄三苏之文五百余篇之说也是值得取信的。《东莱标注老泉先生文集》卷首载有吴炎《题东莱标注老泉文集》:

> 先生父子文体不同,世多混乱无别。书肆久亡善本,前后编节刊行,非繁简失宜,则取舍不当,鱼鲁亥豕,无所是正,观者病焉。顷在上庠得吕东莱手抄凡五百余篇,皆可诵习为矜式者,因与同舍校勘讹谬,析为三集,逐篇指摘关键,标题以发明主意;其有事迹隐晦,又从而注释之。诚使一见,本末不遗,义理昭晰,岂曰小补之哉! 鼎新作大字镂木,与天下共之,收书贤士,伏幸垂鉴。〔7〕

---

〔1〕　朱熹:《晦庵先生朱文公文集》卷三十一《答张敬夫》,载《朱子全书》第21册,第1334页。

〔2〕　吴子良:《荆溪林下偶谈》卷三"词科习气",第30页。

〔3〕　周必大:《祭文》,载《吕祖谦全集》第1册,第755页。

〔4〕　陆九渊:《祭文》,载《吕祖谦全集》第1册,第767页。

〔5〕　丘宗卿:《祭文》,载《吕祖谦全集》第1册,第757页。

〔6〕　黄灵庚《东莱标注三苏文集点校说明》:"观其选文之标准及其所选文章之内容,则颇注重论道、论史,阐发儒家文章之学与孔孟、韩柳、二程互为声气者,则当出自于吕祖谦之手。"载《吕祖谦全集》第11册,第1页。

〔7〕　吴炎:《题东莱标注老泉文集》,载《全宋文》第289册,上海辞书出版社2006年版,第1页。

民国学者曾怀疑《三苏文集》为托名吕氏之作[1]，这种怀疑虽然无法消除，但也需要进一步证实。吴炎所说"逐编指摘关键，标题以发明注意"以及对隐晦事迹的注释，都能在现存《三苏文集》中得到印证。《三苏文集》中所选的每一篇文字，几乎对主旨进行了解说，不过吴炎标榜为阐发义理，却难以令人信服。在内容上对这部文章选集进行肯定或否定，都是一件冒风险的事情。还是明人杨士奇说得最为平实："(此书)皆去其论治体而使于科举之用，虽不能皆纯，而读之可以启益胸次，动荡笔端，未必无助也。"[2]吕祖谦手抄三苏之后，或评选、注解，倘若后者也是他亲手所为，目的都是十分单纯，那就是为科考所用[3]。事实上，苏文对南宋场屋之文的影响是其迅速传播的重要助力[4]，且不说我们所熟知的谚语"苏文熟，吃羊肉；苏文生，吃菜羹"，单是这时大量出现的三苏文选，无不具有明确的功利性。如四库馆臣评《三苏文粹》，即云："所录皆议论之文，盖备场屋策论之用。"[5]

吕祖谦文风的改变，也说明了他对苏文所抱有的强烈的功利色彩。他对于永嘉文体的反思，不能不引起我们的注意。"独所论永嘉文体一节，乃往年为学官时病痛，数年来深知其缴绕狭细，深害心术，故每与士子语，未尝不以平正朴实为先。去夏与李仁甫议文体，正是要救此弊，恐传闻或不详耳。"[6]他在这里所提倡的"平正朴实"是否针对苏氏文风而言，

---

〔1〕 张元济《宝礼堂宋本书录》著录《东莱标注老泉先生文集》："盖南渡之后，文禁大开，苏氏父子文字为一时所矜尚，坊肆争相编刻以谋锥刀之利。有所谓《三苏文粹》者，最为流行，其后又有'重广'、'分门'之辑，益趋芜陋。此盖不满于其所为，而别树一帜者也。东莱久负盛名，坊间刊本每相引重，以增声价……以意推之，此亦必托名之作，而非真出吕氏之手。"《张元济》全集第 8 卷《古籍研究著作》，商务印书馆 2009 年版，第 116 页。
〔2〕 杨士奇：《东里集文集·书三苏文选后》，文渊阁四库全书第 1238 册，台湾商务印书馆 1986 年版，第 122 页。
〔3〕 我们之所以不能断定吕祖谦为《三苏文集》的评注者，原因之一在于《三苏文集》的评注语气与视角，同《古文关键》有比较大的差异。在这两部选集中，有不少重选的文章，但我们却无法寻觅出相似的评注，这不免使我们产生疑惑。
〔4〕 高孝津《论唐宋八大家的成立》："总之，在评价三苏文章的背景中，科举制度这一官僚选拔机制也是一个重要因素。"《科举与诗艺：宋代文学与士人社会》，第 50 页。
〔5〕 永瑢等：《四库全书总目》，中华书局 1997 年版，第 2717 页。
〔6〕 吕祖谦：《与朱侍讲》，载《吕祖谦全集》，第 423 页。

倒也不能轻易断定。不过,对于早年程文中文、道分离所带来的"理"的误解,他有深刻的反省:"前此谕及《博议》并《奥论》中鄙文,此皆少年场屋所作,往往浅狭偏暗,皆不中理。若或诵习,甚误学者。"〔1〕由于重文而导致对"道"的危害,他也开始正视:"'中庸不可能'、'道不远人'两章,反复思之,龟山之说诚为奇险,非子思本指。向日不觉其非者,正缘为程文时考观新说,余习时有在者故耳。"〔2〕而这些观点,正是前面朱熹在批评苏文时所大力强调的。这样看来,我们似乎可以这里推测:中年以后吕氏文风的改变,不仅可以视为对苏文追捧的放弃,还可以解读为对苏学的警惕〔3〕。如果谢桃坊对于朱熹批判苏轼的分析与事实相去不甚远〔4〕,吕祖谦文风的改变以及对文章中"义理"的强调,对"新说"、"巧说"的批评,对程文的反思,对文道分离的重视,也可能是在苏学复兴的基础上而对朱熹立场的一种回应,毕竟在文道关系的基本立场上,他们还是同一阵营的。即使吕氏之学的特色是会融,他的会融不会丢失道学家的基本原则。

　　永嘉文派曾以吕祖谦文风的变化为其张目,认定吕氏曾主张文道并重,这一观点也为许多学者所接受。陈耆卿《筼窗集》卷首吴子良《续集序》:"自元祐后,论理者主程,论文者宗苏,而理与文分为二。吕公病其然,思融会之。故吕公之文,早葩而晚实。"〔5〕元祐以后,论文、论理分道扬镳是事实,不过这大多为理学家主动采取的行为,如程颐所谓"今之学者岐而为三:能文者谓之文士,谈经者泥为讲师,惟知道者乃儒学也"〔6〕,朱熹也说"后世之解经者有三:一、儒者之经;一、文人之经,东坡、陈少南辈是也;一、禅者之经,张子韶辈是也"〔7〕。为了维护道统的纯洁性和独

---

〔1〕　吕祖谦:《东莱吕太史别集》卷七《与朱侍讲》,载《吕祖谦全集》第1册,第398页。

〔2〕　吕祖谦:《东莱吕太史别集》卷七《与朱侍讲》,载《吕祖谦全集》第1册,第402页。

〔3〕　张栻《答朱元晦》:"伯恭近来尽好说话,于苏氏父子亦甚知其非。向来见渠亦非助苏氏,但习熟元祐间一等长厚之论,未肯诵言排之耳,今亦颇知此为病痛矣。"载《张栻集》,第694页。

〔4〕　谢桃坊:《关于苏学之辩——回顾朱熹对苏轼的批评》,《神州心声》第4辑,2002年10月。

〔5〕　曾枣庄、李凯、彭君华:《宋文纪事》卷九三"陈耆卿",四川大学出版社1995年版,第1393页。

〔6〕　《河南程氏遗书》卷六《二先生语》,载《二程集》,中华书局1981年版,第95页。

〔7〕　《朱子语类》卷十一,载《朱子全书》第14册,第315—352页。

霸话语权,他们都竭力希望将文士从布道者的队伍中剔除。而文士们却竭力避免这种分离,他们不但建立自己的传道体系[1],还主张"文与道俱"[2],试图树立两个平行并置的核心。吕祖谦文风早范而晚实,并不足以证明他曾经"宗苏",即使他曾经用力于苏氏之文。如果吕祖谦有"融会"的想法与行为,也不能说明他接受了宗苏者的"双核"体系,而只可能约束于"道"的支配下。

第二节　吕祖谦的时文创作

一　策问与试论

乾道六年(1170)五月初七,34 岁的吕祖谦因"学优多士,名擢两科"而被授为太学博士。七月,吕祖谦有《乾道六年轮对札子二首》[3],这是他全面陈述自己学术思想与政治政治的两篇重要文章。后一篇论述了应对外患的方略,着重强调了要有周详的计划,严密的措施:"唯愿陛下精加考察,使之确指精画之实以何事为先,以何事为次,意外之祸若之何而应,未至之患若之何而防。周密详审,一无所遗,始加采用,则尝试侥幸之说,不敢复陈于前矣。然后与一二大臣合群策,定成算,次第行之,无惫其素,大义之不申,大业之未复,臣弗信也"[4]。前一篇则详细阐述了他精修内政的途径,希望黜去章句之假儒,留意于崇实学之真儒,"徒诵诂训,迂缓

---

〔1〕 如苏轼就建立了文章的道统。其《六一居士集叙》:"自汉以来,道术不出于孔氏,而乱天下者多矣。晋以老庄亡,梁以佛亡,莫或正之,五百余年而后得韩愈,学者以愈配孟子,盖庶几焉。愈之后二百有余年而后得欧阳子。"《苏轼文集》中华书局 1986 年版,第 316 页。

〔2〕 "轼自龆龀,以学为嬉。童子何知,谓公我师。昼诵其文,夜梦见之。十有五年,乃克见公。公为拊掌,欢笑容舆。此我辈人,余子莫群。我老先休,付子斯文。再拜稽首,过矣公言。虽知其过,不敢不勉。契阔艰难,见公汝阴。多士方哗,而我独南。公曰子来,实获我心。我所谓文,必与道俱。"苏轼:《祭欧阳文忠公夫人文》,载《苏轼文集》,第 1956 页。

〔3〕 参见杜海军:《吕祖谦年谱》中华书局 2007 年版,第 79 页;王文政:《此生匆匆——吕祖谦先生年谱补正》;杨鸽声主编:《婺文化初探》,大众文艺出版社 2007 年版,第 62 页。

〔4〕 吕祖谦:《东莱吕太史文集》卷三《乾道六年轮对札子二首》其二,载《吕祖谦全集》第 1册,第 56 页。

拘挛"的腐儒不值得重视，"铅椠传注"之章句也不值得珍惜。不仅如此，唯有"不为俗学所汩者，必能求实学；不为腐儒之所眩者，必能用真儒"[1]。不过，文章对于何为"真儒"，何为"实学"，并没有太多的说明。大约作于同时的《太学策问》，在一定程度上算得是前一篇的补充，其中有云：

> 今日所与诸君共订者，将各发身之所实然者，以求实理之所在，夫岂角词章，博诵说，事无用之文哉！孰不言圣学之当明也？其各指实见，志何所期，力何所用，毋徒袭先儒之遗言。孰不言王道之当修也？其各条实事，何者为纲，何者为目，毋徒书生之陈语。佛、老乱真者也，勿徒曰清虚寂灭，盍的言其乱真者，畴深畴浅。申、韩害正者也，勿徒曰刑名术数，盍确论其害正者，畴亡畴存。……荀况、扬雄、王通、韩愈皆尝言学矣，试实剖其是非；贾谊、董仲舒、崔寔、仲长统皆尝言治矣，试实评其中否。凡此数端，具以质言，实相讲磨，以仰称明天子教养之实德。乃若意尚奇而不求其安，辩尚胜而不求其是，论尚新而不求其常，辞尚异耳不求其达，则非有司所感闻。[2]

文章对俗学、腐儒进行了更为深入的批判。长期以来，学者众口一词，倡王道，斥佛、老、申、韩，讲学论治，娓娓而谈，似乎无不灵珠在握，胸有成竹，但对如何具体落实往往避而不谈，结果导致"意尚奇而不求其安，辩尚胜而不求其是，论尚新而不求其常，辞尚异耳不求其达"。有司以这样的标准选择人才，得到的都是一些徒有其表的酸儒。因此，吕祖谦反复强调，学术的核心在于落实。对于先儒的学说观点，要重其"实见"；对于王道的提倡，当重其以"实事"来体现；对于佛、老、申、韩的批评，要具体分析它们影响了人们生活的哪些方面；对于荀子、扬雄等人学说，也要作具

---

〔1〕　吕祖谦：《东莱吕太史文集》卷三《乾道六年轮对札子二首》其一，载《吕祖谦全集》第1册，第54—55页。

〔2〕　吕祖谦：《东莱吕太史文集》卷五《太学策问》，载《吕祖谦全集》第1册，第84—85页。

体辨析与考察,不能一概否定或一味颂扬,要仔细辨别哪些说法更符合实际。总之,吕祖谦认为学者的宗旨在于求"实理",而不是从事于无用之辞藻。这种倾向,是吕祖谦与陈亮、陈傅良及叶适等浙地学者所共同具有的。他们虽然都以时文为晋身之阶,但也都明确地意识到时文只是阶梯而不是终极目标,所以也对于"宗文"的倾向不无警惕。

这一年十二月,吕祖谦以太学博士召试为国史院编修、实录院检讨官,他又写下了《馆职策》。这篇文章集中阐述了吕祖谦的治国理念,即立大本,讲次序,而不可意气用事。南宋中期以来,恢复之声一直响彻云霄。吕氏不赞同苟且投降政策,但也反对轻举妄动。宏远的志向确实能鼓舞人心,如果没有正确的方略与缜密的措施,很多时候也只停留在鼓舞人心的层面上。"忧世之士,喜功名之人,慷慨摩厉,将欲挽一世而回之,其意气岂不甚壮矣哉"〔1〕,由于缺乏对形势的清醒把握,不知道要先确立"大本",其结果往往适得其反。汉初的贾谊之所以痛哭流涕与长叹息,未必不是深谋远略,一针见血,却被圣明的汉文帝付之一笑,视为书生之论,其原因就在于贾谊忽略了治道大原,忽略了迫在眉睫的内政,忽略了汉文帝的心态,"(贾)谊序天下之事,所先者外忧,所后者内治,于为治之大原,似未深讲也"〔2〕。唐代姚崇曾深受唐玄宗敬重,兴利除弊,终未能善始善终,其原因也在于他不知大原之所在,"不务格其君之心,而以力邀之",使玄宗尊儒重道之心渐渐泯灭,无所畏忌,肆无忌惮,从而使盛世毁于一旦。

《东莱吕太史外集》所载两卷《策问》,也对南宋基本国是多有讨论。其首篇便指出内修外攘是成就大业的基础,内、外不可偏废,但先后秩序却不能混淆。东晋偏安江南,有志恢复者不绝于史书,功成名就者却极为罕见,原因或就在于没有把握好内、外的次序,无法做到名正言顺。重内与重外,不能成为判定立场的标准。事实说明,"屠儒腐生,玩岁愒日者,固不可与论恢复之略。鸣剑抵掌,志吞狼居之北,莫不壮其快,然横挑强

---

〔1〕 吕祖谦:《东莱吕太史文集》卷五《馆职策》,载《吕祖谦全集》第 1 策,第 86 页。
〔2〕 吕祖谦:《东莱吕太史文集》卷五《馆职策》,载《吕祖谦全集》第 1 册,第 87 页。

敌，败人事者，又未必非此曹"[1]。苟安不可取，冒进也不可取，这其间的分寸需要谨慎把握。在讨论治体之前，要对原则问题有所区别，要核定其名与实。"宽大似疏阔，简易似纵弛，安静似缄默，函覆似冗滥，精审似犹豫，见其似而不得其真，则其害不胜言者矣"[2]。

当然，吕祖谦更感兴趣的，还是实学、实理与实德等问题，是希望学以致用，"夫精义，所以致用"[3]，讲学终究要落实到政事上。"如以《禹贡》行河，如以《春秋》断狱，如以《三百五篇》谏。噫！六经之用果止于是欤？"[4]对于文武、吏儒、材德、利义之分，他颇不以为然，他所期待的是"人苟可用无间文武，事有可诿无间吏儒，混才德，贯义利，以起震古无前之盛治"[5]。至于财货不出于儒者之口的现象[6]，在他看来，是极其可笑的。因此，论东晋名士，他问的是"刘长真一时名流，皆推下之，试迹其实，裨国益民者有几"[7]；论江淮治理，他关注的这水乡泽国的水利之学，"跨江被淮，堰埭相望，鸡鸣、召伯、西陵、柳浦之属，其兴其废，琐琐盖无足议。若海陵之堰，则范文正公之所参定，近而可考者也，其堤隐然首尾百五十里，兴创之岁月，议论之异同，版筑之规画，灌溉之广狭，盖略可见。举一以例百，亦治水学者之经始也。具以质言，无为虚论"[8]；论唐代，他尤其关注其国家财政的收入与支出以及这些财政收入对当世的影响，"在德宗时取诸茶、漆，在宪宗时取诸地税，在文宗时取诸回易。自唐而下，不知于何取之，犹有可考乎否也"[9]。

在吕祖谦的试论中，《七圣论》影响最大，后人多受其启发，行文多有规仿。如《论学绳尺》卷二评蔡德润《说天莫辩乎易》云："前篇谓圣人之心

---

[1]　吕祖谦：《东莱吕太史外集》卷一《策问》，载《吕祖谦全集》第 1 册，第 615 页。
[2]　吕祖谦：《东莱吕太史外集》卷一《策问》，载《吕祖谦全集》第 1 册，第 619 页。
[3]　吕祖谦：《东莱吕太史外集》卷一《策问》，载《吕祖谦全集》第 1 册，第 620 页。
[4]　吕祖谦：《东莱吕太史外集》卷二《策问》，载《吕祖谦全集》第 1 册，第 634 页。
[5]　吕祖谦：《东莱吕太史外集》卷二《策问》，载《吕祖谦全集》第 1 册，第 631 页。
[6]　吕祖谦：《东莱吕太史外集》卷二《策问》，载《吕祖谦全集》第 1 册，第 638 页。
[7]　吕祖谦：《东莱吕太史外集》卷一《策问》，载《吕祖谦全集》第 1 册，第 617 页。
[8]　吕祖谦：《东莱吕太史外集》卷一《策问》，载《吕祖谦全集》第 1 册，第 622—623 页。
[9]　吕祖谦：《东莱吕太史外集》卷一《策问》，载《吕祖谦全集》第 1 册，第 626 页。

形之于言,非圣人之本心,此篇亦谓圣人之心,形之于书,亦非圣人之得已,议论俱本之东莱《七圣论》可以参看";卷五黄朴《经制述作如何》是"学东莱《七圣论》语言";卷九林昌谦《书诗春秋出于史》,"其文势学东莱《七圣论》";卷五考官批黄朴《经制述作如何》云"文势圆转,意味深长,盖自吕东莱《七圣论》中来,老作也"[1]等。

吕祖谦的《七圣论》,《十先生奥论》前集卷一载有其中五篇,名为《历代圣君论》,分别为《尧舜论》、《大禹论》、《成汤论》、《文王论》、《武王论》。《十先生奥论》前集卷五有陈傅良《七圣论》,其中将《伊尹论》、《周公论》与《尧舜论》等文同列,《诸儒奥论策学统宗前集》卷三有吕祖谦《伊尹论》、《周公论》,则此两篇或为《七圣论》之文。陈傅良《七圣论序》云:"余观天下之变,伤古不复见也,作《七圣论》。人之言者,唐、虞之法不如夏,夏不如商,商不如周。吁!法愈备而人愈浇,天下所以至于秦、汉也欤!古之圣人,居世之变而不与焉者,惟文王,故离之而系其末云。"[2]这种"法愈备而人愈浇"的历史观,与吕祖谦《七圣论》诸文中的观点是一致的。

《论学绳尺》卷二谓蔡德润《说天莫辩乎易》"前篇谓圣人之心形之于言,非圣人之本心,此篇亦谓圣人之心,形之于书,亦非圣人之得已,议论俱本之东莱《七圣论》";谓吴君擢《唐虞三代纯懿如何》中"道隐于无言而寄于无心者"以为"得东莱《七圣论中》议论"等,这种"圣人不得已而见之于言与书"的说法,出自于吕祖谦《七圣论》中的《尧舜论》。圣人之所以为圣人,在于为世人指示出大道,使他们冲破迷雾而寻找到了前进的方向,故为后人所称颂与景仰。但吕祖谦认为,圣人的行为是迫不得已,是时局变化所致。"道离于天下,非圣人者为之也,亦时之变为之也"。"大道"最完美的状态,是隐寓于天下的混沌之状。"乾坤判而为凿也,河洛呈而未支也,八卦具而未演也,九章叙而未畴也",这是大道的原始状态,圣人的所作所为使"大道"得以彰显,同时却也破坏了它的完美:"迨夫既凿而支,既演而畴,析之而后分也,斫之而后散也,详之而后乖也,彰之而后晦也,

---

[1] 魏天应编、林子长注:《论学绳尺》,文渊阁四库全书本,下同。
[2] 陈傅良:《七圣论序》,载《全宋文》第268册,第30页。

嗟夫！道之全体至是而始暧矣。"不过,吕祖谦终究不会接受庄子的"无为论",他所感叹的只是圣人的不得已而为之,对于这种行为本身是赞赏的。因此在文章的结尾,他强调说:"以酒而解醒,可也;恶醒而去酒,不可也。"[1]人们不能因为虽然执中之说、精一之说等救弊之论没有能够阻止形势的进一步恶化,就因此而否定它们出现的意义。

在《大禹论》中,作者又以舜、禹征苗之事,证明圣人所作所为之不得已。"然则尧舜何汲汲于苗之悟也？悟不悟,无足介也。"为保民而舜、禹有征伐之举,而征伐却成为后世扰民的祸首。"圣人无心也,有心者之议不计也,吾亦不责有心者之议,而叹圣人不幸而有苗也"[2]。这种解读,也是对舜、禹的一种回护,故有考官评林駧《禹入圣域而不优》时说:"出脱大禹极有力量,是用起文格。议论自《七圣论》中来,观此一篇,可见前辈手高处。"林駧《禹入圣域而不优》中核心观点及论证方式,即来自吕祖谦《大禹论》。

对于舜、禹之征伐,吕氏以"无心"为之辩护;对于商汤之征伐,作者则以"处时之穷"为之解脱。商汤意识到了以下伐上带来的严重后果,"夫有所创而惩其述焉者,难免也,而汤顾忧之。汤非武王伐纣者设也,为千万世圣人者设也",但严峻的形势迫使他不得不采取这样激进的方式,"汤居时之穷者也,居时之穷而不能变,则益穷也。穷则变,变则通,圣人之易也",不过这种矫正的手段却使得后世陷入了更为窘困的处境。作者抓住"处时之穷",层层写来,语似翻新而出奇,义实大中而至正。《论学绳尺》卷五载黄朴《经制述作如何》一文,模仿此文以"居道之穷"为主意,也深得时人好评。

以形势的变化来证明所作所为的迫不得已,也是吕祖谦论周文王的立足点。"昔者尧以天下与舜,舜逃之;舜以天下与禹,禹逃之。二圣人者逃之,而不能免焉者也。禹以天下与益,而益之避,卒得以遂其志。吾尝谓舜、禹之心之不得以如益也,使文王而生于此时,则尧自尧,舜自舜,禹

---

〔1〕　吕祖谦:《历代圣君论·尧舜》,载《吕祖谦全集》第1册,第956页。
〔2〕　吕祖谦:《历代圣君论·大禹》,载《吕祖谦全集》第1册,第959页。

自禹,文王自文王,交相忘于无事之域。纵有不得已焉,则犹可以为益之避而得以遂其心。惜也文王不生于舜、禹之时,而生于商也"〔1〕。至于周武王为君,也是无心之举,是因为天下不可一日无君。《论学绳尺》卷六所载吕祖谦《武成二三策如何论》一文中,吕氏也强调了武王的不得已:"武王虽无心于商,而有心于民也。是则武王之事诚有大不得已者。士女一绥而我师罔敌,牧野一誓而前徒倒戈,武王岂得已哉?"〔2〕

相比于周武王等圣君的无心,伊尹则是无讳于心。伊尹明知他的"放太甲"等行为会遭受苛责,却不能因维护个人的美名而置天下于不顾。"夫无讳于其心,则亦无讳于其人,故后世有得议者无恤也。"只要心底无私,哪怕遭受误解也在所不惜。从这个角度来看,伊尹毫不逊色于圣君。"嗟夫,天下之任与伊尹而任之重如此哉!吾固谓伊尹之心有甚于汤、武、周公也"〔3〕。周公身受不仁、不信、不友之责而安之若素,也是站在以天下为心的立场上:"然则周公非欲全名也,盖欲全周也;非果于不仁也,而果于仁天下;非果于不信,而果于信其心;非果于不友,而果于友文王。向使时不遭变,变不激不玩,吾见周公之心得以游乎其天矣。"〔4〕周公的行为,也是因时之变而利导之,并非有意而为之。

汉代人物论是吕祖谦《考古论》的重要组成部分。作者通过对汉代颇有影响的一些历史人物的考察,表达了他在政治、经济、学术、司法等方面的见解。在《汉文帝》中,他认为治国者要有长远的眼光,不能将人力、财力搜刮殆尽而使后来者难以为继。从这个角度出发,他肯定了汉文帝的"可为而能不为"〔5〕,批评了汉武帝的好大喜功、穷兵黩武。在《武帝》一文中,吕祖谦又批评了汉武帝对儒术的误用。汉宣帝尚杂霸,不喜欢儒术,是因为他认识了汉武帝崇儒而假儒的不良后果,"是非宣帝之罪也,彼

---

〔1〕 吕祖谦:《历代圣君论·文王》,载《吕祖谦全集》第1册,第963页。
〔2〕 吕祖谦:《杂论·武成二三策如何论》,载《吕祖谦全集》第1册,第967页。
〔3〕 吕祖谦:《考古论·伊尹论》,载《吕祖谦全集》第1册,第931—933页。
〔4〕 吕祖谦:《考古论·周公论》,载《吕祖谦全集》第1册,第935页。
〔5〕 吕祖谦:《考古论·汉文帝》,载《吕祖谦全集》第1册,第937页。

见用儒之效,事势之流相激使然耳"〔1〕。在吕祖谦看来,崇儒只是汉武帝欺骗天下满足自己欲望的一种方式,对于儒学的发展不仅没有好处,反而带来了无穷的流弊。汉宣帝不喜儒术,除了不满汉武帝君臣假儒术之名而攫取私利之外,还与他深受申、韩之说影响有关。申、韩法家之术,确实对君王有莫大的诱惑。"其令行禁止,奔走天下,诚足以称快一时也"〔2〕,不过它带来的危险却是极其严重的。表面上看来,似乎是汉宣帝的综核名实、信赏必罚迎来了盛世,但其实这是一种误解,它是历代君王励精图治的结果;而西汉的由盛转衰,却与汉宣帝信用申、韩之术,求治太切有关。

　　从上面的论述中,我们不难看出,吕祖谦论西汉三代帝王之得失,不无过激之论,多有偏执。其论司马迁,更为明显。他认为司马迁有不平之气,所以多矫枉过直之言,这应该是别具慧眼。"昔司马迁述《史记》,自皇帝止于麟趾,成一家之言。其论大道,先黄老而后六经,所以矫汉氏之尚黄老也;其序游侠,退处士而进奸雄,所以矫群臣之龌龊也;其述货殖,则崇势利而卑贫贱,所以激武帝之兴利也"〔3〕。不过,他由此认定司马迁的矫枉过直,与何晏的清谈、步陟的暴横、汉灵帝的鬻官均有关联,似乎是故作危言高论以耸人听闻了。其论汉宣帝诛杀赵广汉、盖宽饶、韩延寿、杨恽之时,时身为廷尉的于定国不能阻止,"上则陷君为淫刑之主,下则自以为暴酷之吏,以事君则不忠,以谋己则不智"〔4〕,也是过激之论。其文构思与立论深受欧阳修《与高司谏书》影响,却不如欧阳子切合情理。

　　吕氏行文求新求奇,也有餍足人心之论。历来儒士多持历史倒退论,认为浇薄风俗,一代胜过一代,吕祖谦认为:"自古至今,同戴一天,同履一地,同赋一性,日月不变也,耳目鼻口亦不变也,风俗何为而独不如古哉?"他推论的过程虽然还囿于传统的理念而没有突破,但对这一现象形成原

　　〔1〕　吕祖谦:《考古论·武帝》,载《吕祖谦全集》第1册,第940页。
　　〔2〕　吕祖谦:《考古论·宣帝》,载《吕祖谦全集》第1册,第941页。
　　〔3〕　吕祖谦:《考古论·司马迁论》,载《吕祖谦全集》第1册,第945页。
　　〔4〕　吕祖谦:《考古论·于定国》,载《吕祖谦全集》第1册,第947页。

因的分析还是切中肯綮的:"大抵后世之患,出于待古太高而待己太卑。惟待古太高,故自疑而不敢为;待己卑,故自弃而不复为。"[1]他将萧望之死与西汉王朝的兴衰结合起来,自然是书生一时之论[2],但文中所言君子不忍一时之愤,不惜性命,多为小人所乘,也是言之有据。

吕祖谦的"六朝十论"是一组目的明确,针对性极强的史论文章,受苏氏《六国论》等史论文的影响很大。黄灵庚引马端临《文献通考》论南宋许学士《南北十论》之语,以为吕氏十论"大约为讽南渡君臣而发"[3],此语良是。《吴论》中所谓"后世不察权以计谋自立,而区区欲效权之画江为守,是不察夫形势甲兵之最弱也"[4],《齐论》所谓"使齐氏自通好以来,边备不修,一旦变起,国中未靖,外难又至,岂不殆哉? 不知和好之不可恃,自两汉以来然矣"[5],《陈论》所谓"后之智计君子既有见焉,谨勿割弃荆淮而为守江之论也"[6]等,旨意皆极为显豁,均意在提醒当政者不可重蹈历史覆辙,可谓有为而发。

《吴论》高度评价了孙权之善谋,指出他在曹操下江南而举国震骇之际,用周瑜、鲁肃之谋奠定王霸之基业;用吕蒙、陆逊之谋收荆州、烧连营而安江东;又自用谋遣使求和于刘备、请降于曹操,以赢得喘息之机等,"故权之为国,自奋亦用谋,自屈亦用谋,胜亦用谋,危亦用谋,动无非谋也,故能以一江为阻,而与曹、刘为敌"[7]。在三国鼎立之际,孙权之谋虑确实发挥了重要作用,但以之为稳定江南的关键因素,自然是夸大之辞。

---

〔1〕 吕祖谦:《考古论·韩延寿》,载《吕祖谦全集》第1册,第949页。

〔2〕 "呜呼望之,社稷之镇也。使元感慨自杀,则元帝虽不尽用,恭显亦终有所忌惮而不敢发,其恶亦少瘳矣。幸而天假之年,至于成帝之世,安知其不能坐销王氏代汉之祸乎? 是望之死生,实汉室之所由存亡也。"吕祖谦:《考古论·萧望之》,载《吕祖谦全集》第1册,第952—953页。

〔3〕 黄灵庚《六朝十论》按语:"马端临《文献通考》卷一百八十三《经籍考》:'(南北十论)仅存其八,曰《吴》,曰《蜀》,曰《东晋》,曰《宋》,曰《齐》,曰《梁》,曰《陈》,曰《元魏》,大约为讽南渡君臣而发。'详审吕氏所作《十论》内容,皆定格在江南六朝,恐怕亦是'大约为讽南渡君臣而发'。"载《吕祖谦全集》第1册,第908—909页。

〔4〕 吕祖谦:《六朝十论·吴论》,载《吕祖谦全集》第1册,第896页。

〔5〕 吕祖谦:《六朝十论·齐论下》,载《吕祖谦全集》第1册,第904页。

〔6〕 吕祖谦:《六朝十论·陈论》,载《吕祖谦全集》第1册,第908页。

〔7〕 吕祖谦:《六朝十论·吴论》,载《吕祖谦全集》第1册,第896页。

嗣后作者批评孙权徒知割据，不知争衡天下，所以基业不足以留存子孙。这种犀利的指责，于孙权不无为苛责，于南渡君臣却是醍醐灌顶。

《晋论》两篇与吕氏在《职务策》中所阐述的立场是一致的，即要先内后外，先内修政事，然后外攘夷狄。只有内政清明，基础雄厚，准备充分，等机遇来临时才不会失之交臂。否则，轻举妄动不仅无所收获，还会招致无妄之灾。"盖急急自治，政事既修，恢复之备已具，事会之来，不患无也。一旦观衅而动，将无往而不利矣。若内虽有自治之名而无自治之实，徒为空言，玩日引岁，端坐而守，而待敌人之自灭，非愚之所敢知也。苟不相时，先事妄发，小者无功，大者覆败，一旦机会之来，事力已竭，不能复应。东晋之事。如此者盖多矣。"[1]至于东晋之亡，吕氏以为是外无强敌为患，内无恢复之志，安于现状，渐生奢侈之心，自然又是对南渡君臣当头棒喝。

《宋论》具体讨论了刘宋王朝没有收复中原的缘由。武帝刘裕的错误体现在三个方面：好征伐而不能得中原之心；急窥神器而不能快中原之愤；倚南兵而不能用中原之人。总而言之，在于对中原的人力民心没有很好地加以利用。文帝刘义隆之失在于不用老将旧人，多用新进少年，又喜欢遥控指挥，每多掣肘前线将领。这些现象在作者生活的时代也颇为突出，故吕祖谦感叹道："然则后之欲恢复者，得中原之郡县，可不以裕为深戒哉！"[2]"文帝修政事，为宋朝之贤主，而措置之谬，如此可不戒哉！"[3]

《齐论》对北魏王朝衰微的分析，可谓一针见血，后兴之王朝也未能摆脱这历史的惯性。其文有云：

> 盖自道武没，更以母后幼主持政，群臣皆生长安佚，非复拓跋马上之士也；稍备朝廷宫室之美，非复拓跋穹庐迁徙之俗也；金钱玉帛，府库充满，非复拓跋计牛马锥刀之利也；美衣甘食，冬温夏凉，非复拓跋习饥馁之劳也；高谈徐步，可以致大官，取卿

---

〔1〕　吕祖谦：《六朝十论·晋论上》，载《吕祖谦全集》第1册，第898页。
〔2〕　吕祖谦：《六朝十论·宋论上》，载《吕祖谦全集》第1册，第902页。
〔3〕　吕祖谦：《六朝十论·宋论下》，载《吕祖谦全集》第1册，第902—903页。

相,非复拓跋竞战国攻取之勋也:尽变旧俗而流为承平无事矣。夫以三代礼义维持,而承平无事日久,犹且以骄淫致乱,况元魏上下,无礼义之维持,稍稍无事则志气满矣,制度侈矣,子女盛矣,土木兴矣。夫人已负其天资骄淫之性,而入靡丽纷华之域,必至于此。此慕容、苻姚所以不能久也。[1]

梁朝的灭亡,吕祖谦以为亡于侯景。对于梁武帝的所用非人与制置失宜,吕氏一一道来,以为利令智昏者戒。至于陈国,作者认为已经不可避免,因为江淮尽失,荆襄已去,江南如无本之木,其亡指日可待。由此作者大声疾呼:"若曰亡淮南、荆、襄,而独凭恃洪流以为大险,岂不可笑也?"[2]辛辣的嘲笑,自是希冀南渡君臣有所警醒。

吕祖谦主张创作需要深厚的积累,需要生活阅历与深切的感受[3]。或许正是如此,相比于史论的疏阔,他的时政论不再凭空生发议论,直面现实,多确实之见。《苟且》一文论心不二用,用于私则害公,用于公则无私,即将千百年来人心之微抉破。其中以苟且之相、苟且之牧、苟且之吏、苟且之民来道出为政之弊,也十分生动。所谓"上至于相,下至于民,莫不趋于苟且,则政事何由而理乎"[4],自是感慨深沉。《责实》论"尚实所以去名",描述名实混淆之乱状,入木三分:"然异时邀名之士,皆将矫为务实,以投吾之所好。今日之朴野,即前日之浮华也;今日之木讷,即前日之辩捷也;今日之恬退,即前日之奔竞也。服勤簿书者,乃不解诉牒之人;恪居官次者,乃不辩马曹之士。"[5]《内外》论"不可重内轻外",主张身体力行,反对高谈阔论,以为"终身坐谈,不如一时之亲见;终岁傍观,不如一日之亲闻。盖天下之事,及之而后知;履之而后喻,未有不身试之而能尽其

---

〔1〕 吕祖谦:《六朝十论·齐论上》,载《吕祖谦全集》第1册,第903页。
〔2〕 吕祖谦:《六朝十论·陈论》,载《吕祖谦全集》第1册,第907页。
〔3〕 吕祖谦《与陈同父》:"某近日思得著书,大是难事。方将一意玩索,完养深求其所未至。虽高明之姿与驽钝者不同,然考之前作者,亦须待经历之久,岁月之晚,然后下笔。今及此暇时,序次裒集,固亦无害,然亦不可不思有余不敢尽之语也。"载《吕祖谦全集》第1册,第708页。
〔4〕 吕祖谦:《时政论·苟且》,载《吕祖谦全集》第1册,第910页。
〔5〕 吕祖谦:《时政论·责实》,载《吕祖谦全集》第1册,第911—912页。

详者也",诊断出了宋代士大夫常有的痼疾。《奔兢》论"奔兢不当禁,由上之人有以诱之",指出高爵厚禄乃人人之欲求,不必讳言也不可阻遏,"朝而趋市,骈肩相摩,暮而过市,掉臂不顾,非朝贪而暮廉也,朝有所求而暮无所求也。一免走野,百人逐之,积免在市,过者不顾,非前争而后逊也,前则未定而后则已定也"。他认为求名求利乃人之本能,不可禁止也不必禁止,这远比高倡廉洁者更为通达。《武备》论"治不可去兵",也是一反酸儒之说。儒生津津乐道治世不言兵,不扰民,偃武修文,归马华山之阳,放牛桃林之野,吕祖谦却主张"治世虽未尝好战也,亦未尝忘战也;虽未尝用兵,也亦未尝去兵也"[1],唯有秣马厉兵才能真正做到消除战争的隐患,"销兵乃所以召兵,阅武乃所以偃武"[2]。

吕祖谦的时论,多明白正大之言,宽裕和平之气,忠厚恻怛之心,故张坦让称"其为文也,如匣灯帷剑,浑金璞玉。暇时读其遗编,恍见洙泗支流,而一种静穆之致,使人仿佛兴起"[3]。如其论刘向,将之视为比干与屈原,陈述其忠诚之心,令人肃然。其文开篇即云:"人臣事君之义,有不可则止者,有知其不可而为之者,观其所处之地如何耳。义所当止,虽如商辛之剖心窍,而比干终不退。苟得其道,则进退不同,而同归乎是;苟失其义,则进退不同,同归于非。呜呼!非知亲疏之义者,子道也。孟子在齐为疏,故当以臣道自处,比干在商为亲,故当以子道自处。知孟子之所止,则知比干之所以为也;知比干之所以为,则知孟子之所以止也。孟子、比干易地则皆然。"[4]

二 《东莱博议》

关于《东莱博议》一书的性质,本无讨论的必要。吕祖谦在序言中开宗明义,将他的初衷表述得极为清晰:"《左氏博议》者,为诸生课试之作

---

[1] 吕祖谦:《时政论·武备》,载《吕祖谦全集》第1册,第924页。
[2] 吕祖谦:《时政论·武备》,载《吕祖谦全集》第1册,第927页。
[3] 张坦让:《东莱先生遗集序》,载《吕东莱先生遗集》,雍正元年刊本。
[4] 吕祖谦:《考古论·刘向论》,载《吕祖谦全集》第1册,第953页。

也。"在文章的结尾,他又一次重申了他的立场:"凡春秋经旨,概不敢僭论。而枝辞赘喻,则举子所以资课试者也。"不过在这两句话之间,吕氏又插入了一大段文字作为遮羞布:

> 子亦闻乡邻之求医者乎。深痼隐疾,人所羞道而讳称者,揭之大涂,唯恐行者不阅,阅者不播,彼岂腼然忘耻哉?德欲蓄而病欲彰也。予离群而索居有年矣。过而莫予辅也,跌而莫予挽也,心术之差,见闻之误,而莫予正也。幸因是书,而胸中所存、所操、所识、所习,毫忿发谬,随笔呈露,举无留藏,又幸而假课试以为媒,借逢掖以为邮,遍致于诸公长者之侧,或矜而镌,或愠而谪,或侮而谯,一语闻则一病瘳,其获不既丰矣乎?〔1〕

这种虚心的姿态,恰好表明了他的心虚。内心不自信的根源,或在于文章性质的难以确定。无论是文以明道还是文以载道,文章的历史使命是不能被遗忘的,但课试之文作为功名利禄之阶,无非是枝辞赘喻,与道关联是极其脆弱的。就吕氏而言,如何才是一种正确的抉择呢?是正视现实,默认它们脱离道的控制,甚至推波助澜以斩断两者之间的联系,还是重新将它们拉回到道的幌子下以遮人耳目?从序言中,我们不难发现吕祖谦内心的纠结。认识到时文的"曼衍四出,漫不可收"仅仅是由于枝辞赘喻所带来的利益,不会引起太大的波澜,但承认这种现实并大张旗鼓地加以宣传与利用,对于道学家而言还是会存在许多障碍。于是,为了说服自己与他人,吕祖谦又强调他的行为是"假课试以为媒",因为"学者自非欲得时文速化之术,则莫肯师"〔2〕,时文之术只是诱饵,传道才是终极目标。

虽然这一辩解是苍白无力的,但这种姿态却是必不可少的,所以吕祖谦在序言结尾才再次肯定《左氏博议》没有脱离枝辞赘喻的范围,也不敢承担解经传道的重任,唯恐引起他人的误解。事与愿违,吕祖谦所不愿看

---

〔1〕 吕祖谦:《东莱博议·东莱先生自序》,岳麓书社1998年版。
〔2〕 吕祖谦:《少仪外传》卷上,载《吕祖谦全集》第2册、第31—32册。

到的事情还是发生了。由于他特殊的地位与身份，读者对《左氏博议》中理想色彩的关注与凸显终究是水到渠成的事情。康熙年间，张文炳重纂《左氏博议》，有序云："其文皆独抒己见，深入显出。按之圣贤义理精微之奥，不差毫发，真天下之至文也。学者得是书而读之，岂特取功名如拾芥，即以之为入室之阶梯，亦无不可。"〔1〕张氏的称颂还较为含蓄，只是在肯定《东莱博议》的场屋价值之余，提醒人们注意它还有益于求道的一面。而在同治年间的胡丹凤看来，后者的功能更为醒目："叹其经纬世教，扶植人心，有裨于圣学者正复不少，举业云乎哉？"胡丹凤认为《东莱博议》对于陶冶人们的性情是有帮助的，它的意义与吕氏那些论道之文是同样重要的：

> 工训诂者鄙词章为小道，骋汪洋者薄注疏为腐儒。余窃谓文无定规，亦求其惬心当理焉而已。坐清庙明堂而宣诵法言，穆然见先正遗范；而山水之娱、丝竹之乐，亦足以陶写其性灵。布帛菽粟，治生者封为至宝，而锦绣之烂、山海之馐，亦掌服膳者所不废。间尝取先生文集读之，若《易》、《诗》、《礼》及《论》、《孟》诸说，法言中之布帛菽粟也；《博议》一书，牖启聪明，如山水丝竹之怡悦性情而脍炙人口。衣被来学，又何殊珍错之有驼象、锦绣之有华衮也哉！〔2〕

曾经被视为庸俗腐烂而让吕祖谦顾虑重重的时文，被胡丹凤提升为如山水之娱、丝竹之乐一般雅致，这不能不算是重大转折。举业面目的改变，使《左氏博议》的学理意义得到了无限制的放大，王树之的跋语有云：

> 吕成公为婺州理学之宗，都转籍于婺，固所以阐扬先哲也，而即以嘉惠士林。盖士之习举业者，代圣贤立言，其托体最尊，

---

〔1〕 刘钟英：《增批辑注〈东莱博议〉》所附张文炳《重刻〈东莱博议〉序》，大美书局1937年版，第8—9页。

〔2〕 《东莱先生左氏博议》所附胡丹凤《重刊〈东莱博议〉序》，《丛书集成初编》第3714册，第1页。

其措词贵达,无取乎卑靡庞杂也。是书明乎天人义利之分、理乱得失之迹,古今事为之变,典章名物之繁,英光浩气,伸纸直书,按之圣贤精微之奥,不爽毫厘。得是书而读之,于以扩其识,晰其理,卷其机,无卑靡庞杂之习,具海涵地负之观,真升堂入室之阶梯也。

《东莱博议》境界的提升,基于举业性质的改变,即由追求功名利禄升为代圣贤立言。这种改变,彻底弥补了文与道分离所带来的裂缝,使吕祖谦的顾虑得到了充分释放。刘钟英的褒扬,使我们很难想象这是对时文的颂扬:"《博议》一书,其建议也,如名将料敌,无坚不摧;其析理也,如老吏决狱,无幽不烛。辨义利之疆界,立臣子之大防,洵足以羽翼圣经,维持世道者矣。"[1]不过,这种弥补却是虚幻的,只是看起来很完美而已。正如宣扬习举业是为了代圣贤立言一样不能让人信服。对于这一点,瞿世瑛的认识最为清醒:

宋东莱吕先生《左氏博议》,特谈余语隙,骋笔以为课试者之资,非果于《传》义欲有所论辩纠正也。自序备言之矣。古之世,无所谓时文者。自隋始以文辞试士,唐以诗赋,宋以论策,时文之号于是起。而古者立言,必务道其所心得。即言有醇有驳,无不本于其中之诚然,而不肯苟以衒世夸俗之意,亦于是尽亡矣。盖所谓时文者,至宋南渡后创制之经义,其法视诗赋论策为胜,故承用最久。而要其所以名经义者,非诚欲说经,亦姑妄为说焉以取所求耳。故其为文不必果得于经所以云之意,而又不肯自认以为不知,必率其私臆,凿空附会,粉饰非者以为是,周内是者以为非,有司者亦不谂其所知之在于此,而始命以在彼之所不知,于是微言奥旨不能宿通素悉于经之内,而枝辞赘喻则可暂假猝辨于经之外,徒恃所操之机熟,所积之理多,随所命而强赴

---

[1] 刘钟英:《增批辑注〈东莱博议〉》,第10页。

之，亦莫不斐然可观，以取盈篇幅，以侥幸得当于有司之目。噫，不求得于心则立言之意亡，不求通于经则说经之名戾，时文之蔽类然已。

《东莱左氏博议》虽作于其平居暇日，苟以徇诸生之请，然既以资课试为心，故亦不免乎此蔽，其所是非大抵出于方执笔时偶然之见，非必确有所低昂轩轻于其间，及其含意联词，不得不比合义类，引众理以壮其文，而学者遂见以谓定论而不可夺，不知苟欲反其所非以为是，易其所是以为非，亦必有众理从而附会之，而浅见者亦将骇诧之以为定论矣。

瞿世瑛考察了时文产生的立场，指出它本质上就是课试的产物，与立言无关。因此，尽管在内容上总与经学有所关联，话题离不开道与理，但也只是话题而已，并不意味着作者一定在这一方面有较深的造诣。他在文章中所表达的观点，也可能是一时兴之所至，并非深思熟虑的结果，或者说代表了他基本的学术立场。吕祖谦强调此书"凡《春秋》经旨概不敢僭论"，不是如我们所习见的自序那样以谦虚来展示自信与自得，而确实是希望人们忽略他解释经义时的随意性。这样看来，《东莱博议》中的观点与他的《左传类编》产生抵牾也就不会令我们感到诧异。至于它的教化功能，如果确实在后来发生了，也应该出乎吕氏的意料，正如四库馆臣将此书列入"经部春秋类二"也是他所始料未及的。

正因为《左氏博议》看起来是《左传》的读后感，其实与经学不相干[1]；作为理学家的吕祖谦所撰写的试论，其实也可以与他的理学家身份暂时脱离联系。就文道的关系来考察，与其强调理学底蕴与文学异彩的融合，不如恢复它离道衡文的本来面目。自从吴子良宣扬吕祖谦有意融合理与文之后，这一观点多为文学批评者所津津乐道，"吕祖谦是把理学和文学合而为一的创新者"[2]的看法也深入人心。作为永嘉文派的重

---

〔1〕 参见周作人：《读〈东莱博议〉》，钟叔河编订《周作人散文全集》第 7 册，广西师范大学出版社 2009 年版，第 740 页。

〔2〕 程千帆、吴新雷：《两宋文学史》，上海古籍出版社 1991 年版，第 268 页。

要人物，吴子良强调吕祖谦主张文、理合一并不会令人费解，不过倘若由此认定这是对吕氏思想的真实描述，却还需要更有力的佐证。即使从文学家的立场出发，吴子良的态度依然是极为审慎的，他小心翼翼地叙述道："自元祐后，谈理者祖程，论文者宗苏，而理与文分为二。吕公病其然，思融会之，故吕公之文，早葩而晚实。"吕祖谦是否会融理学与文学另当别论，其文风由华丽转向朴实不会存在太多争议。至于《左氏博议》，不妨视为其华丽文风的代表。西人有语云，把上帝的还给上帝，把撒旦的还给撒旦。当我们单纯从时文的角度去阅读《东莱博议》，或许可以化解它的尴尬。朱彝尊《经义考》曾引陈栎之言曰："吕成公《博议》乃初年之作，不过以教后生作时文为议论而已。其议《左氏》多巧说，未得尽为正论。"真实的话语往往并不能令人愉快，我们不知道陈栎之言是否是一个典型例证。

《东莱博议》"多巧说"，这一说法最早应该是朱熹提出的："向见所与诸生论左氏之书，极为详博，然遣词命意，亦颇伤巧矣。恐后生传习，益以浇漓，重为心术之害。"〔1〕吕祖谦也接受了这样的批评："所与诸生讲说《左氏》，语意伤巧，病源亦在是。自此当力扫除也。"〔2〕那么朱熹所谓的"巧"具体指哪些方面呢？四库馆臣曾经有所解释："朱子所谓巧者，乃指其笔锋颖利，凡所指摘，皆刻露不留余地耳，非谓巧于驰辩，或至颠倒是非。"〔3〕"朱子所云，特以防华藻溺心之弊，持论不得不严耳。"〔4〕今人则以为朱熹所批评的"伤巧"，指吕祖谦在作文时提出问题尖锐，论证严密，说理透彻，有一种排山倒海的气势。而这些特点恰好是议论文所需要的，也是《东莱博议》畅销一时的主要原因〔5〕。

朱子所批评的"巧说"，是《东莱博议》的优点，也是它畅销的重要原因吗？这显然是值得商榷的。四库馆臣首先否定了对"巧说"的一种解释，

---

〔1〕 朱熹：《晦庵先生朱文公文集》卷三十三《答吕伯恭》，载《朱子全书》第21册，第1429页。

〔2〕 吕祖谦：《东莱吕太史别集》卷七《与朱侍讲》，载《吕祖谦全集》第1册，第402页。

〔3〕 《四库全书总目》卷二十七《春秋传说》提要，第347页。

〔4〕 《四库全书总目》卷一百五十九《东莱集》提要，第2129页。

〔5〕 杜海军：《吕祖谦文学研究》，学苑出版社2003年版，第71页。又参见罗莹《宋代东莱吕氏家族研究》，人民出版社2011年版，第291页。

即"非谓巧于驰辩,或至颠倒是非"。也就是说,论证严密,说理透彻而富有气势,以至于颠倒是非,不属于朱子所批评的"巧说"范畴。为什么"巧于驰辩,或至颠倒是非"不在"巧说"之列,这是否意味着它们属于可以接受的范畴呢?四库馆臣之所以把"巧于驰辩,或至颠倒是非"排除在"巧说"之外,是因为这是不证自明的,毋庸去讨论。无论是朱子还是一般的读者,对于这样一种写作方式,都会有基本的判断,都会自动地将它们归属于"歪说"之列而加以排斥。因此,它们造成的影响也是有限的。如吕氏论"介之推不言禄",为求新人耳目,故意与传统观点相对立,提出介之推的辞禄是为了借此来发泄遭受漠视后的愠怨:"今既不得禄,而为此言,则是借正义以泄私怨耳。向若晋文位定之后,首行推之赏,置之狐、赵之间,吾不知推之发是言乎?"作者只顾说得痛快,竟然提出"盗跖之风不足以误后世,而伯夷之风反可以误后世;鲁桓之风不足以误后世,而季札之风反可以误后世"〔1〕。这样惊世骇俗的观点,自然不会为大多数人所接受,也不能隶入"巧说"之列。

对于"巧说"的所指,吕祖谦自己有所解释。在后来写给朱熹的书信中,吕祖谦忏悔道:"前此谕及《博议》并《奥论》中鄙文,此皆少年场屋所作,往往浅狭偏暗,皆不中理。若或诵习,甚误学者。"〔2〕为什么《博议》之类的文字会误导学者呢?那是因为这些文章的观点看起来似乎别开生面,能言他人之未能言,又能自圆其说,于义理未有妨碍,甚至是对义理的完美诠释,仔细想去却是浅狭偏暗,不近人情,不能算是正理。而这种似是而非的文字,对于学者则是一种致命的诱惑,会产生不良影响。这正是吕祖谦所警惕的。如《东莱博议》中最为人所津津乐道的第一篇:

> 钓者负鱼,鱼何负于钓?猎者负兽,兽何负于猎?庄公负叔段,叔段何负于庄公?且为钓饵以诱鱼者,钓也;为陷阱以诱兽者,猎也。不责钓者,而责鱼之吞饵;不责猎者,而责兽之投阱,

---

〔1〕 《左氏伯夷》卷十四"介之推不言禄",载《吕祖谦全集》第6册,第337页。
〔2〕 吕祖谦:《东莱吕太史别集》卷十《与朱侍讲》,载《吕祖谦全集》第1册,第498页。

天下宁有是耶?

庄公雄猜阴狠,视同气如寇雠而欲必致之死,故匿其机而使之狎,肆其欲而使之放,养其恶而使之成。甲兵之强,卒乘之富,庄公之钩饵也;百雉之城,两鄙之地,庄公之陷阱也。彼叔段之冥顽不灵,鱼耳,兽耳,岂有见钩饵而不吞,过陷阱而不投者哉?导之以逆,而反诛其逆;教之以叛,而反讨其叛,庄公之用心亦险矣。

庄公之心,以为亟治之则其恶未显,人必不服,缓治之则其恶已暴,人必无辞。其始不问者,盖将多叔段之罪而毙之也。殊不知叔段之恶日长,而庄公之恶与之俱长;叔段之罪日深,而庄公之罪与之俱深。人徒见庄公欲杀一叔段而已,吾独以谓封京之后,伐鄢之前,其处心积虑曷尝须臾而忘叔段哉?苟兴一念是杀一弟也,苟兴百念是杀百弟也,由初及末,其杀段之念殆不可千万计,是亦杀千万弟而不可计也。一人之身杀其同气至于千万而不可计,天所不覆,地所不栽,翻四海之波亦不足以湔其恶矣。庄公之罪顾不大于叔段耶?

吾尝反复考之,然后知庄公之心,天下之至险也。祭伸之徒不识其机,反谏其都城过制,不知庄公正欲其过制;谏其厚将得众,不知庄公正欲其得众。是举朝之卿大夫皆堕其计中矣。郑之诗人不识其机,反刺其不胜其母以害其弟,不知庄公正欲得不胜其母之名;刺其小不忍以致大乱,不知庄公正欲得小不忍之名,是举国之人皆堕其计中矣。

举朝堕其计,举国堕其计,庄公之机心犹未已也。鲁隐公十一年,庄公封许叔而曰:"寡人有弟,不能和协,而使糊其口于四方,况能久有许乎?"其为此言,是庄公欲以欺天下也。鲁庄十六年,郑公父定叔出奔卫,三年而复之,曰:"不可使共叔无后于郑。"则共叔有后于郑旧矣。段之有后,是庄公欲以欺后世也。既欺其朝,又欺其国,又欺天下,又欺后世。噫嘻!岌岌乎险哉庄公之心软！

　　将欲欺人，必先欺心。庄公徒喜人之受吾欺者多，而不知吾自欺其心者亦多。受欺之害，身害也；欺人之害，心害也。哀莫大于心死，而身死亦次之。受欺者身虽害而心固自若，彼欺人者身虽得志其心固已斫丧无余矣。在彼者所丧甚轻，在此者所丧甚重，本欲陷人而卒自陷，是钓者之自吞钩饵，猎者之自投陷阱也。非天下之至拙者讵至此乎？故吾始以为庄公为天下之至险，终以庄公为天下之至拙。[1]

　　从技巧上看，文章已臻于完美，如朱书所言"起首排立三语，后用喻意正反夹行，逼出庄公是一险人。末复推开四层，用四正欲字、两庄公欲三字，应前后两使之字，起伏收束，各极其法。至尾取喻意作收，断出庄公至拙，屹然而止，有山回海立之势"；从立意上，文章亦新人耳目，慷慨不俗，显得光明正大，凛然不可轻犯，似乎没有辩护的余地，如张明德所言："篇中擒定一险字，如老吏断狱，使其无可躲避闪。末复传出欺人者必先欺其心，以一拙字夺其魄，使死而有知，庄公应愧死于九泉矣。何况后人读之，有不惊心动魄而复敢萌欺罔乎？《春秋》之作，诛死者于前，所以惧生者于后世。东莱全部《博议》，皆本此意着笔，故此篇词严义正，不少宽假，此真有关世道人心之文，不可草草读过。"[2]

　　吕祖谦的这篇文章，读起来确实义正词严，使郑庄公没有躲闪的余地。但那只是堂而皇之的诛心之论而已[3]，是一种脱离世态人情的虚伪的道德观。用这种诛心的眼光去苛责世人，世人亦将惶惶不可终日。后来明代的黄正宪变本加厉，将这一事件的罪魁祸首坐实在郑武公的头上，

---

〔1〕　吕祖谦：《左氏博议》卷一"郑庄公共叔段"，载《吕祖谦全集》第6册，第2—4页。

〔2〕　吕祖谦：《东莱博议》卷一"郑伯克段于鄢"附评，岳麓书社1998年版，第3—4页。

〔3〕　湛若水《格物通》卷四十九"事长慈幼"："叔段不弟，如二君，是无事长之义矣；郑伯失教，志杀其弟。是无友爱之慈矣。此宋儒吕祖谦所以深诛其心术之微而不可道乎？"文渊阁四库全书本。

指责他作为父亲的失责,就是这一恶习的泛滥〔1〕。如此株连,则天下人无立锥之地,不能不使人惧怕。所以即使对吕祖谦《东莱博议》甚为钦佩的朱书,也承认观点"未必尽当"。这一危险的倾向与泛滥后的恶果,吕祖谦也充分意识到了,成熟后的他反思道:"独所论永嘉文体一节,乃往年为学官时病痛,数年来深知其缴绕狭细,深害心术,故每与士子语,未尝不以平正朴实为先。去夏与李仁甫议文体,正是要救此弊,恐传闻或不详耳。"〔2〕

"缴绕狭细,深害心术",就是朱熹所批评的"巧说",也是四库馆臣所认定的"刻露不留余地"。这些文章的立意,新奇巧妙又正大光明,却峭刻不近人情,所以吕氏希望作文以"平正朴实"为先〔3〕。什么是"平正朴实"呢?吕氏亦有范例。如其《左氏传续说》论及上述事件,就显得更为平正与朴实:

> "初,郑武公娶于申,曰武姜,生庄公及共叔段。庄公寤生,惊姜氏,遂恶之,爱共叔段。""爱"、"恶"两字,便是事之因由,大率人所以致骨肉之不睦者,多缘此两字。妇人常情,每每如此。"及庄公即位,为之请制。公曰:制,岩邑也。虢叔死焉,他邑唯命。"制地正是郑国险害去处,便是后来虎牢之地,天下大形势如此处亦自有数,如今剑阁之类。庄公当时所以不与,他时亦是。庄公初间好意,未必是恐难控制而不与之也。故祭仲当时之谏,但引先王都城之制,未尝有一言遽伤其兄弟之情。大率骨肉之间,外人苟未知得果何如时,安敢便有离间底言语?看祭仲第二次再说,亦不过"蔓草犹不可除,况君之宠弟乎"。"宠弟"二字便见庄公之意犹未露,竟不曾分明说破。惜乎当时殊无调护,兄弟

---

〔1〕 黄正宪:《春秋翼附》卷一,《四库全书存目丛书》经部第 120 册,齐鲁书社 1997 年版,第 49—50 页。

〔2〕 吕祖谦:《东莱吕太史别集》卷八《与朱侍讲》,载《吕祖谦全集》第 1 册,第 423 页。

〔3〕 朱熹对吕祖谦的规劝,也可作为佐证。如其《答吕伯恭》:"此间与时文皆已刊行,于鄙意殊未安。近年文字奸巧之弊熟矣,正当以浑厚朴素较之,不当崇长此等,推波以助澜也。"《朱子全书》第 21 册,第 1452—1453 页。

底情意便只就利害上说去。公子吕又曰："国不堪贰,君将若之何?欲与太叔,臣请事之。若弗与,则请除之。"自此词语展转忿激。看得庄公初间亦未便有杀弟之意,只缘事势浸浸来了,此所以遂成了克段底事。如公曰:"姜氏欲之,焉辟害?"此等语亦是狠愎者之常谈。至说"多行不义必自毙",与后来"不义不昵,厚将崩"之语,其意却不可回矣。学者能细看得此段,亦尽见得人情物理。[1]

吕氏此处算是"卑之无甚高论",否定了庄公处心积虑谋害其弟之说,只是从人之常情推测庄公兄弟情感的变化历程,说得极其朴实平正,无危言高论却切合人情物理,与《东莱博议》中的欺人、欺己、欺后世之耸人听闻形成了鲜明对照。这种对照使我们对四库馆臣所说的"刻露"及吕祖谦自我反省所说的"缴绕狭细",更有直观的感受。吕氏这种新奇巧妙、看起来正大光明实际上却远离人情物理的议论,在《东莱博议》中是比较常见的。张明德以为"东莱全部《博议》皆本此意着笔"或是夸张,但也可以说是俯拾皆是。

如其论"郑忽辞婚",吕祖谦肯定郑太子忽所谓"齐大非偶"之言,称赞他所谓大义凛然之辞:"自求多福,在我而已,大国何为?"并由此为郑太子忽翻案,指出"为国者当使人依己,不当使己依人。己不能自立,而依人以为重,未有不穷者也"。这些道理娓娓动听,说得酣畅淋漓,但遗憾的是与历史事实相去甚远。吕氏《左氏传续说》论述这一事件时解说道:"忽不借助于大国而自求多福,非奋然诚有志也。盖其为人浅狭而多所拘挛,暗滞而动皆疑畏,浮易而不知审量。孑孑然以文义自喜,而国势人情与其身之安危皆懵然莫之察也,适足以取亡而已。"[2]郑太子本是一个褊狭多疑之人,他的所作所为只是为了捞取个人声名,掩盖内心的怯弱。他的言行,表明他对国势人情缺乏基本的体察,因此无论说得多么冠冕堂皇,都只是

---

[1] 吕祖谦:《左氏传续说》卷一,载《吕祖谦全集》第7册,第3—4页。
[2] 吕祖谦:《左氏传续说》卷二"郑忽辞齐昏",载《吕祖谦全集》第7册,第28—29页。

笑柄而已。这种结合史实所做出的犀利的批评，与《左氏博议》中悦耳而空洞的褒扬，又恰好形成鲜明对照。

又如"鬻拳兵谏"一事，楚师因兵败于巴人而狼狈欲归，鬻拳阻止楚王班师，不惜以武力威胁。对鬻拳的强硬手段，《东莱博议》提出了严厉的批评，认为进谏要讲究方式与策略。如果君主没有听取自己的建议，就应该自我检讨与反省，是否因为自身"诚之不至"、"理之不明"、"辞之不达"及"行之不足以取重于君"、"言之不足以取信于君"[1]等，而不能也不必要求君主一定接受自己的主张。这些道理单纯看起来是放之四海而皆准，是不容置疑的，但结合具体历史环境来分析，就显得极其滑稽而不可靠。吕祖谦的《左氏传续说》在讨论这一事件时，从楚国当时的氛围与处境出发，肯定了鬻拳的举动，认为在当时的环境中不失为一种明智的抉择："夫胜负兵家之常，而楚子一败之后，鬻拳何故便不纳？盖楚正是图霸之初，不是常时节，一不小胜，则声势不张，群蛮小国必乘势共起而叛之。此鬻拳所深虑也。况此一败，又非小小不胜，鬻拳如何不出来强做得？此又见楚方兴时，便自有这般人。观其以兵谏楚子，便见鬻拳乃是朴直木强底人。"[2]

其他诸如论宋襄公"不伤二毛"等迂腐之举是不诚之过，非诚之过，把文章家腾挪飘忽、化腐朽为神奇的本领发挥到极致，但终究只是空中结撰，无中生有，读后仅仅付之一笑而已。吕氏《东莱博议》受苏轼策论影响甚深，苏轼对自己的试论曾有反思："轼少年时，读书作文，专为应举而已。既及进士第，贪得不已，又举制策，其实何所有。而其科号为直言极谏，故每纷然诵说古今，考论是非，以应其名。"[3]他认为自己早年的制举文字多凿空之论，这一弊病在《东莱博议》中也非常明显。不过，在凿论之论之外，更让我们忧虑的是充斥其间的诛心之论，这于后世的影响更为恶劣。周作人说："《博议》一类论事的文章在经义渐渐排偶化的时候分了出来，

---

〔1〕 吕祖谦：《东莱博议》卷七"鬻拳兵谏"，载《吕祖谦全集》第6册，第160—161页。

〔2〕 吕祖谦：《左氏传续说》卷三"楚子御之大败于津还鬻拳弗纳"，载《吕祖谦全集》第7册，第60页。

〔3〕 《苏轼文集》卷四十九《答李端叔书》，第1432页。

自成一种东西,与经义以外的史论相混,他的寿命比八股更长,其毒害亦更甚,有许多我们骂八股文的话实在都应该算在他的账上才对。"[1]周作人认为,八股文使人庸腐,重在模拟服从;策论使人谬妄,重在胡说乱道。胡说乱道有时候也无伤大雅,但言之者既以为凿凿有据,而闻之者又信以为真,一唱一和,则流毒无穷,不是"谬妄"两字所能囊括的了。

---

〔1〕　周作人:《读〈东莱博议〉》,钟叔河编订《周作人散文全集》第 7 册,广西师范大学出版社 2009 年版,第 744 页。

第四章 陈傅良时文研究

第一节 陈傅良的时文生涯与时文观

一 作为时文高手的陈傅良

和许多由科举入仕的读书人一样,事遂其愿之后的陈傅良也有一个华丽的转身,用"悔其少作"的方式告别了举子事业,进入了他的君子事业[1]。他在君子事业的成就如此引人注目,使得后来者在盖棺论定时有意无意地忽略了他在举子事业上的刻苦努力与巨大影响,甚至以君子事业的光芒来加以遮蔽掩盖。用心最为良苦的莫过于蔡幼学的《陈公行状》,其文在描述陈傅良的求学生涯时写道:

> 宗正少卿郑公伯熊、大理正薛公季宣,皆以经学行义闻于天下。公每见二公,必孜孜求益,修弟子之礼。一日,与薛公语,恍然若有所失,乃独潜心《易》、《论语》二书,求古圣贤所以穷理尽性之要,近思深探,弗造其极致弗措也。既而薛公客晋陵,公往从之。薛公与公语合,喜甚,益相与考论三代、秦汉以还兴亡否

泰之故,与礼乐刑政损益同异之际。盖于书无所不观,亦无所不讲。经年而后别去,还过都城,始识侍讲张公栻、著作郎吕公祖谦,数请问,扣以为学大指,互相发明。

这样的描述给我们留下的印象是,游学时期的陈傅良丝毫没有关注场屋应试之文,而将精力都放在穷理尽性上,尤其在与郑伯熊、薛季宣等人交往之时。同样是叙述他求学于薛季宣的经历,楼钥所撰写的《神道碑》略有差异:

永嘉许公景衡、周公行己数公,亲见伊川先生,得其传以归,中兴以来言性理之学者宗永嘉。惟薛氏后出,加以考订千载,自井田、王制、司马法、八阵图之属,该通委曲,真可施之实用。凡今名士得其说者,小之则擅场屋之名,大可以临民治军之际。惟公游从最久,造诣最深,以之研精经史,贯穿百氏,以斯文为己任,综理当世之务,考核旧闻于治道,可以兴滞补弊,复古至道,条画本末,粲如也。

在后人的眼中,作为永嘉学者重要代表的陈傅良,其学术思想的重要特色是变通务实,有体有用。这一特色的形成是对薛季宣"经制之学"的发展。薛季宣主张"务为深醇盛大,以求经学之正,讲明时务,本末利害必周之,无有空言,无戾于行"[1],"其学主礼乐制度,以求见事功"[2],"自六经之外,历代史、天官、地理、兵刑、农末,至于隐书小说,靡不搜研采获,不以百氏故废,尤邃于古封建、井田、乡遂、司马之制,务通于今"[3],故吕祖谦感叹薛季宣对"田赋、兵制、地形、水利甚曾下功夫,眼前殊少见其比"[4]。乾道五年(1169),陈傅良追随薛季宣读书于常州"茅茨一间,聚

---

〔1〕《薛季宣集》卷二十五《答象先侄书》,张良权点校,上海社会科学出版社2003年版,第329页。

〔2〕黄宗羲原著,全祖望修补,陈金生、梁运华点校:《宋元学案》卷五十二《艮斋学案》,中华书局1986年版,第1690页。

〔3〕《陈傅良文集》卷五十一《右奉议郎新权发遣常州借紫薛公行状》,第644页。

〔4〕吕祖谦:《东莱吕太史别集》卷七《与朱侍讲书》,载《吕祖谦全集》第1册,第412页。

书千余卷,日考古咨今其中"〔1〕,这是陈傅良思想上的一次巨大的飞跃。"(陈傅良)从薛常州讲经制之学,其后止斋文学日进,大与曩时异"〔2〕也是人们的共识。全祖望则盛赞陈傅良青出于蓝而胜于蓝,"止斋最称醇恪,观其所得,似较艮斋(薛季宣)更平实,占得地步也"〔3〕。四库馆臣也肯定"傅良之学终以通知成败谙练掌故为长,不专于坐谈心性,故本传又称傅良为学自三代秦汉以下靡不研究,一事以物必稽于实而后已"〔4〕。

明清以来的这些评述,或多或少受到了蔡幼学、楼钥观点的影响。在他们为陈傅良所作的行状与神道碑中〔5〕,二者都强调了薛季宣在陈傅良思想走向成熟过程中的引导作用,这自然是无可争辩的事实。不过,楼钥在强调薛季宣的"该通委曲"时,特别指出其学问"小之则擅场屋之名,大可以临民治军之际"。也就是说,薛季宣所传授的知识不仅包括开物成务的经制之学,还包括举子们热捧的场屋之学。作为薛季宣的得意门生,陈傅良自然得其大旨,不过其"小术"抑或同样发扬光大。那么,在蔡幼学的《陈公行状》中,他为什么对此不置一词呢?是因为陈傅良的应举之文亦精进而无须问学于薛季宣,还是蔡幼学有意藻饰以帮助陈傅良与自己同时完成形象的转换呢?显然后者的可能性更大一些。吴子良称陈傅良问学薛季宣于常州后"文学日进",这"日进"的文学自然也包括文章之学。或许正担心陈傅良只流连于薛季宣擅场屋的一面,张栻曾专门写信与薛季宣加以提醒:

> 闻欲陈君举来学中,此固善,但欲因程文而诱之读书,则义未正。今日一种士子,将先觉言语耳剽口诵,用为进取之资,转

---

〔1〕 《陈傅良文集》卷五十一《右奉议郎新权发遣常州借紫薛公行状》,第645页。

〔2〕 吴子良:《荆溪林下偶谈》卷四"陈止斋",第42页。

〔3〕 《宋元学案》卷五十三《止斋学案》,第1710页。

〔4〕 《四库全书总目》卷一百七十四《止斋论祖》提要,第2371页。

〔5〕 即楼钥《宋故宝谟阁待制赠通议大夫陈公神道碑》与蔡幼学《宋故宝谟阁待制致仕赠通议大夫陈公行状》,《陈傅良文集》附录二,第682—697页。

趋于薄,此极害事。[1]

张栻告诫薛季宣不要以科举之文为诱饵来吸引陈傅良前来求学,那么这一现象或许存在过。叶适在为陈傅良撰写的墓志中,还提到了陈傅良对张栻思想的吸收:

> 公之从郑、薛也,以克己兢畏为主,敬德集义,于张公尽心焉。至古人经制,三代治法,又与薛公反复论之。而吕公为言:"本朝文献相承,所以垂世立国者,然后学之本末内外备矣。"公犹不已,年经月纬,昼验夜索,询世旧,翻吏牍,搜断简,采异闻,一事一物,必稽于极而后止。千载之上,珠贯而丝组之,若目见而身折旋其间,吕公以为其长不独在文字也。[2]

叶适指出陈傅良转益多师,而达到了内外兼修,本末俱备。叶适所谓学之"外"与学之"末",究竟指何而言呢?他引用吕祖谦对陈傅良的评断,强调"其长不独在文字",也就是说,叶适对陈傅良多方面的赞扬,是建立在对文字方面进行肯定的基础之上。因此,他所谓"外"与"末"自然指文字方面而言。在叶适看来,陈傅良时文方面的成就是众所周知而毋庸赘言的,所以他才提醒人们注意不能把陈傅良单纯视为一个时文高手。如此,则陈振孙所谓"季宣博学通儒,不事科举,陈止斋师事之"[3]的说法就有待商榷了。至于陈傅良"早年指斥科举"[4]一说,就更无法令人接受了。

后人为何有陈傅良"早年指斥科举"一说呢?这或许是对《宋史》陈傅良本传的误读。《宋史》列传第一百九十三有云:

---

〔1〕 张栻:《南轩先生文集》卷十九《答湖守薛士龙寺正》,邓洪波点校:《张栻集》,岳麓书社 2010 年版,第 667 页。

〔2〕 叶适:《水心文集》卷十六《宝谟阁待制中书舍人陈公墓志铭》,载《叶适集》,第 299 页。

〔3〕 陈振孙:《直斋书录解题》卷三《春秋经解》二十卷、《指要》二卷",上海古籍出版社 1987 年版,第 65 页。

〔4〕 蒋凡:《古代散文十大流派》,湖南文艺出版社 1997 年版,第 2278 页。

陈傅良，字君举，温州瑞安人。初患科举程文之弊，思出其
说为文章，自成一家，人争传诵，从者云合，由是其文擅当世。[1]

《宋史》所描述的是陈傅良早年对科举程文所呈现的弊端有所不满，
而并非对科举本身有所异议，因此他所做的就是改变科举程文的形式。
这一说法其实来自于叶适与他的子弟吴子良的描述。叶适《宋故通议大
夫宝谟阁待制陈公墓志铭》载：

初讲城南茶院时，诸老先生传科举旧学，摩荡鼓舞，受教者
无异词。公未三十，心思挺出，陈编宿说，批剥溃败，奇意芽甲，
新语懋长。士苏醒起立，骇未曾有，皆相号召，雷动从之，虽縻他
师，亦籍名陈氏。由是其文擅于当世，公不自喜，悉谢去，独崇敬
郑景望、薛士隆，师友从之。入太学，则张钦夫、吕伯恭相遇兄弟
也。四方受业愈众。[2]

吴子良《荆溪林下偶谈》也有同样的记载：

止斋年近三十，聚徒于城南茶院。其徒数百人，文名大震。
初赴补试，才抵浙江亭，未脱草屦，方外士及太学诸生迓而求见
者如云。吴琚，贵公子也，冠带执刺，候见于旅邸。既入学，芮祭
酒即差为太学录，令二子拜之斋序，止斋辞不敢当，径遁之天台
山国清寺，士友纷然从之者数月。[3]

叶适告诉我们，陈傅良早年成名，在于他对科举旧文的成功改造。吴
子良则进一步渲染了陈傅良成功改造之后的巨大影响。事实上，陈傅良
得以进入时人的视野，就是依靠他对时文的创作与讲解。楼钥《陈公神道
碑》云：

---

〔1〕《宋史》卷四百三十三《儒林四》，第 12887 页。
〔2〕叶适：《水心文集》卷十六《宝谟阁待制中书舍人陈公墓志铭》，载《叶适集》，第 298 页。
〔3〕吴子良：《荆溪林下偶谈》卷四"陈止斋"，第 42 页。

公天分高胜,其于学问,心悟神解而苦志自勉,精力亦绝人,隆师亲友有不可解于心者。兴化刘复之朔,以南省第一人为司户参军,摄教官,得公程文,以为绝出。[1]

陈傅良在时文方面的影响之大,甚至连宋光宗都有所耳闻。绍熙元年,陈傅良廷对时的对话如下:

上云:"且说话。闻卿在永嘉从学数百人。"奏:"臣无所长,只与士子课习举业。过蒙清问,不胜悚惧。"上云:"知卿学问深淳,著书甚多,朕欲一见。可尽将来。"奏:"臣岂敢著书,不过讲说举子所习经义,何足仰尘乙夜之览?"[2]

二　陈傅良对时文的改造

陈傅良在场屋的巨大声名,来自于他对时文的改造。叶适在《陈公墓志铭》中还只是认为陈傅良的贡献在于"新语懋长",即给陈腐的科举旧学吹来一阵新奇之风。在《祭陈君举中书文中》,叶适则认为陈傅良给时文带来的是全新的改变:"鸣于海陬,败屡瘦筇。暴名如雷,豪隽影从。而时文靡然由之一变,遂为多士之宗。"[3]在评价陈傅良的贡献时,叶适更多的是强调文风的遽变,如在《祭蔡行之尚书文》中,他也写道:"乾道初元,始变时文。公尚总角,舍庞趋醇。"[4]

蔡幼学十八岁即试礼部第一,是当之无愧的时文高手,但历来人们都将他的夺魁与陈傅良联系起来。叶适《兵部尚书蔡公墓志铭》以为他的成功也是陈傅良的骄傲:"初,同县陈君举声价喧踊,老旧莫敢齿列。公稚甚,独相与雁行立。比三年,芮国瑞、吕伯恭连选拔,辄出君举右,皆谓文

---

〔1〕　楼钥:《宋故宝谟阁待制赠通议大夫陈公神道碑》,《陈傅良文集》附录二,第682页。

〔2〕　《陈傅良先生文集》卷二十《吏部员外郎初对札子(三)》,载《陈傅良文集》,第285页。

〔3〕　叶适:《水心文集》卷二十八《祭陈君举中书文》,载《叶适集》,第573页。

〔4〕　叶适:《水心文集》卷二十八《祭蔡行之尚书文》,载《叶适集》,第583页。

过其师。"〔1〕他们师生独占鳌头也被认为是场屋佳话,常为人津津乐道。陈振孙《直斋书录解题》卷十八:"(蔡幼学)成童颖异,从同郡陈傅良君举学,治《春秋》。年十七,试补上庠,首选,陈反出其下。明年,陈改用赋,冠监举,而幼学为经魁。又明年,省闱先多士,而傅良亦为赋魁。一时师弟子雄视场屋,莫不歆艳。"〔2〕而不少笔记都以为蔡幼学的魁元是陈傅良避让的结果。俞文豹《吹剑录外集》:"蔡尚书幼学师陈止斋,乾道壬辰同赴省试,止斋知其必魁取,乃自下赋卷,已而师生经赋俱为第一。赋场先试,出《圣人之于天道论》,次场《天地之性人为贵》,其文意步骤全仿止斋,盖有所授也。"〔3〕吴子良则认为蔡幼学的为首选是一场误会,当然这误会还是与陈傅良有关:

> 蔡行之本从止斋学,既以《春秋》为补魁,止斋遂改赋以避之。东莱为省试官,得一《春秋》卷甚工。东莱曰:"此必小蔡也。且令读书养望三年。"以其草册投之帐顶上。未几,东莱以病先出院,众试官入其室,见帐顶上有一草卷甚工,谓此必东莱所甚喜而欲置前列者,遂定为首选。〔4〕

乾道八年的那一场省试,也被认为是陈傅良师生与乡友的盛宴:

> (陈傅良)乾道六年,始入太学,士无贤不肖,敛衽下风。八年,公之高弟蔡公幼学为省元,公次之,徐公谊又次之,薛公叔似、鲍君潚、刘君春、胡君时等,皆乡郡人,非公之友,则其徒也,尤为一时盛事。〔5〕

陈傅良的另一个重要弟子曹叔远,认为陈傅良的影响不仅仅是一场

---

〔1〕 叶适:《水心文集》卷二十三《兵部尚书蔡公墓志铭》,载《叶适集》,第443页。

〔2〕 陈振孙:《直斋书录解题》卷十八"《直德堂外制集》八卷、《内制集》三卷",第552页。

〔3〕 俞文豹:《吹剑录外集》,鲍廷博辑《知不足斋丛书》,[日本]株式会社中文出版社1980年版,第10册,第6284页下。

〔4〕 吴子良:《荆溪林下偶谈》卷四"蔡行之省试",第42页。

〔5〕 楼钥:《宋故宝谟阁待制赠通议大夫陈公神道碑》,《陈傅良文集》附录二,第683页。

考试,而应该是整整一个时期。陈傅良卒后,他收拾先世遗文,编《止斋文集》五十一卷。在卷首之序中,曹叔远描述了陈傅良文章大成的经过:

> 执经户外,方屦闻集,片言落笔,传诵震响,场屋相师,而绍兴之文丕编,则肇于隆兴之癸未。屏居梅潭,危坐覃思,超诣绝轶,学成道尊,则遂于乾道之丁亥。博交编验,洞碍融窒,对策初第,恳苁独到,则盛于乾道之壬辰。官太学,倅闽府,诋劾却扫,勤十寒暑,绅绎文献,宏纲具举,则备于淳熙之丁未。[1]

从隆兴元年(1163)到淳熙十四年(1187)这 24 年间,陈傅良主要在应试与讲学,对文章之道颇为关注,虽然身份发生了变化,从“执经户外”的求学者成为“绅绎文献”的研究者与讲学者,但他时文的影响一直在继续。祝尚书甚至认为乾道、淳熙年间太学盛行的“乾淳体”都是在他的影响下形成的。“所谓乾淳太学体,即乾、淳时期受永嘉派重要作家陈傅良科举程文影响而形成的文体,他主要流行于太学。”“陈氏自隆兴历乾道、淳熙的 20 余年内,生活大都与讲学、场屋及太学相关,其文章影响了整整一代人,尤以太学诸生为著。时人称当时的太学体时文为乾淳体,根据盖在于此。”[2]

陈光锐对于祝尚书的看法不太赞同。他以为将所谓“乾淳体”的形成归结为陈傅良一人之影响是不够确当的。他根据综合周密和马端临对于“乾淳体”的描述,指出时人所谓“乾淳体”并非是从文章学角度给出的定义,而是对乾淳之际以太学为核心的科场文风的描述[3]。周密与马端临的描述分别是:

> 南渡以来,太学文体之变,乾、淳之文师淳厚,时人谓之“乾淳体”,人才淳古,亦如其文。至端平江万里习《易》自成一家,文

---

〔1〕《陈傅良先生文集》附录三曹叔远《止斋先生文集序》,载《陈傅良文集》,第 704 页。

〔2〕 祝尚书:《宋代科举与文学考论》,大象出版社 2006 年版,第 431、433 页。

〔3〕 陈光锐:《南宋太学“乾淳体”新探》,《中国文化研究》2011 年夏之卷,第 80—87 页。

体几于中复。淳祐甲辰,徐霖以《书》学魁南省,全尚性理,时竞趋之,即可以钓致科第功名。自此非《四书》、《东西铭》、《太极图》、《通书》、《语录》不复道矣。至咸淳之末,江东李谨思、熊瑞诸人倡为变体,奇诡浮艳,精神焕发,多用庄、列之语,时人谓之换字文章,对策中有"光景不露"、"大雅不浇"等语,以至于亡,可谓文妖矣。[1]

(淳熙)十四年,御试得进士王容以下,上天资英明,大廷策士多自升黜,不尽由有司,是举王容盖自第三亲擢为榜首,时儒生迭兴,词章雅正,号"乾淳体"。[2]

从这些描述中,我们确实可以推测所谓"乾淳体"应该这一时期科场文风的综合性表述。不过,由此将它的内涵划分为道学家和浙东学派泾渭分明的两个部分,并认定道学家重义理、轻文法,同时又试图援义理入科举程文,永嘉学者重事功、求实效,所作时文斟酌篇章,讲求修辞,或许过于牵强。乾淳体虽不能肯定是陈傅良一人之影响而形成,但其核心就是浙东学者。叶适诸人明确表示"欲合周程、欧苏之裂"[3],并不以纯粹的文章家自居,陈傅良等事功派学者也没有将自己截然与所谓的正统道学家划分开来的意识。就当时而言,他们恐怕也往往把自己归属为道学家的阵营。这一批学者重事功,同时也重义理,也试图援义理入科举程文。王宇曾以陈傅良对《春秋》的解读为个案,论证了永嘉学派的崛起实际上与南宋科场有着密切的关系。乾道九年三月二日,试起居郎兼权中书舍人留正大力抨击当时太学的文风:

太学时文,四方视以为法,而士风厚薄,人才盛衰,皆可概见于此。国家取士三场,各有体制,故中者谓之合格。数年以来,有司去取以意,士人志于得而已,程文多不中度,故议论肤浅,以

---

[1] 周密撰,吴企明点校:《癸辛杂识》,中华书局 1988 年版,第 65 页。

[2] 马端临:《文献通考》卷 32,中华书局 1986 年影印本,第 301 页中栏。

[3] 刘壎:《隐居通议》卷二,中华书局 1985 年版,第 17 页。

怪语相高,对策全无记问,而以浮辞求胜。大抵策尤为卑弱,每刊行公私等试文字,不足以传示四方。[1]

王宇认为,这里提到的太学时文"多不中度",实际上代表了一种正在兴起的全新时文文体,其创造者就是陈傅良。[2] 令人费解的是,作者一方面认为《春秋》一经在南宋科场的兴盛与陈傅良及其时文有关,另一方面,他却反复强调陈傅良在科场的成功不是依赖对《春秋》的阐释,而是依靠他在时文方面的创新,时文的创新又表现为对《春秋经》的诠释。这一结论如何能够产生呢? 作者给出了两个前提。一个是以陈傅良为代表的这种新文体,为人们所接受的只是它的文风,至于它的内容却为人们所忽略了,亦即"永嘉学派的思想没有主导科场,主导科场的只是其时的文体";另一个是陈傅良的一生可以截然划分为两个阶段,即以举子为事业的阶段和以君子为事业的阶段,"陈傅良在遇见薛季宣后,就放弃了科举之学,转向了所谓的制度新学,即思想史意义上的永嘉学派"。

所有陈傅良的传记确实都提到了薛季宣对陈傅良的重要影响,但陈傅良是否在乾道五年遇见薛季宣后就彻底放弃了科举之学呢? 一个最简单的事实是,三年后陈傅良才终于登科,这是放弃科举之学的人所无法做到的。为了能自圆其说,吴子良不惜更改基本的事实,他在《荆溪林下偶谈》中写道:"(陈傅良)既登第后,尽焚其旧稿,独从郑景望讲义理之学,从薛常州讲经制之学。"[3]但如前所述,陈傅良从学于郑伯熊与薛季宣,是在其登第之前。而薛季宣学问的一个方面就是"小之则擅场屋之名"。虽然楼钥称"擅场屋之名"为其学问之小者,但毫无疑问却是当时最具有吸引力的。至于永嘉文体的内容与形式能否截然分开呢? 这似乎是困难的。在我们看来,更有可能性的情形应该是,假如这一学派文风主导了当

---

〔1〕 苗书梅等点校,王云海审订:《宋会要辑稿·崇儒》"太学",河南大学出版社 2001 年版,第 55 页。

〔2〕 王宇:《南宋科场与永嘉学派的崛起——以陈傅良与〈春秋〉时文为个案》,《浙江社会科学》2004 年第 2 期。

〔3〕 吴子良:《荆溪林下偶谈》卷四"陈止斋",第 42 页。

时的科场,那么它的思想自然也会在其时极为盛行。

陈傅良的《春秋》学一度非常盛行,尤其是在科场上。朱熹曾询问温州籍弟子叶味道:"赴试用甚文字?"叶味道回答是《春秋》,于是朱熹大发牢骚:"《春秋》为仙乡陈、蔡诸公穿凿得尽,诸经时文愈巧愈凿,独《春秋》为尤甚,天下大抵皆为公乡里一变矣。"〔1〕朱熹的牢骚以及他放弃在这一战场与陈氏诸人争衡〔2〕,正表明陈氏诸人在这一领域的强大。陈傅良于《春秋》造诣之深,在楼钥、叶适与蔡幼学盖棺论定为其所作的神道碑、墓志铭与行状中都有专门的论述。楼钥的评述是:

> (陈傅良)博极群书,而于《春秋左氏》尤究极圣人制作之本意、左氏翼经之深旨,著《春秋后传》、《左氏章旨》二书,盖经止获麟、孔子卒,传止韩、魏反而丧之,之后殆未有此书也。愿见不可得,则曰:"此吾身后之书也。"〔3〕

在楼钥的叙述中,陈傅良把《春秋后传》与《左氏章旨》作为他的传世之作。这一说法,楼钥也是认可的。蔡幼学《行状》云:

> 公深于《春秋》,其于王霸尊卑华夷消长之际,及乱臣贼子之所由来,发明独至。又以为左氏最有功于经,能存其所不书以实其所书,故作《章旨》以明笔削之意。楼钥为之序曰:"自有《春秋》以来,盖未有此书也。"

在楼钥的心目中,陈傅良对《春秋》用功为多,造诣也尤为精深〔4〕。

---

〔1〕《朱子语类》卷一百一十四,载《朱子全书》第18册,第3617页。

〔2〕《朱子语类》卷八三:"今之做《春秋》义,都是一般巧说,专是计较利害,将圣人之经做成一个权变之书。如此,不是圣经,却成一个百将团。因说前辈做《春秋》义,言辞虽粗率,却说得圣人大意出。年来一味巧曲,但将《孟子》'何以利吾国'说尽一部《春秋》。……常劝人不必做此经,他经皆可做,何必去做《春秋》。"《朱子全书》第17册,第2868页。

〔3〕楼钥:《宋故宝谟阁待制赠通议大夫陈公神道碑》,《陈傅良文集》附录二,第688页。

〔4〕楼钥:《止斋春秋后左氏章旨序》:"止斋生于东嘉,天资绝人。诵书属文,一旦迥出诸老先生上,敛然布衣,声名四出。六经之说,流行万里之外,而其学尤深于《春秋》。"载《全宋文》第264册,第88页。

南宋后期大儒真德秀也肯定陈氏所著"大略谓左氏依经为传,纵横上下,旁行溢出,皆所以解驳经义,非自为书"[1]。正因为陈傅良的《春秋》之学在当时影响巨大,后来者有以《春秋》时文及第者,便会联想到他。如刘克庄《冯巽甫墓志铭》有记载说:"君以《春秋》两贡于乡,中类省前列……时人以方永嘉陈、蔡二公。"[2]

不过,陈傅良并不只是独专《春秋》,对于其他诸经也颇有研究。如袁燮曾声称陈傅良以《周礼》名家:"止斋以《周礼》名家,闻公(黄度)论乡遂,所疑顿释。"[3]陈傅良对《周礼》的解说,同样在科场上产生了巨大影响。叶适《黄文叔周礼序》说:

> 同时永嘉陈君举亦著《周礼说》二十篇,盖尝献之绍熙天子,为科举家宗尚。君举素善文叔,论议颇相出入。所以异者,君举以后准前,繇本朝至汉,溯而通之;文叔以前准后,由春秋战国至本朝,沿而别之。[4]

陈傅良的经制之学,在《周礼》研究方面表现得十分典型。吴子良即盛赞其"于成周制度讲究甚详,有《周礼说》,尝以进光庙"[5]。朱熹虽然对陈傅良《周礼说》一书颇多非议,认为其间有杜撰说错处[6],但还是要求人们给予足够的重视[7]。他批评陈傅良好新求奇[8],也是把握到了

〔1〕 真德秀:《真西山集》卷八《朝奉大夫赐紫金鱼袋致仕滕公墓志铭》,《丛书集成初编》本,中华书局1985年版,第129页。

〔2〕 刘克庄:《冯巽甫墓志铭》,载《全宋文》第331册,第370页。

〔3〕 袁燮:《絜斋集》卷十三《龙图阁学士通奉大夫尚书黄公行状》,《丛书集成初编》本,中华书局1985年版,第229页。

〔4〕 叶适:《水心集》卷十二《黄文叔周礼序》,载《叶适集》,第220页。

〔5〕 吴子良:《荆溪林下偶谈》卷四"陈止斋",第42页。

〔6〕 《朱子语类》卷八十六:"大概推《周官》制度亦稍详,然亦有杜撰说错处。"载《朱子全书》第17册,第2915页。

〔7〕 《朱子集》卷五十二《答俞寿翁》:"所示《周礼复古》之书,其间数处向亦深以为然。今得如此区别,极为明白。但素读此书不熟,未有以见其必然。闻陈君举讲究颇详,不知曾与之商量否?"载《朱子全书》第25册,第4777页。

〔8〕 《朱子语类》卷八十六:"君举于《周礼》甚熟,不是不知,只是做个新样好语谩人。"载《朱子全书》第17册,第2916页。

陈氏的特征,因为陈傅良的《周礼说》与他的《春秋》学一样,都是为科举家所宗尚,都是为场屋之人指点迷津。他对于《诗经》研究亦是如此。所以当朱熹听说两人观点有异,要求商榷时,陈傅良就明确表示他"不过与门人为举子讲议",不愿迎战。

> 考亭先生晚注《毛诗》,尽去《序》文,以彤管为淫奔之具,以城阙为偷期之所。止斋得其说而病之,谓"以千七百年女史之彤管与三代之学校,以为淫奔之具、偷期之所,私窃有所未安"。犹藏其说,不与考亭先生辨。考亭微知其然,尝移书求其《诗说》。止斋答以"公近与陆子静斗辨无极,又与陈同父争论王霸矣。且某未尝注《诗》,所以说《诗》者,不过与门人为举子讲义,今皆毁弃之矣"。盖不欲佐陆、陈之辨也。今止斋《诗传》方行于世云。[1]

总之,陈傅良于诸经颇有研究,且多有独到心得。而永嘉思想的许多重要观点都隐藏在对他诸经的阐发中,永嘉思想得以迅速传播与流行,也正在于借助了这些经典的权威。我们不能因此将他们作为异端与道学家鲜明对立起来,但也不能认定他们在科场中对于诸经的阐释与传统的解释丝丝合扣,没有自己的立场。朱熹对于陈傅良的批评,如"计较利害"、"好语谩人"等,正显示出陈氏特色之所在。从这个角度来看,永嘉学派的崛起与南宋科场确实有着密切的联系。或者说,永嘉学者正是借助于场屋的魔力,迅速扩大了他们的影响。因此,将永嘉体的思想内容与文章形式割裂开来,以为时人仅仅接受了永嘉学者的文章技巧而对其思想略无关注的观点就不能令人信服了。

---

[1] 叶绍翁:《四朝闻见录》甲"止斋陈氏",中华书局1989年版,第15页。

第二节　陈傅良的时文创作

一　陈傅良与《十先生奥论》

由于对经义的精通,陈傅良所撰写的经论一度非常流行。楼钥在《神道碑》中曾有所描述:"本朝名公巨卿不可缕数,然自韦布而名动宇内者不过数人。公自为举子业,其所论著如《六经论》等文,所在流播,几于家有其书。蜀中文学最盛,读之者无不动色,文体为公一变。至传入夷貊外国,视前贤为尤盛。"〔1〕在这里,《六经论》被视为陈傅良从事举业的代表作,并被断定为家有其文,由此可见它的风行程度。不过,在《止斋集》中我们没有发现《六经论》及其同类文章的痕迹,楼钥所说的《六经论》或当是《五经论》,佚名所编《十先生奥论》保留了这一组文章,使我们今日得以窥见它的风貌。在这一组文章之前,陈傅良有一序言,阐述了他的创作思路与宗旨:

> 《易》因乾坤以定君臣之分者也,故《易》作而文字始生。《大传》曰:"有天地然后有万物,有万物然后有男女,有男女然后有父子,有父子然后有君臣,有君臣然后有上下,有上下然后礼义有所措。"故《礼》次之。古有礼不下庶人,而太史氏观民风以诗,盖礼施于君臣而诗作于民,故《诗》又次也。《易》也、《礼》也、《诗》也,治乎下之道也,而君之所以自通乎下者犹未也,于是乎有《书》。《书》者,上所以通乎下之言也,故《书》又次之。呜呼!《春秋》作,君臣之道衰矣。圣人所以维君臣之道者,亦至是焉始穷,故《春秋》终焉。吾病学者不知六经之作相次以立君臣之道而曰徒文而已,作《五经论》。〔2〕

---

〔1〕 楼钥:《宋故宝谟阁待制赠通议大夫陈公神道碑》,《陈傅良文集》附录二,第683页。

〔2〕 陈傅良:《五经论序》,载《全宋文》第268册,第77—78页。

陈傅良郑重指出,圣人相继作《易》、《礼》、《诗》、《书》、《春秋》,是有着深厚的意旨的,那就是为了树立君臣之道。这五经的顺序,也就是君臣之道逐渐完善的过程。《易》初步定下了君臣的名分,《礼》为贵族等级的具体方略,《诗》为了解下层民众心声的渠道,《书》为宣示上层旨意的途径。总之,它们都是为了建立一个既定的秩序而产生的。此序最大的特色,就是将五经贯穿起来,当作一个整体,演绎它们共同的指向,如王霆震引槐城评云:"合五经贯穿议论。此序总题其纲,引事运意,过脉不露,有手段,有法度。"〔1〕此前吕祖谦也作有《五经论序》,此文可与之相互辉映。吕文如下:

> 五经之作,非圣人自为之也,亦因民之所自有者为之也。夫人之生,不能无喜怒哀乐之情。喜怒哀乐之情,好恶美刺之所从生也,是以有《诗》。盖《诗》者,民之情也。夫民之情虽易以放,而其辞逊之心则固有也。因其固有之心而为之节文,则于是乎有《礼》。《礼》者,敬而已矣。民一于敬,则待上也过高,而自居也过卑。高卑之相形而上下之情暌,于是因其自卑之势也而有《书》。《书》者,上之所以通乎其下也。上下之情通,而圣人之应之也亦已劳,而民之求乎上者亦浸渎。于是因民之有吉凶悔吝也,而使之自取决于一筮,夫是以有《易》。《易》者,圣人洗心退藏之书也。嗟乎! 至于《易》,圣人亦可以无事矣,而所以未免焉者,犹有《春秋》也。盖《春秋》之作,情已离,敬已衰,上下已乖,而吉凶已贸,于是乎《春秋》终焉。是知《春秋》者,亦因民之相是相非而无断焉者也。吾病夫人以五经之作为圣人私意为之也。〔2〕

两篇序文有同有异。所异者,对五经的宗旨理解不同。陈傅良以为,五经是为了维护君臣秩序的稳定所作,是从上层的意愿出发;吕祖谦则以

---

〔1〕 王霆震:《古文集成》卷六,文渊阁四库全书本。
〔2〕 吕祖谦:《五经论序》,载《吕祖谦全集》第 1 册,第 879—880 页。

为是"圣人因民所自有之理而作五经",顺应了下层的意愿与要求。所同者,都是用最精简的文字,囊括五经大义,一意贯穿,脉络清晰,旨意豁达,所谓"一序包五篇大意,词简意尽"[1]。

与吕祖谦之文异曲同工的还有陈傅良的《七圣论》。陈氏先后讨论了古代最有影响的那批圣人贤达的功过。他认为尧比舜更令人敬仰,因为尧留给后来者足够的空间去发挥他们的能力,而舜看起来做出了许多令人振奋的事情,却使后人难以为继,"详天下之法者,舜也;而斫天下之朴者,亦舜也"[2]。值得注意的是,陈氏反复强调要一分为二地去看待圣人的所作所为,圣人在给天下人带来便利的同时,也会留下隐患。"风俗之变,圣人起之也,故夫圣人有所利于天下者必有所病于天下"[3]。在这个意义上,他进一步指出大禹超越尧、舜等前辈圣贤并不是一件值得称誉的美事,如大禹顺应时势所建立的"上贡制度",就为腐败堕落者大开方便门,"以无余之利足甚便之欲,而天下之患日益"[4],这与秦人以功利之心毁灭井田制度所造成的危害是相同的。因此,对于圣人的所作所为,他也有所难以认同,尤其是在对规则的改变方面。"圣人而有所变,则亦趋天下而诈之也已矣。"商汤对卜筮的运用,对天意的窥测,在陈傅良心中都是"诈"的一种手段,是猎取他们本不该占有的利益的一种方式。"汤欲加其所不可加于天子而托之天,仲尼欲加其不可加于诸侯而托之王"[5],商汤与仲尼都难以洗脱僭越之嫌疑。周武王猎取民心的方式"媚天下焉而厌其心"[6],他偃旗息鼓,散财发粟,以换取人民的支持,但"天下之情,惟期乎己胜也"[7],这种迎合根本无法满足人民的欲望,终使天下不可收拾。

总之,陈傅良在《七圣论》中表达出了一种坚定的守成主义立场,即对任何规则的变更与形势的变化都表现出警惕,他甚至认为一切社会问题

---

〔1〕　王霆震:《古文集成》卷六槐城评吕祖谦《五经论序》语,文渊阁四库全书本。
〔2〕　陈傅良:《七圣论·尧舜》,载《全宋文》第268册,第31页。
〔3〕　陈傅良:《七圣论·尧舜》,载《全宋文》第268册,第30页。
〔4〕　陈傅良:《七圣论·大禹》,载《全宋文》第268册,第33页。
〔5〕　陈傅良:《七圣论·商汤》,载《全宋文》第268册,第34页。
〔6〕　陈傅良:《七圣论·武王》,载《全宋文》第268册,第34页。
〔7〕　陈傅良:《七圣论·武王》,载《全宋文》第268册,第35页。

的根源都在于有意无意的"变"。"一圣人作,必有以胜乎古人者。吁!愈作而愈胜,吾固忧其所终也。是故舜之胜尧,禹之胜舜,非舜、禹之美事也。……后之圣人又以胜之者,而天下之变,遂至于无穷而无所归"〔1〕。在这组文章的序言中,他首先申明了这一立场:"余观天下之变,伤古不复见也,作《七圣论》。人之言者,唐虞之法不如夏,夏不如商,商不如周。吁!法愈备而人愈浇,天下所以至于秦汉欤!古之圣人,居世之变而不与焉者,惟文王,故离之而系其末云。"〔2〕一代不如一代的历史退化论,在陈傅良的时代并不令人惊讶。值得注意的是,由此他所推论出圣人所承担的无法推脱的责任。在复古主义者看来,历史的局面虽然日益恶化,但圣贤们正以他们的所作所为延迟着这一进程;而陈傅良则以为,这些圣贤即使不能算作形势恶化的始作俑者,但在某种程度上也可以被视为推动者,他们那些看起来似乎是顺应历史形势而做出的改变,实际上是打开了罪恶之门。周文王何以受到陈氏的推崇呢?"古之圣人,迫之而后应,求之而后得者,吾闻之矣;迫之而愈不动,求之而愈不可得者,吾未之闻也,于此得文王之天。"因为在急剧变动的形势面前,他岿然不动,并没有做出所谓的"顺应"之举。这独到的见解受到了康熙君臣的赞扬:"识解深邃,文笔有类诸子","析理则探赜极幽,理论故穷情尽变"。〔3〕

吴子良称陈傅良最喜爱《史记》传赞,其《林下偶谈》记载:"襄见曹器远侍郎称止斋最爱《史记》传赞,如《贾谊传赞》为人诵之,盖语简而意含蓄,咀嚼尽有味也。"《十先生奥论》所保留的陈傅良作品中,数量以前汉史论为最。大凡从楚汉相争到汉武帝极盛时期出现的风云人物,他都有所点评。对于楚汉相争时期涌现的那些英雄人物的功过是非,陈傅良都提出了自己的看法,尤其是令人无比叹惋的霸王项羽。司马迁《史记》所讲述的鸿门宴故事极其生动,早已深入人心。人们多以为项羽之败就在于没有听取范增之言,未在鸿门宴杀掉刘邦,以至于错失良机,养虎为患。

---

〔1〕 陈傅良:《七圣论·大禹》,载《全宋文》第268册,第32页。

〔2〕 陈傅良:《七圣论序》,载《全宋文》第268册,第30页。

〔3〕 康熙选,徐乾学等编:《古文渊鉴》,吉林人民出版社1998年版,第1285页。

陈傅良却指出这种说法相对幼稚，"夫变之来也无常，而英雄豪杰其伏也无尽。变之来也无常，则不可以逆定；英雄猾桀其伏也无尽，则形索而计取也必不及。是故详于禁者有法外之遗奸，工于谋者有术中之隐祸"[1]。形势变化莫测，英雄豪杰是时势所造就的。即使当日杀掉刘邦，潜藏的其他英雄豪杰可能又脱颖而出了。项羽的失败，归根结底在于他眼界的狭小，没有雄视天下的抱负。为归乡炫耀富贵而不惜放弃关中，充分证明了他的短视与浅见。一个沾沾自喜而易于自足的人是不可取得天下之大利的。"故项羽捐关中之胜而荣归故乡之楚，吴王濞不趋洛阳用武之地而豢于食梁以厚其资，君子已知其不能为矣。人皆咎羽却韩生之谋，吴有桓将军不能用，以愚观之，二子之计行，亦仅足纾吴、项之死而已，乌能使之得志乎？以羽之浅中，其易盈也如此，岂复有王者之量？设得全关而居之，亦不保其不踟蹰而东也。"[2]

范增历来被认为是项羽最有利的臂膀，他的离去导致了楚军的崩溃。对于范增的作用，陈傅良也有不同的看法。陈氏认为范增虽有具有敏锐的眼光，意识到了刘邦远大的志向，但采取的应对策略是根本错误的。因为"患不在于纵敌，而多杀无益于弭寇"[3]。他提供给项王的打杀方略解决不了问题。人们常以为项羽暴虐酷杀而刚愎自用，这是他败亡的重要原因。"项氏之弊，惟其暴也。力疲于亟战，勇衰于屡逞，而恩信失于好杀，是皆羽之所以取亡。"[4]但项羽之所以在这条不归路上越走越远，范增实难辞其咎。项羽并非完全不能听取他人的讽谏，"欲坑外黄，而愧于舍人儿一言；欲烹太公，而悟于项伯之微谏"。但当他戮子婴、杀义帝、斩韩生、坑二十万秦卒时，作为项羽最重要的谋士，范增不仅没有劝阻，反而有意引导。项羽确实有暴虐的一面，而范增却使他的这一面更加强化了。"凡血气盛于少年，而志量浅于更事之不多。增以垂老谋楚而暴不减籍，

---

〔1〕 陈傅良：《项羽论》，载《全宋文》第 268 册，第 44 页。
〔2〕 陈傅良：《项羽吴王濞论》，载《全宋文》第 268 册，第 45—46 页。
〔3〕 陈傅良：《项羽论》，载《全宋文》第 268 册，第 45 页。
〔4〕 陈傅良：《范增论》，载《全宋文》第 268 册，第 46 页。

若其尚壮,殆将尤焉。"〔1〕

值得注意的是,陈氏反对项羽的暴虐,并非如许多迂腐的儒生那样死死抱着"仁义"不松手,真以为两手举着仁义的大旗就可以天下无敌。"图天下者,自有天下之势,书生之论不知也。图天下而守书生之论,不败事者寡矣。昔者秦之趋亡,陈、吴、刘、项之徒崛起荆棘,以匹夫争天下,无只民块土以为之阶,其势非可以仁义为也。"〔2〕在逐鹿天下的时刻,终究还是要依靠自己强大的力量,而将希望寄托于他人无疑是滑稽可笑的。不仅如此,陈傅良对所谓高洁自守的蔼蔼君子也不以为然。在他看来,这些人在危急之时往往无所作为。刘邦的成功与项羽的失败就是最好的检验。"昔者尝闻楚、汉之际,天下之人廉洁好礼者归项,顽钝无耻者归刘,高帝收屠贩之徒,卒以灭楚,而项羽所谓骨鲠臣往往诛斥。"〔3〕

对于汉高祖身边的那一批谋士,陈傅良给予了高度评价。他认为在稳固刘氏天下的过程中,张良无疑起着重要的作用。当汉高祖刘邦因宠爱戚氏而欲立赵王如意为太子时,张良是如何来说服高祖刘邦呢?"夫人唯有所爱也,而后有所溺。方其溺于所爱,而视天下无以易此也,是以不可夺。则有天下之所可爱者而甚于其所溺者以动之,亦将忘其中而忽变其初。"刘邦之所以有了废立的念头,是原"以为如意之贤足以嗣其位,而惠帝之弱不足以堪"。当张良建议太子请出商山四皓时,力量对比顿时发生了扭转。"以高帝爱戚氏,岂能愈于爱汉耶?"〔4〕一个困扰群臣的巨大难题迎刃而解。

对于韩信,陈傅良尤为敬重喜爱。他认为在汉高祖身边的这些大将中,韩信可谓鹤立鸡群。"吾观高帝诸将,其方介可以义闲,厚洁可以礼固者,独韩信一人也。"〔5〕其指挥若定、泰然自若的风采令人向往不已,"信以寄食之贫,胯下之辱,连敖治粟之不遇,一擢而拜为登坛之将,受之而不

---

〔1〕 陈傅良:《范增论》,载《全宋文》第268册,第46—47页。
〔2〕 陈傅良:《张耳陈余郦食其论》,载《全宋文》第268册,第48页。
〔3〕 陈傅良:《陈平论》,载《全宋文》第268册,第52页。
〔4〕 陈傅良:《张良论》,载《全宋文》第268册,第49页。
〔5〕 陈傅良:《韩信论二》,载《全宋文》第268册,第53页。

盈,居之而不腼,雍容暇豫,决楚汉之雌雄于谈笑间"〔1〕。但他悲惨的结局却让人无比同情,为什么会出现这种让人遗憾的情形呢?陈傅良用大量篇幅讨论了这个问题。一方面,他认为韩信个人对形势的判断不够清楚,没有做到让刘邦充分信任,君臣之际留下了嫌隙;另一方面,则是高祖猜忌心太强。"信有以取之,而帝亦若无赖子之为者也,君子是以闵信而甚汉高祖也。"〔2〕而对于后者,他尤为耿耿于怀。"君臣之际,非惟下之人有以自全,而上之人亦有以全之者"。良好和谐的君臣关系,更多取决于在上者的心态。由此,他对张良的辟谷,疏广、疏受的退隐表示赞同,认为他们虽然不得以充分展露其才识,但最终能够保全自己,可谓见机而为者。"留侯辟谷于韩、彭、陈、黥菹醢之日,二疏出关于赵、盖、韩、杨骈死之际,天下至今高之。夫张良、广、受不得与周公、毕、荣之列,不足恨也。"我们不应该为张良等人而遗憾,而当不齿于高祖、宣帝所作所为。"高帝、宣帝之贤,而独与乌喙之越同科,不能自齿于设醴之楚,可惜也哉"〔3〕。

在评论汉初重臣周勃、汲黯与霍光的进程中,贯穿其间的一个核心思想是人才问题。人才问题,关系到王朝的长治久安。什么是人才呢?人们往往有所误解。"今之君子,巧而文甚也,震整而翘秀,闲丽而辩。学问之工,而气质之陋也;词藻之华,而忠信之薄也。机辩惠巧者,蒙不仁之具也;威仪丰度者,盖空中之质也。是以攻之不穷而用之必乱,摘之无尤而动则为奸。"〔4〕作者并非全然反对学问与词藻,而是以为一味追求这两者,只会让那些道貌岸然、夸夸其谈者耀武扬威,至于周勃那样质朴无文的栋梁就会被埋没。因此,作者又强调不同的人应该有不同的要求,不可一律视之。周勃等人在学问方面确实有所欠缺,这不妨碍他们成就一番伟业,但同时我们也不能将他们作为评判人才的标准。"世之论者,皆曰

---

〔1〕 陈傅良:《韩信黥布论》,载《全宋文》第 268 册,第 55 页。
〔2〕 陈傅良:《韩信论二》,载《全宋文》第 268 册,第 53—54 页。
〔3〕 陈傅良:《张良二疏论》,载《全宋文》第 268 册,第 50—51 页。乌喙,用越王勾践典。赵晔《吴越春秋·勾践伐吴外传》:"夫越王为人长颈乌喙,鹰视狼步,可以共患难而不可共处乐。"
〔4〕 陈傅良:《周勃论》,载《全宋文》第 268 册,第 58 页。

周勃之安刘,霍光之立宣,汲黯之惮淮南,皆以无学得之,士亦奚贵乎学?"[1]假若有这种看法,就大错特错了。不学无术,没有周勃等人那样的能力,却又自高自大,就会造成灌夫那样的悲剧。

人才的鉴别历来是天下难事。"天下之人才,匿真于似而托虚乎实,虽智者易惑也。故夫其人炳然,其容翘然,而其中无有,世主必甘心焉而不疑,盖亦利其便捷奋发之形,若足以成天下之功"[2]。陈傅良最深恶痛绝的就是那些欺世盗名者,"天下之患,莫大乎为士者盗名以自便"[3]。因此他提出在实践中去检验,"惟其倚之而不济,用之而有穷,然后反而思天下之事不可以形求"[4],就不会为外表所迷惑。发现了真正的人才,君主有时又不会善于使用。为了表达他们对人才的喜爱之情,这些君主不惜越级提拔,委以重任,如"陈平以亡楚之逐臣,高帝俄置之骖乘之密;贾生以洛阳之少年,文第遽议以当路之任",殊不知这却是对人才的损害。"人主之用人,莫难乎越其常也。躐其等而亟用之,而不以来谗间之口者寡矣。"嫉妒是人之天性,周勃等人对贾谊的排挤也是可以预见的反应,不能加以苛责:"争名者于朝,争利者于市。积薪之叹,虽汲黯之长者犹不能平,孰谓绛、灌而真蔽贤也哉?"[5]而最令人痛心疾首的,则是那些人才总是无法取得君王的信任,哪怕是视为股肱腹心,一旦与君王拉开了距离,就会招来不测之祸。"武安一去咸阳七里,而应侯之谮已行;董仲舒左迁胶西,几不免于祸。"[6]如果说汲黯与萧望之的悲剧还只是君王的无意疏远所造成的,那么,君王的猜忌带给士人的就是无法摆脱的灭顶之灾。"昔武帝以刚明之资督责臣下,自李、蔡、严、青、翟、赵、周,数相骈死牢户;至于宣帝,其忮克又过之,赵、盖、韩、杨之伦以微罪诎,其他自全惟陈万年之顺从、丙吉之谦虚而已。"[7]

---

〔1〕 陈傅良:《周勃汲黯霍光论》,载《全宋文》第268册,第60页。
〔2〕 陈傅良:《霍光论》,载《全宋文》第268册,第73页。
〔3〕 陈傅良:《汲黯论》,载《全宋文》第268册,第69页。
〔4〕 陈傅良:《霍光论》,载《全宋文》第268册,第73页。
〔5〕 陈傅良:《绛灌论》,载《全宋文》第268册,第59页。
〔6〕 陈傅良:《汲黯萧望之论》,载《全宋文》第268册,第70页。
〔7〕 陈傅良:《卫青张安世论》,载《全宋文》第268册,第71页。

陈傅良于历代典章制度颇为用心，所以对叔孙通的评价也最为精确独到。历来统治天下者，无非"礼"与"法"两种手段。而秦人严刑峻法，人情已不能忍受。"禁人者已甚，则人将苦其苛；而情不自胜，其势将至于荡焉而弗忌。"强大秦朝的倾覆，就与这个因素有着密切的关联。王朝新兴之际，叔孙通受命为高祖制定礼仪，能够审时度势，"宁有所阔略，而无敢于极备，则亦便汉而已矣[1]"，这就保证了礼仪制度的顺利运行，不是那些求全责备的迂腐之士所能做到的。陈傅良对于讲求等级和谐的"礼"的手段的注重，使他对追求公平严正的"法"不免有所忽略，因此以平正著称的张释之就受到了他的批评。"吾尝观江充击戾太子之使，其始与释之劾景帝等尔。"陈傅良认为正是张释之的以下犯上，才引发了江充的效仿，从而引发了戾太子之乱。在这个意义上，他对商鞅与周勃都有所不满。"鞅则忍矣，而绛亦伤恩，何者？君子之尊尊也，亟规而缓讨，规之不行，则讨之未失。"这样一来，所谓法度，就是为严格等级制度的礼仪所服务的，因而也就是片面而难以持久的。

不过，陈傅良的这种"尊尊"之心还是极为淡薄的。在他的史论中，公正的立场基本上能够得以体现，哪怕是面对所谓的历代圣君。如对于晁错之死，陈氏一方面指出急躁是其取祸之源，另一方面，他又将矛头直指汉文帝，批评皇帝的刻薄寡情。"错诚有罪，帝独无愧耶？"[2]至于汉景帝逼迫名臣周亚夫自杀，更是自毁江山的愚蠢之举，被陈氏认为是大汉衰落的重要原因。"景帝固以鞅鞅非少主臣，卒置之死。至于庸懦无所谓之卫绾，则谓其可以相少主矣，所谓朴厚弘毅以当社稷之寄者，盖其若是靡耶？故自杀亚夫，汉之大臣始衰。……然则汉之祸，景帝为也。"[3]叶适告诉我们，陈傅良出道之初，就以其"奇意"、"新语"扫荡了当时科举旧学之"陈编宿说"。那么，叶适所谓的"陈编宿说"是指什么呢？陈傅良特出之"新意"又新在哪些方面呢？祝尚书以为惧"时忌"而为"空言"，即所谓绍兴间

〔1〕　陈傅良：《叔孙通论》，载《全宋文》第268册，第63页。
〔2〕　陈傅良：《晁错论》，载《全宋文》第268册，第67页。
〔3〕　陈傅良：《周亚夫论》，载《全宋文》第268册，第68—69页。

时文的"陈编宿说"。而以陈傅良为核心的乾淳太学体,一开始就与秦桧专政时期"蓄缩畏避"、趋时贡谀的文风相对立。祝氏曾引用《宋会要辑稿·选举》中相关记载以证其时之旧说:"多士程试,拘于时忌之说,蓄缩畏避,务为无用空言。至犹发明胸臆、援证古今者,苟涉疑误,辄以时忌目之,不得与选。"从上述我们讨论的《十先生奥论》所存陈傅良之史论中,我们不难发现其间无不闪烁着批评的锋芒,而且这批评的矛头往往直指最高统治者,从所谓的上古七位圣君,到汉代所谓明君汉高祖、汉文帝、汉武帝,概莫能外。这种直言不讳的批判精神,从另一个方面证明祝氏之推测不无有据[1]。

《十先生奥论》所收录的陈氏论政之文,这种批判精神也是一脉相承的。如他的《天论》表面上是为统治者培元固本,实际上却是警告他们不要以为这种统治可以永远持续下去,不要总是以为天意总可以被他们所代表,决定历史走向的还是他们的所作所为:

> 古之人君,不恃其或然之数,而忽其必然之理。或然之数者,天也;必然之理者,人也。天意之不集,人事犹可以自尽。幸乎天而人不继之,鲜有不败事者矣。昔汉之高帝、光武,盖尝得乎天矣。睢水之围,几入于项氏之掌握,而以大风脱;滹沱之役,亦几于填饿虎之喙矣,而以合冰济。是岂人力也哉?天也。二君于此,不以几不免者自沮,亦不以其偶而免者自质,方且益听三杰之谋,而延揽二十八将之议,以伺其隙,以俟其可乘之机,卒于垓下之围合而项氏擒,邯郸之战交而王朗虏。是果人耶?天耶?能知高帝五年之业不成于睢水之脱而成于垓下之胜,光武之中兴亦不在于滹沱之济而在于邯郸之克,则知人君之有为于天下者,其始也虽天启之,而成之者常以人也。嗟乎!天之欲其

---

[1] 叶适为陈谦所写墓志铭也是一证:"公永氏陈氏,名谦,字益之。……幼专苦迅捷,初得《通鉴》录本,坐败散昼夜读,数日略已尽。又论著其要,众咸骇异。入太学,时尚踵秦桧故禁,文气卑弱,公理胜而笔豪,其体一变。"《水心文集》卷二十五《朝奉大夫提举江州太平兴国宫陈公墓志铭》,载《叶适集》,第 502 页。

是君而使之有所成就者,不遽尔也,置诸危而福之,投诸难而全之,使之迫于利害以其深其谋,临于死生以固其志,抑其骄矜,挫其果锐以大其所受。而人君者不能因乎天之资而善用之,而方且安乎天而弃其所以在人,退处于无事之地,以坐观夫自定之势,则向之所以福之者,乃所以祸之也;全之者,乃所以败之也。呜呼!人君有为天下之志,其无以天之所以福我而全我者而取祸败也哉![1]

汉高祖、光武帝死里逃生而成就一番帝业,看起来是上天的眷顾,其实还是由于他们"不自沮"、"不自质"、坚忍不拔。天意不是坐等而至的,要靠自己去争取。而一旦拥有了天下,并不意味着高枕无忧,万世太平。在陈傅良看来,所谓天意,其实也就是一块遮羞布而已,随时可以扯下来。天下最可畏惧的,不是缥缈的不可捉摸的所谓"天意",而是实实在在的民心民意。"始皇唯知天下之难合而其患在六国也,故墟其社稷,裂其土地而守置之,以绝其内争之衅。中国不足虑,而所以为吾忧者,犹有四夷者,于是郡桂林,城迹石,头系百粤,而却匈奴于千里之外。始皇之心,自以为天下举无可虞,足以安意肆志,拱视于崤函之上,而海内晏然者万叶矣,而不知夫天下之大可畏者伏于大泽之卒,隐于钜鹿之盗,而其睥睨觇觑者已满于山之西、江之东也。一呼而起,氓隶云合,虽邯郸百万之师建瓴而下,而全关之地已税驾于灞上之刘季矣。呜呼!秦以七世而亡六国,而六国之民以几月而亡秦。以秦之强,不能当民之弱,天下真可畏者,果安在乎?"[2]

陈傅良进一步指出,百姓忍无可忍,揭竿而起,往往直接源于吏治的腐败。秦朝败亡的事实已为后来者敲响了警钟。"天下之吏习于嬴氏之暴,斩艾斫剥,草芥其民而弊之,重之以头会之敛、闾左之徭,又重之以阿房、骊山土木之役。当时之吏,非残仍侵渔病民以逢其君,则贪饕幸灾不

---

〔1〕　陈傅良:《天论》,载《全宋文》第 268 册,第 85—86 页。
〔2〕　陈傅良:《民论》,载《全宋文》第 268 册,第 86—87 页。

逞之人,于是民之欲亡秦者,十户而八九矣。"但如今的当权者丝毫不吸取历史教训,肆无忌惮地加以盘剥,这不是坐在即将爆发的火山口上吗? 又如何不让作者感到畏惧痛心呢? 作者检点历史,不是为了发思古之幽情,而是为触目惊心的现实大声疾呼,希望那些麻木不仁者早日警惕:"朝廷之上,方病夫财之不丰,兵之不强,以为大患,至于守令之奸,民号而诉者案牍相衔也,则谩不之省。重者不过罢去,次则仅免而已,舒之岁月,民之冤血未干,而谪籍之书又以恩贷矣。甚者至于公卿士大夫贪沓冗耗以不胜任闻者,皆剖之符而左迁之。嗟乎! 不意父母斯民之职,而为逐臣之渊薮也。有秦之弊,幸而无秦之乱。吁! 可畏哉! 可畏哉!"[1]

如何得到正直之士的帮助呢? 陈傅良以为,关键还是在于人主能否自强不息。士大夫的风范,在很大程度上受君王的品格所左右。君王能够听取不同意见,畏惧臣子的批评指责,那么朝中耿直刚介之士自然层出不穷;如果人主刚愎自用,肆无忌惮,那么朝中自然充斥着阿谀奉承之徒。从人性来看,陈傅良说,君王与臣子都没有任何差异。"夫人之情恶危而好安乐,因而惮改,自庶人达天子均也。"我们不能对君王有过高的期望与要求,哪怕是英明如汉武帝、唐明皇,不也做出了许多荒唐可笑之事吗? 但君王也应该承担自己的责任,为士人树立一个良好的榜样,营造良好的氛围,引导士人朝良好的方向发展。"欲养天下之士气,惟受人之所危而甘于人之所畏者能之。呜呼! 人主不可不自强也哉!"[2]

对于南宋的基本形势与国策,陈傅良也有详细的讨论。他承认在当前的南北对峙中,南宋处于弱势,但要改变这种不利的局面,却不能操之过急。因为"积强之后,虽甚懦者处之,而其烈犹未可以犯;积弱之久,虽甚强者处之,而其流亦未能以顿起"[3]。即使秦二世为少见的庸暗之主,山东豪杰倾覆强大的秦朝还必须大费周章。中唐的数位君主,不失锐气远志,但也无法改变唐朝衰微的走势。"凡善处天下之强弱者,不以亟而

---

〔1〕 陈傅良:《吏论》,载《全宋文》第268册,第88页。
〔2〕 陈傅良:《士论》,载《全宋文》第268册,第89—90页。
〔3〕 陈傅良:《国势论》,载《全宋文》第268册,第92页。

以缓。其欲敝人之强也,不婴其犹锐之锋,而姑坚守徐伺,以阴入其隙;欲振其国势之弱者,则亦不悻然而忿以徼成功,日夜淬砺以作其气,厚其力而后举。"〔1〕他反对没有做好充足的准备就轻举妄动,希望朝廷能认清形势,养精蓄锐〔2〕。

虽然陈傅良反复强调要认清当前弱者的形势,但他并不是投降主义者,也不是主张人们放弃抗争与抵抗,苟且偷安,得过且过。在南北对峙中,江南确实多处于守势,却也有过赤壁之战、淝水之战那样以弱胜强的经典战役,江左也并非只能守而不能攻。"天下之势初无定论,在用之如何耳。可以守亦可以攻,不能攻而区区于守,已损威矣,而又并守失之。"〔3〕如何把握好时机做到攻守兼备呢? 首先是有充足的信心,"晋元之南渡也,抚江都之胜,兼吴会之饶,亦足以奋矣,而没齿不能归侵疆之咫尺者,非他也,其心爱夫一隅之可以自托,惴惴然唯恐夫用之而并失之也"〔4〕。其次要做好兵备。"故兵之制,常与德并行而不可废。"〔5〕"兵孰难? 曰备为难。"〔6〕同时还要讲求谋略,"故善谋者,尤欲得之"〔7〕,"用兵之道奇为难"〔8〕。至于坚守,则不能依赖天险等地理形势。"秦之函谷,吴之长江,蜀之剑阁,天下之言险者无先也,而子婴降汉,刘禅、孙皓剪为魏晋之俘",人和比地利更为重要,即"守以险不若守以人"〔9〕。

---

〔1〕 陈傅良:《国势论》,载《全宋文》第 268 册,第 93 页。
〔2〕《古文集成》所收录陈傅良《和戎论》,甚至强调君主要忍辱负重:"高帝所以灭项者,抑又以和也。呜呼! 而今而后,知夫豪杰有志之士其所以有就于天下者,未可以小廉曲谨论也。高帝之仆劲敌,而俱以和市之,使帝不忍食区区之言,负信谊于天下,则大事去矣,安能基四百年之业哉? 故夫高帝深持不校之形以陷敌人于术中,君子皆不之罪。盖其图天下者,而负人者轻故也。后之豪杰有志之主,能三代则三代,如犹未也,得如汉高亦足矣。"载《全宋文》第 268 册,第 108 页。
〔3〕 陈傅良:《形势论下》,载《全宋文》第 268 册,第 96 页。
〔4〕 陈傅良:《恢复论上》,载《全宋文》第 268 册,第 101 页。
〔5〕 陈傅良:《兵论上》,载《全宋文》第 268 册,第 90 页。
〔6〕 陈傅良:《兵备上》,载《全宋文》第 268 册,第 103 页。《古文集成》卷三四所收录陈傅良《武备论》,专门论述了治世重武的必要性。
〔7〕 陈傅良:《谋论上》,载《全宋文》第 268 册,第 96 页。
〔8〕 陈傅良:《备论下》,载《全宋文》第 268 册,第 104 页。
〔9〕 陈傅良:《守论》,载《全宋文》第 268 册,第 105 页。

二　陈傅良与《止斋论祖》

陈亮以陈傅良为知己,曾言"四海相知惟伯恭一人,其次莫如君举"[1]。朱陈之辩时,陈亮曾把自己与朱熹的分歧展示给陈傅良,希望得到陈傅良的支持。陈傅良不欲卷入其间,回信便不偏不倚:"以不肖妄论:功到成处,便是有德,事到济处,便是有理。此老兄之说也,如此则三代圣贤枉作工夫。功有适成,何必有德,事有偶济,何必有理。此朱老丈之说,如此,则汉祖唐宗贤于盗贼不远。"[2]不过,作为南宋"浙学"一派,陈傅良的倾向性还是比较明显的,这也是陈亮为何会向他倾诉的原因。如在陈傅良的《唐制度纪纲如何》一文中,我们就可以察觉他对汉祖唐宗的评价以及他对功德关系的看法。虽然在其间他一如既往地采取了调和态度,以"道"与"法"的不可分离来替代"功"与"德"的和谐统一。不过,这种对"法"与"功"的高度评介,本身就展现了鲜明的事功派立场。他认为汉代以来,真正继承了三代精神的就是唐代,"汉而下,法莫备于唐,而先王之法犹仅见于唐"。而体现出这种意志的也就是唐代的纪纲制度,"唐之制度非唐之制度,而三代之制度也","唐之纪纲非唐之纪纲,三代之纪纲也"。唐朝的缺陷,不在于背离了三代圣贤所提倡的道德仁义,而是有所疏略,不够完善,"吾独以为唐之三百年而存者,为其犹详而密;唐之一再传而乱者,为其犹不详且密也"[3]。所以方逢辰概括此文说:

> 太宗治国平天下之法则详且密,而修身齐家之法则略且疏。其所以犹能扶持三百年之唐者尤幸,其治国平天下处自魏征劝行仁义一言而来,其法犹得先王之遗也。这是得法之详密处。其所以止于为唐者,以其修身齐家之法疏漏故也。后之儒者不识道法非两件物事,乃谓古人纯任道后世纯任法,遂以唐之制度纲纪无道德之味,而不知其得处正缘有些道德之味,以唐之纪纲

---

[1]　陈亮:《与吴益恭安抚(镦)》,载《陈亮集》,第327页。
[2]　《陈傅良先生文集》卷三十六《答陈同父》,载《陈傅良文集》,第460页。
[3]　陈傅良:《唐制度纪纲如何论》,载《全宋文》第268册,第130—132页。

其失在于详且密,而不知其失在于疏漏故也。[1]

陈傅良的《太宗功德兼隆论》,似乎可以看作是对朱陈之辩的直接回应。他认为一个统治者没有仁义道德之心,是无法带来太平盛世的。从这一角度出发,在文章中陈傅良给予了唐太宗以极高的评价:"唐太宗以战守攻取之余,而刻意于仁义礼智之治,功在当时,德在后世。""除隋之乱比迹汤武,致知之美庶几成康。此亦太宗也,身取而身守之,无变乎初心,是果浅才凉德者所能邪?"唐太宗所带来的贞观之治,本身就证明了他才与德的丰裕,证明了他对仁义礼智有深刻的领悟和坚守,并非是魏征的劝谏所能带来的。故方逢辰也从功与德并存的立场来分析陈傅良的文章:"后世人主有功者不必有德,盖功胜者易骄,而骄者失德之源也。太宗则不然,有功而不骄其功,方且悉心委计,听仇臣之言而行仁义,故史臣以功德兼隆称之。此大意也。微意则谓太宗养其心者有道,不为功烈所动,始终一般,故其德不为功所胜,此其所以为兼隆也。"[2]

对于三代,陈傅良并不是同其他儒士那样充满向往。他认为尧舜的禅让,固然不乏公天下之心,但其根本还是当时的形势所决定的,并非完全是他个人的意志。"尧舜之与人,非尧舜意也,势也。"将家业传承给自己的后裔,是人之常情,尧舜也有这种的意愿,"然则尧舜之不为汤武,非不欲为也,不可为也。"[3]由此在《王者之法如何论》一文中,他提出论政处事的基本原则是不能"贵耳贱目",不能贵远贱近,不能盲目地崇拜那些传说中的人与事,尤其是作为统治者:"人君不必远有所慕,远有所慕则近有所遗。……远而无异于近,则何必贵耳而贱目哉? 而况天下之理得于所闻,不若得于所见之详。且吾唯无所见,则亦无所慕;既获见矣,踵之蹑之,唯恐其不彼若耶,奚暇他求哉? 此而不求,徒以古人已陈之迹而求闻

〔1〕《蛟峰批点止斋论祖》甲之体《唐制度纪纲如何》,载《四库全书存目丛书》集部第20册,齐鲁书社1997年版,第6页。

〔2〕《蛟峰批点止斋论祖》丙之体《太宗功德兼隆》,载《四库全书存目丛书》集部第20册,齐鲁书社1997年版,第39页。

〔3〕 陈傅良:《为天下得人谓之仁论》,载《全宋文》第268册,第139—141页。

其所未闻者,吾意其窃是名以为夸天下也,其于治夫何益?"陈傅良认为统治者不必动不动就以三代为榜样,标榜着要成为尧舜那样的君主,这实际上是一种虚荣的行为,只是为了获取好的名声而已,对于良好的政绩没有任何帮助。因为所谓三代,都是道听途说,并没有提供实际的可以借鉴的方略,出现了具体问题也不可能在其中找到答案。"居今而效古,惑矣。彼尧舜三代非不足慕也,吾刑罚不能清,何有于画象?"每一时期的统治者都应该针对具体的问题采取相应的方针,"汉之天下,高祖以宽仁结之,文、景以恭俭固之,汉武以雄材恢拓之,孝宣以综核震厉之",这是西汉能够进入鼎盛的重要原因。这一说法,在时人眼中无疑是极其大胆的。故前人评此文说:"终篇以新语易陈言,醒人耳目,所谓化腐朽为神奇者。"[1]

陈傅良思想的重要特色,就是务实变通,他认为"所贵于儒者,谓其能通事务,以其所学见之事功"[2]。哪怕是对于六经的研究也当在于探明"时务本末利害","变通当世之治",即"六经之义,兢业为本",[3]"六艺之学,兢业为本"[4]。这使他对于前代的大儒,不迷信,不盲从,而能结合其间的历史境遇,探究其本意与用心,因而所做出的评价更为平实中正。如对于董仲舒的天人感应之说,陈傅良就能结合具体的历史背景,褪去其神秘的面纱,肯定其出现的积极意义。天人感应之说,现在看起来虽然极其荒诞,不当出自于君子之口,但当时董仲舒提出这一理论,是为了抑制日益膨胀的君权。"君子岂固好夫神其说者?意其将以动夫人也。人之情,不动于其常,而动于其异,是故足以动人。"因此,汉儒倘若都如董仲舒一般抱有如此用心,那灾异之说也就不应该受到鄙薄。"使汉儒之言灾异者皆仲舒之如,亦奚陋焉?吾故于天人相与之际,以为非汉儒之言也,君子

---

〔1〕《蛟峰批点止斋论祖》丙之体《王者之法如何》,载《四库全书存目丛书》集部第20册,齐鲁书社1997年版,第33页。

〔2〕《陈傅良先生文集》卷十四《大理寺主簿王宁新知信阳军刘崇之并除太府寺丞》,载《陈傅良文集》,第190页。

〔3〕《陈傅良先生文集》卷三十七《与吕子约》(一),载《陈傅良文集》,第470页。

〔4〕《陈傅良先生文集》卷三十八《答刘公度》(一),载《陈傅良文集》,第479页。

之言也。"当然,董仲舒等人选择这样一种荒诞的方式,也是迫不得已。"今夫天下之心犹可以物惧也,而举天下之物不足以惧者,人主之心也,彼固以为无所可忌也。夫以天下有犹可以惧之情,犹狌常而惟异之动也,则人主以其无所可忌之心,而欲以其常者惧之,吾见其莫之惧也已。以无忌之心,听莫惧之说,吁! 非天下之福也。然则天之说,君子盖不得已也。"〔1〕陈傅良的分析,无疑是贴合历史情境并具有预见性的。随着中央集权的日益加强,君权逐渐失去了控制,帝王的行为更加无所忌惮,这对于社会的发展而言是极其危险的。董仲舒的天人感应说,就是一种防止形势进一步恶化的策略。

四库馆臣曾褒扬薛季宣"历官所至,调辑兵民,兴利除弊,皆灼有成绩,在讲学之家,可称有体有用矣"〔2〕。陈傅良也继承了这种求实致用的精神,作为讲学之家,他反复强调观点与思想应该来自实践,不能出于臆想,即"所言不出于料想而出于真见,所立不由于景慕而由于蹈履。故夫斯言之无忌,必其真见之不惑;强立而不反,必其蹈履之所到"〔3〕。从实践中得来的真知,才值得珍惜与坚持。"凡天下之事,履之而后见,有所试而后可以求其所欲也。"〔4〕"凡观古人设施,要不可纸上为断,其当时身亲见之有次第也。"〔5〕臣子劝谏人主,也要经过详细考察,有针对性地提出自己的看法,而不能漫无目的地乱说一气。"当禽而射,矢无虚舍,天下之良工也;意病以加药,庸医为之。故凡与人而有言而不见信者,非其料想之说,则其尝试之说也。"〔6〕亚圣孟子当年一见齐宣王,就宣扬他的保民之说,结果得不到信任,显然也是犯了这种臆想的错误,因为他对所说服的对象还没有充分了解。

对于道的体悟,对于规律的认识,则要经过反复的实践与探索。唯有

---

〔1〕　陈傅良:《天人相与之际论》,载《全宋文》第 268 册,第 135—137 页。

〔2〕　《四库全书总目》卷一百六十《浪语集》提要,第 1379 页下。

〔3〕　陈傅良:《仁义为定名论》,载《全宋文》第 268 册,第 146 页。

〔4〕　陈傅良:《为治顾力如何论》,载《全宋文》第 268 册,第 127 页。

〔5〕　陈傅良:《贾谊通达国体论》,载《全宋文》第 268 册,第 169 页。

〔6〕　陈傅良:《为治顾力如何论》,载《全宋文》第 268 册,第 127 页。

得心应手、不假思索的行为,才是进入了与道合一的自由状态。"夫唯精且熟者,率性之真而任天理之便也。凡适性之直者无余巧,而任天理之便者无奇功。婴儿习行,十步九蹶;及其至也,不顾而趋,不择而复,而终日无婴儿之患,彼何为然邪? 其性之安,天理之符然也。"[1]圣人的知识并不玄妙,也不是与生俱来的,而是从我们日常生活中得出的。"圣人之学固外天下而有哉? ……天下见稊稗瓦甓而不见道,圣人于稊稗瓦甓而见道。"[2]"《七月》一诗,教之稼穑;《公刘》一诗,教之稼穑;《无逸》一书,又告之稼穑。岂无正心诚意之说哉? 而何屑屑于耒耜仓箱之为者?"[3]圣人与寻常人的差别仅仅在于他们善于学习与总结,能有所坚持。"圣人同天下为学,天下畏圣人而自为学。夫出于吾心之微,而达于性命道德之奥,圣人与我均也。"[4]因此,对于圣人我们就不必有畏惧心理。"圣人果有大可畏乎,其亦无所可畏也? 圣人有之而我无有,圣人能之而我无能,是则圣人有大可畏矣;若夫圣人有之而我与有焉,圣人能之而我与能焉,均秉于天,毫厘莫间,思之圣人而有是,反之吾身亦有是,是则圣人亦无可畏矣。"[5]天下之人正因为缺乏自信与上进之心,才会把圣人看成高深莫测,以为凡人不可窥测其万分之一,同时也把圣人之言看成是亘古不变的真理,不知"夫百物之理无涯,一隅之见有限,古今之变有常,而吾才之或长或拙也。道之在天下,焉可取必于吾言哉! 取必于吾言,而吾言之塞焉,则以为非道而不受而不反求诸心"[6]。圣人之为,即在顺乎人情民心,"人情无所戾也,世故无所反也,习俗无所激也,则圣人亦行其所事人而已矣"[7]。

"彼一时也,此一时也,时非圣人所能违,能不失时而已。"人主治理天下,不能胶柱鼓瑟,盲目信从,应当注重实践,具体情况具体分析。陈傅良

---

[1] 陈傅良:《学者学所不能学论》,载《全宋文》第 268 册,第 143 页。

[2] 陈傅良:《下学而上达论》,载《全宋文》第 268 册,第 147 页。

[3] 陈傅良:《贾谊通达国体论》,载《全宋文》第 268 册,第 169 页。

[4] 陈傅良:《仲尼焉学论》,载《全宋文》第 268 册,第 149 页。

[5] 陈傅良:《仲尼焉学论》,载《全宋文》第 268 册,第 149 页。

[6] 陈傅良:《告子先孟子不动心论》,载《全宋文》第 268 册,第 152 页。

[7] 陈傅良:《虞夏不言损益论》,载《全宋文》第 268 册,第 54 页。

认为汉宣帝值得褒扬的方面,就在于"因其时"与"因其俗",针对现实而采用了和汉文帝完全相反的方略:"越四世而孝宣承之,急病难消,而缓势已易矣。风俗非可复孝文,政事非可复孝文,故一切而反倒之。""宣帝能承文帝而反文帝者也,……势之所趋,固至是耳。"〔1〕当然,陈傅良肯定汉宣帝之所为,并非认为汉宣帝比汉文帝更为优秀,"主意谓处孝文之时,俗尚暴激,故为政不可不宽;处孝宣之时,俗趋萎靡,故为政不可以不严。此皆因时施政,非真有优劣也"〔2〕。仁义与刑罚这两种不同的手段,要依据不同的形势而加以采用,一味偏执是愚蠢的。"人之言治身者曰,身幸而安而以药石苦之者,愚也;吾则曰身不幸而疾,而续以膏粱厌而饫之者,亦愚也。"身体健康而去吃苦口之药,是愚蠢之举;身体有恙还大吃大喝,不愿吃药,也是不智的行为。治理国家也是这样,"儒者言天下之治,最不可有所拘也"〔3〕。儒生们常犯的错误,就是在处事之前胸中已经先有定论,以他的成见来处置不断变化的时事,总会发生许多舛误。"天下之治体,未始有定论,而儒者之学则有定论也。论天下之事,一以吾学裁之,则吾胸中诚自有先后,然概之当世之缓急,则往往不能以相等。"〔4〕

治国者要因时施政,育人者则要因材施教。孔夫子对待子弟的态度,就是这样。"圣人之教人,不徒有以教之,而常有几以动之。"所谓"有几而动之",即能够抓住每个人的具体特点,有针对性地实施教育。优秀的学生也会存在缺点,有缺点的学生不断改进也会变得优秀。而"人苦不自知,有智者则以智矜人,有才者则以才傲物,甚至于铨品人才,妄自标置,如后世所谓三君、八俊之号者,其流弊不可胜言"〔5〕。不同的学生当有不同的要求。"为学之道,初无止法,而病在于自足。凡人之情,则有苦于无

〔1〕　陈傅良:《孝宣优于孝文论》,载《全宋文》第 268 册,第 158—159 页。

〔2〕　《蛟峰批点止斋论祖》丙之体《孝宣优于孝文》,载《四库全书存目丛书》集部第 20 册,齐鲁书社 1997 年版,第 34 页。

〔3〕　陈傅良:《为国者以理身论》,载《全宋文》第 268 册,第 163—164 页。

〔4〕　陈傅良:《贾谊通达国体论》,载《全宋文》第 268 册,第 168 页。

〔5〕　陈傅良:《子贡与回疏愈论》,载《全宋文》第 268 册,第 161 页。

止而易于自足。"〔1〕颜回孜孜不倦,用于进取,当告诫他学无止境;子贡、冉求易于自足,就当给他限定具体的目标。"学道如颜子,不必设可止以开其欲至之心也,颜子之外,子贡、冉求且不免焉。"〔2〕

对每一个学生都要关注与重视,这似乎接近了后世所谓"人皆可以为尧舜"的观念。陈傅良接受了孟子的"性善论"〔3〕,认为所有人"质之美者本不异,所养之有浅深,而所到之地不能不相远也",即"性相近,习相远"之意。由此陈傅良进一步延伸,表现出他对待每一个学生所持的乐观态度:"岐嶷之初,乌知其不为配天之后稷;童蒙之始,乌知其不为具体之颜氏?故凡质之非薄非崄而仅能无害者,有君子之所甚望也;或其所不至,则其习也,非其真也。"〔4〕学生所取得的成就不同,与后代环境及教育者有很大关系。"是质也,参也幸而为圣人之徒,施舍不幸而不遇圣人者也。略其所不幸而求其初,则二字之相去,其间不能以寸也。"有了良好的素质,却没有取得相应的成绩,无疑更加令人惋惜。"十室之人必有夫子,有其质而学问之不加,兹所以为夫子不能一二,而子圣人所甚惜也。"〔5〕因此,人们强调"性相近",正是因为"习相远"的存在,正是源于后天影响的深远:"仁义礼智皆其所谓性也,曰相近云者,为其习之远而言之也。"〔6〕

《宋史》本传称陈傅良"初患科举程文之弊,思出其说为文章,自成一家,人争传诵,从者云合,由是其文擅当世"〔7〕。《止斋论祖》所选之时文,之所以引起广泛影响,首先就在于陈傅良能够不拘成说,自成一家。如其论"虞夏不言损益"分析"变"与"不变"这一敏感问题,开篇就主张将变革与沿袭统一起来:"言治而不知变,固世之所以陋儒者;言变而不知一,则

---

〔1〕《蛟峰批点止斋论祖》丙之体《学止诸至足》,载《四库全书存目丛书》集部第20册,齐鲁书社1997年版,第38页。

〔2〕陈傅良:《学止诸至足论》,载《全宋文》第268册,第156页。

〔3〕陈傅良:《君子所性论》有具体的阐述:"子思之言性也,言乎其性之所自出也;孟子之言性也,言乎其性之所固有也;荀卿论情,非论性也;扬雄论习,非论性也;韩愈论才,非论性也。"载《全宋文》第268册,第173—174页。

〔4〕陈傅良:《孟施舍似曾子论》,载《全宋文》第268册,第170页。

〔5〕陈傅良:《孟施舍似曾子论》,载《全宋文》第268册,第171页。

〔6〕陈傅良:《君子所性论》,载《全宋文》第268册,第172页。

〔7〕《宋史》卷四百三十三《儒林四》,第12887页。

儒者亦切陋之。"他提醒人们注意问题不在于变与不变,而在于变革的对象与沿袭的内容。董仲舒"凡三策之所谓武帝之改者,舜、文之殊者,三王之不同者,仲舒推而付其势之当然,曰是其所遇之当然也,曰是其所遭之变然也,而未始以为圣人实好变。至于终篇,反复夫子损益之言,而拟探其言外之意,有得于虞夏之变,而极之以归乎天"〔1〕。圣人之所变更,只是随着形势而做出的调整,而其道与心并没有任何改变。这一视角无疑是新颖的,较之于纠缠"变"与"不变"的表层,自是更为通达。曾有学者认为陈傅良比他的后学叶适乃至陈亮的认识更具史识,证据便是陈傅良认为司马光尽废新法是对北宋不利的。如果能变通王安石新法措施而保留合理部分,说不定北宋的历史可以改写。陈傅良《跋苏黄门论章子厚疏》说:"余每读章氏论役法劄子,言温公有爱君爱国之心而不知变通之术,尝叹息于此。使元祐君子不以人废言,特未知后事如何耳?"〔2〕陈傅良《虞夏不言损益论》或当也是一个证明,证明陈傅良的这种变通思想是一以贯之的。在其时反变法的声音铺天盖地之时,他依然能够坚持自己观点,故方逢辰评价说:"武帝是一个好变底人君。仲舒之对,先诱之以更化损文之说,而后归之于虞夏之不变,其悟武帝之旨微矣。今复开陈其说,以变者归之于事与迹,以不变者归之于道与心,允足以发明仲舒立言之旨。终篇排布,自成一家。"〔3〕

陈傅良的时文之所以产生巨大影响,主要还是在于他归纳总结出一系列的写作技巧,并用他的范文把它们充分展示出来,使时文创作真正做到有迹可循,给后来者提供了一个可供摹写的范例,这也就是方逢辰所说的"论体"。如其批陈傅良《使功不如使过》:

> 有功者用之,而有过者弃之,此人情也。今却言使功不如使过,须要说出"功"如何不如"过"。此篇只把"功"、"过"两字反复

---

〔1〕 陈傅良:《虞夏不言损益论》,载《全宋文》第 268 册,第 154—155 页。

〔2〕 陈傅良:《跋苏黄门论章子厚疏》,载《全宋文》第 268 册,第 14 页。

〔3〕 《蛟峰批点止斋论祖》丙之体《虞夏不言损益》,载《四库全书存目丛书》集部第 20 册,齐鲁书社 1997 年版,第 31 页。

说,结处微点破,意便晓然。辨析事理,曲当人情。用事议论,一段复一段,只是如此滚将去,深得论体,却不肯律以常调。[1]

又其批陈氏《圣人之于天道》云:

> 凡物之天然者,命也。圣人于众人之中独纯乎天理,此是天生自然,可以安之于命而圣人不敢安焉。每用工而自尽其性,此孟子所谓不谓命也。此篇转接混融,深得论体。[2]

又其评《山西诸将孰优》亦曰:

> 提出赵充国、苏武,称其浑厚深沉,优劣题须如此剖判。然此篇犹有缜密者,盖说习俗乃所以含山西意,说贤者不能免乃含诸将意,如此则题目尽在其中,又不刻画。论凡出于止斋之手,文皆精密圆活,得论之体,然此文格制合于今者。

冯厚斋批陈傅良《舜禹有天下而不与》:

> 议论出人意表,行文精微通畅,深得论体。[3]

林子长批陈傅良《仲尼不为已甚》中"而强人于太难者,中才皆有所弗堪":

> "太难字"是应冒头"详责"字,此一句说人而句法短长不齐,此论体也。[4]

方逢辰等人所说的"论体",当为时文写作的规范与诀窍。当然对于

---

〔1〕《蛟峰批点止斋论祖》甲之体《使功不如使过》,载《四库全书存目丛书》集部第20册,齐鲁书社1997年版,第12页。

〔2〕《蛟峰批点止斋论祖》甲之体《圣人之于天道》,载《四库全书存目丛书》集部第20册,齐鲁书社1997年版,第18页。

〔3〕《论学绳尺》卷八,文渊阁四库全书本。

〔4〕《论学绳尺》卷六,文渊阁四库全书本。

这种诀窍,不同的学者有着不一样的理解。如吴镒的看法是:"论体有七:一、圆转;二、谨严;三、多意而不杂;四、含蓄而不露;五、结上生下,其势如贯珠;六、首尾相应,其势如击蛇;七、结篇之意,常有不尽之意,如清庙三叹有遗音。"[1]从这些论述可以看出,吴镒比较关注行文与结构,即对文章的形式更为用心。戴溪则较为关注破题与立意,对文章的内容更加偏重,他所总结的经验是:"破题欲切而当,欲明而快。破题、解题是始终着力处。原题归新,讲题贵赡。立论、讲题是铺叙有条处。接题须援引,结题须壮健。"[2]相对而言,陈傅良的看法似乎更为全面。他对立意、结构与行文都比较看重。在《止斋论祖》范文之前,有《论诀》一卷,为陈傅良创作经验的具体阐述。在《论诀》中,他首先强调了"认题"的重要性:

> 凡作论之要,莫先于体认题意。故见题目,则必详观其出处,上、下文,及细玩其题中有要切字,方可立意。盖看上、下文则识其本原,而立意不差;知其要切字,则方可就上面着工夫,此最作论之关键也。[3]

对于程试之文而言,扣题是最重要的。要紧扣题意,自然要弄清题目的出处,弄清题目所关联的上下文以及题目中最重要的字眼。汉文帝在历史上有很大影响,多受人称颂。《孝宣优于孝文》一题,若不通晓其出处,则很难令人信从。陈傅良开篇即点出崔寔此言的本意,在于用两位帝王的不同执政风格突出应该因时施政,而不在于比较二人的优劣。"天下之俗,有决不可循而无所变者。淡然宽大,安民俗也;奋然急饬,励民俗也。可以安者其俗激,可以励者其俗缓,人君非强为之治也,因俗而制之耳。"[4]作者肯定"宣帝能承文帝而反文帝",但对于文帝的所作所为也不吝赞美之辞。两人的差异何在呢?"文帝之治譬之春风和气,芬香袭物,

---

〔1〕《论学绳尺·论诀》,文渊阁四库全书本。
〔2〕《论学绳尺·论诀》,文渊阁四库全书本。
〔3〕《蛟峰批点止斋论祖·论诀》,载《四库全书存目丛书》集部第 20 册,齐鲁书社 1997 年版,第 4 页。
〔4〕 陈傅良:《孝宣优于孝文论》,载《全宋文》第 268 册,第 158 页。

阴寓其造化之巧，卒莫名其生育之妙；宣帝之治犹之行云乎天，雷震乎山，未及雨也而枯槁已有生意矣。此崔子所以以其形彰彰而遽优于孝文也。勇哉崔子之论，以效论也。"汉宣帝的优秀之处，在于刚好弥补了汉文帝宽和执政所带来的缺陷。"盖文帝以膏粱饵汉俗也。矫俗虽缓而太柔，则失于无统，故为政未尝不严者，所以济其宽之所不及也。宣帝以药石针汉俗者也。矫俗虽激而太刚，则失于无恩，故为政未尝不宽者，所以济其严之所不及也。文膏粱，宣药石，用术不同，用心则一。"[1]这样立论，确实中正公允，"不惟回护得文帝，抑且不失本出处意"[2]。

《仁不胜道论》开篇所言"天下之情无全善，而理有定论"等内容，乍读起来似乎是老生常谈，毫无新意，但作者随即点出立论出处，即《谷梁传》所言"非天子不得专封诸侯，诸侯不得专封诸侯，虽通其仁以义而不与也，故曰仁不胜道"，则前后贯穿，针对性极强，嗣后所说"是故嫂溺援之以手，虽不可以废权，而男女授受不亲之礼决不可忘；以其乘舆济人，虽所以为患惠，君子谓其不知为政。无他，权不胜礼，惠不胜政，其轻重固也如此"[3]，也"只顺题发明，最是行文简洁，用事老成，可以为法"[4]。

《为天下得人谓之仁论》胜在联系上下文作论。其题原出于《孟子滕文公上》："分人以财谓之惠，教人以善谓之忠，为天下得人者谓之仁。是故以天下与人易，为天下得人难。孔子曰：'大哉，尧之为君！惟天为大，惟尧则之，荡荡乎，民无能名焉！君哉，舜也！巍巍乎，有天下而不与焉！'尧舜之治天下，岂无所用心哉？亦不用于耕耳。"陈傅良紧扣下文所谓"与天下与人易，为天下得人难"娓娓道来，可谓"善推孟子立言之意，深得尧舜之用心，文字亦委折详尽可学"[5]。

---

〔1〕 陈傅良：《孝宣优于孝文论》，载《全宋文》第268册，第160页。

〔2〕 《蛟峰批点止斋论祖》丙之体《孝宣优于孝文》，载《四库全书存目丛书》集部第20册，齐鲁书社1997年版，第34页。

〔3〕 陈傅良：《仁不胜道论》，载《全宋文》第268册，第141页。

〔4〕 《蛟峰批点止斋论祖》乙之体《仁不胜道》，载《四库全书存目丛书》集部第20册，齐鲁书社1997年版，第22页。

〔5〕 《蛟峰批点止斋论祖》乙之体《为天下得人谓之仁》，载《四库全书存目丛书》集部第20册，齐鲁书社1997年版，第21页。

抓住题目中的关键字眼,也是陈傅良立论的常用手段,如《为治顾力行何如》"以无征不信作主张,盖就出处考时节立说。且武帝一即位,便召申公,问治乱之事,可谓锐于治者。申公便合说其为善,其为恶,其事臧,其事否,却如此不分,不晓鹘突,开两端说,此亦难于主张。寻常只就'力'字上生意,谓怕武帝始锐终怠,故以力行勉之。此便是危科之意。此篇却就'何如'两字上生意,谓帝初即位便召申公问治乱,是时帝心之趋舍未决,好恶都无证实。无证实之言,人主不信,故公只说为治,只看人主所着力行者何如,盖有所待而后言也。此却说得'何如'两字精神"[1]。林子长对此文也赞赏不已,认为"从题目'如何'上起意,模写当时气象甚工,最是讲题"[2]。陈傅良《颜渊天下归仁》一文则是抓住"归"字立意,极为巧妙新颖:"天地本不可以穷,言言然要形容仁道之大,则小天地之形而大吾理之正为得体。又且说得'归'字精神。既言天地且小,则天地间安得尚有一物能外吾仁者。此遵题之法也。"[3]

《韩愈所得一于正》为论证韩愈择之精而守之固,粹然一出于正,立意便抓住"守"字,烘托韩愈在异端蜂起的时代,岿然不动,始终如一,非六经之旨不传,非圣人之书不观,故所择甚正而所守甚一,"此篇谓当异端邪说蜂起之时,乃能独扶持正道,使不至于泯绝于此,方见得他所守之一。若不是就时节上立说,则古今所守之正者非无之,何独昌黎"[4]。

在审题之后,陈傅良强调了"立意"的重要性:

> 凡论以立意为先,造语次之。如立意高妙,而遣辞不工,未害为佳论;苟立意未善,而文如浑金璞玉,亦为无补矣。故前辈作论,每先于体认题意者,盖欲其立意之当也。立意既当,造语

---

〔1〕《蛟峰批点止斋论祖》甲之体《为治顾力行何如》,载《四库全书存目丛书》集部第 20 册,齐鲁书社 1997 年版,第 11 页。

〔2〕《论学绳尺》卷七,文渊阁四库全书本。

〔3〕《蛟峰批点止斋论祖》丁之体《颜渊天下归仁》,载《四库全书存目丛书》集部第 20 册,齐鲁书社 1997 年版,第 47—48 页。

〔4〕《蛟峰批点止斋论祖》丁之体《韩愈所得一于正》,载《四库全书存目丛书》集部第 20 册,齐鲁书社 1997 年版,第 49 页。

复工,则万选万中矣。然立意不可拘于一律,要使易于遣文。今
之名公为论,如题目在议论处出,则多以议论立意;在建明处出,
多以建明立意;在答问处出,则多以答问立意。凡论包一议论、
建明、答问意,则遣文易矣。[1]

立意对文章的重要性是众多学者都能够认识到的,陈傅良的可贵之
处不仅在于用他的实例加以体现,而且还总结出了如何立意的具体方略。
如《孟施舍似曾子》一文立意就极为巧妙:"此等题以难以主张。方说施舍
果似曾子,则失于知人;方说施舍不似曾子,则背了本旨。却原其初相似
立说,极得要领,正夫子性相近、习相远之意。行文用事,最与时文相近,
学者可法。"[2]又如"学止诸至足",题目的意思似乎与人们的常识相违
背。陈氏却从人们的学习动力入手,指出荀子之所以提出要"止足",正是
为了使他们能够看到学习的目标,从而激发学习的兴趣。"为学之道,初
无止法而病在自足。凡人之情,则又苦于无止而易于自足。荀卿之论学
必以止足为言者,正将是以诱学者之至于道耳。盖示之以有所止有所足,
则其欲至之心易以开,然后使愈至而愈不可止。意高文赡,允为妙
作。"[3]同样巧妙立意的还有《博爱之谓仁论》一文。批评韩愈,则与题目
主旨不合;同意韩愈的说法,与宋人的观念又不吻合。作者就从韩愈提出
博爱的目的出发,指出他之所以将博爱归之于仁,就是为了与佛老相对
抗。当然,过分渲染主题先行,也会产生牵强附会的流弊。如李耆卿《文
章精义》就曾批评过这类问题:"今人作文,动辄先立主意,如诗赋论策,不
知私意偏见,不足以包尽天下之道理。及主意有所不通,则又勉强迁就,
求以自伸。若是者,皆时文之陋习也,不可不戒。"[4]

---

[1] 《蛟峰批点止斋论祖·论诀》,载《四库全书存目丛书》集部第20册,齐鲁书社1997年
版,第4页。

[2] 《蛟峰批点止斋论祖》丙之体《孟施舍似曾子》,载《四库全书存目丛书》集部第20册,
齐鲁书社1997年版,第41页。

[3] 《蛟峰批点止斋论祖》丙之体《学止诸至足》,载《四库全书存目丛书》集部第20册,齐
鲁书社1997年版,第38页。

[4] 李塗:《文章精义》第92则,人民文学出版社1960年版,第79页。

文章究竟还是一种语言艺术，好的立意需要精彩的文字来体现，常见的立意如果文采斐然也能引人入胜。如方逢辰评论陈傅良《学者学所不能学》一文即云："此篇以'化忘'二字正说，以'智力'二字反说。题本枯淡，而文字丰腴，前辈所以为不可及也。"[1]其评陈氏《告子先孟子不动心》则说它"文意渊永，读有余味"[2]，评《太宗功德兼隆》也称它"文字华赡可法"[3]。事实上，陈傅良对时文的语言极其关注，在《论诀》中也讨论得最为详细：

> 造语有三：一贵圆转周旋，二贵过渡精密，三贵精奇警拔。凡学造语圆转，必先取句语多反复论做一样子，看其如何说起，如何辩论，如何互说，如何引证。模仿其规模，则渐渐自然圆转。……既能圆转周流，则当看人之段落过渡处。近日名公多是上段引起下段意，不然便别作一道理，使之联属，故意脉贯穿，终篇不识绝处，无片言可增减，殆与浑金璞玉无异，此其为得也。前数年文章，常于段落处断绝，故去之亦得，增之亦得，盖其时如此，不可为矜式也。如要学，当以今文为正，既能学得过渡精密处，便可取颜公械、俞公烈等论熟读。学其造语警拔，则当于下字上着工夫。盖下字既工，则句语自然警拔矣。如此则如丽服靓装、燕歌赵舞，观者忘疲，而况但欲中有司之程度乎？[4]

六朝以来，诗人多主张"好诗圆转如弹丸"，陈傅良认为好的文章也应该造语圆转。不过，陈氏所谓圆转，主要是指行文流畅，上下文衔接自然，不见捏合痕迹，这与他所强调的"过渡精密"是一个问题的两个方面。祝

---

〔1〕《蛟峰批点止斋论祖》乙之体《学者学所不能学》，载《四库全书存目丛书》集部第20册，齐鲁书社1997年版，第24页。

〔2〕《蛟峰批点止斋论祖》乙之体《告子先孟子不动心》，载《四库全书存目丛书》集部第20册，齐鲁书社1997年版，第29页。

〔3〕《蛟峰批点止斋论祖》丙之体《太宗功德兼隆》，载《四库全书存目丛书》集部第20册，齐鲁书社1997年版，第39页。

〔4〕《蛟峰批点止斋论祖·论诀》，载《四库全书存目丛书》集部第20册，齐鲁书社1997年版，第4—5页。

尚书先生认为陈傅良所櫽栝出的圆转，实际上属于论体范围，就是在"说起"、"辩论"、"互说"、"引证"诸多环节过渡自然，相互照应，一气呵成，势如转丸，读来畅如行云流水，而又摇曳生姿[1]。联系陈傅良在《论诀》中的阐释，祝氏的阐释确属有见。《论学绳尺》多以"圆活"襃扬陈傅良之文，如卷三评陈氏《博爱之谓仁》"立意广大，行文圆活"，卷五评陈氏《山西诸将孰优论》以为"大凡论出于止斋之手，文皆精密圆活，得论之体"，卷六批陈氏《仲尼不为已甚》"文圆活而味悠长，读之终日不厌也"，卷八评《舜禹有天下而不与》称"止斋文法多如此，转换最圆活"等，上述评论均从行文之法着手。

陈傅良文字功夫也极为精深，确实如丽服靓装，燕歌赵舞。方逢辰评其《动静见天地之心》云：

> 此篇谓天地之心运于冥冥，非可见也。然欲求见其心者，必当于圆动方静之中求之。人之心则亦犹是，讵可求之茫昧，索之空虚哉？王通氏惧夫人离形器事为而求心，故举是说以晓夫人，盖以天地之心喻夫人之心耳。文字老成警醒，读之忘倦。[2]

《论学绳尺》则反复感叹陈氏《乐天者保天下》模写精妙，形容生动。陈傅良的原文其中一段为：

> 吾固为汤文辨，而且为孟子辨也。甚矣！世之以利心窥圣人也，彼特见夫坚忍以俟时，舒徐以观衅者之为，与吾圣人乐天之事形似相近也，则亦日圣人之心固将有所就于天下，而非其乐天之情。嗟夫！裂眦之怒，藏于嬉笑；背面之毁，隐于缄默。此市人少知，义者不为，而谓圣人为之乎？故夫圣人之心未可以利心窥之也。彼其被意外之患而居之以宽，有积强可为之势而退

---

[1] 祝尚书：《宋代科举与文学考论》，第438页。
[2] 《蛟峰批点止斋论祖》丁之体《动静见天地之心》，载《四库全书存目丛书》集部第20册，齐鲁书社1997年版，第48页。

然若怟者,其分量固大,其见固定,而察乎天者固审也。何也?凡盛衰之相推而贵贱之相使,强弱之相加而贤否之相用,其至也不可御,其去也不可留者,是必有数焉,默行乎其间,而人事不能以独专。是故子路虽无可愬之理,而公伯寮必无自愬子路之心;孟子虽无可沮之说,而臧仓亦必无自沮孟子之心。兹天说也,以圣人之盛德而天地之间犹有夫撞搪叫号、忿触而怒抗者,是岂圣人有以致此而夫人亦奚为而如此也?意者其天也邪?盖至于是,吾固不知所以使之者,而彼亦不知其孰使之者。我与物皆听其所为而莫得以穷其所归,吾于此将孰从而尤焉?有顺受而无捍拒,有暇豫而无遑遽,有哀矜抚慰而无忿懥斗争……〔1〕

做好审题,巧妙立意,这是行文之前的准备;良好的文字功底,这是平时的积累。在具体的时文写作中,又有哪些值得注意的关键技巧呢?陈傅良认为当从"破头"、"原题"、"讲题"、"使证"与"结尾"等五个层面上逐一落实。关于破题,时人最为关注〔2〕,论述也最为细致,如冯椅就曾反复强调:"破题贵简而切当,含蓄而不晦。一句两句破者上也,其次三句,又其词四句,渐为不得已。破题上所用字,皆是一篇之骨,后面亦须照应。"〔3〕《止斋论祖》所选时文,破头为两句者较为常见,如《舜禹有天下而不与者论》"不见天下之为大者,其自视小者也"〔4〕,《唐制度纲纪如何论》"天下无离道之法,离道非法也"〔5〕,《为天下得人谓之仁论》"圣人固不已其私心留天下,亦不轻以公心弃天下"〔6〕,《仲尼焉学论》"圣人同天下为

〔1〕 陈傅良:《乐天者保天下论》,载《全宋文》第 268 册,第 133—134 页。

〔2〕 陈傅良从考官的心理出发,强调了破题的重要:"凡破题为论之首,一篇之意皆涵蓄于此,尤当立意详明,句法严整,有浑厚气象,则观者不敢以轻视之。前辈谓主司看文,如走马看锦。论之去取,实系于破题。破题不佳,后虽有过人之文,亦不复看也。"《蛟峰批点止斋论祖·论诀》,载《四库全书存目丛书》集部第 20 册,齐鲁书社 1997 年版,第 5 页。

〔3〕 《论学绳尺·论诀》,四库全书本。

〔4〕 陈傅良:《舜禹有天下而不与论》,载《全宋文》第 268 册,第 127 页。

〔5〕 陈傅良:《唐制度纪纲如何论》,载《全宋文》第 268 册,第 130 页。

〔6〕 陈傅良:《为天下得人谓之仁论》,载《全宋文》第 268 册,第 139 页。

学,天下畏圣人而自为学"〔1〕等均是如此,且能抓住关键字眼加以阐发。用四句破题,则多用对照的形式,在某种程度上也可谓视为两句破题,只是句子更长而已,如《学至乎礼而止论》"学者不患其不及,而患其过;不贵其博,而贵其有所归"〔2〕,《虞夏不言损益论》"言治而不知变,固世之所以陋儒者;言变而不知一,则儒者亦切陋之"〔3〕,《为国之法以理身论》"人皆知圣人有所不忍于天下,所以爱天下,而不知有所忍于天下,亦所以爱天下"〔4〕,《君子学道则爱人论》"物我之分,本无二致,私心胜则万理散,公理明则彼己混一"〔5〕等。

冯椅还指出:"破题上当只用题目上字者,须就用,不须外求字代之。盖其字自是一题之主,若别求字代,非惟难得适用,亦缘破题之后,又不可不用题上主字者,又要回顾破题字,则自有妨笔处。"〔6〕这一说法,只是就一般情形而言。陈氏诸作,多与其言不相吻合者,因为在陈傅良看来,题目所包含的意旨比字面意义更值得关注,他所关注的是立意与句法能够新人耳目,如其《君子所性论》"本乎自然者,天之所以与我也,不可以容言也"〔7〕,《荀氏在轲雄之间论》"士君子之论人物,不可无一定之论也"〔8〕等,往往是从高处着眼,从大处着笔,写起来显得就更加游刃有余。

破题之后,就当原题。陈傅良认为"原题正咽喉之地。推原题意之本原,皆在于此。若题下无力,则一篇可知。前辈多设譬喻起,近岁颇无定格,或设议论,或便说题目,或使譬喻而使故事为多,要之皆欲推明主意而已。主意分明,则为得体"〔9〕。所谓原题,就是要推论出题意所生发的语境。在陈傅良看来,原题最关键的,是要有明确醒目的观点。为了阐述这

---

〔1〕 陈傅良:《仲尼焉学论》,载《全宋文》第268册,第149页。
〔2〕 陈傅良:《学至乎礼而止论》,载《全宋文》第268册,第152页。
〔3〕 陈傅良:《虞夏不言损益论》,载《全宋文》第268册,第154页。
〔4〕 陈傅良:《为国之法以理身论》,载《全宋文》第268册,第163页。
〔5〕 陈傅良:《君子爱道则爱人论》,载《全宋文》第268册,第179页。
〔6〕 《论学绳尺·论诀》,四库全书本。
〔7〕 陈傅良:《君子所性论》,载《全宋文》第268册,第172页。
〔8〕 陈傅良:《荀氏在轲雄之间论》,载《全宋文》第268册,第175页。
〔9〕 《蛟峰批点止斋论祖·论诀·原题》,载《四库全书存目丛书》集部第20册,齐鲁书社1997年版,第5页。

一观点，可以采用议论、譬喻等多种方式。在《止斋论祖》中，最为常见的原题是直接议论，间或引用故事，用譬喻辅助说明的则较为罕见。

讲题是文章的核心部分，也是对文章主旨进行集中阐释的部分。陈傅良对此也有自己的体会：

> 讲题谓之论腹，贵乎圆转议论，备讲一题之意。然初入讲处，最要过渡精密，与题下浑然，使人读之不觉其为讲题也，方是高人手段。……近郑公昉亦从头下便说，大类讲头，而正讲规模则隐然不易。此正要仔细玩味，将他所长较我所短，则文字自然加进。大凡讲题，实事处须是反复铺叙，方得句语圆转。然论腹正如四通五达之衢，最无绳墨，须时时缴归主意，方得紧切。如小儿随人入市，数步一回顾，则无至失路；若一去不复返，则人与儿两失矣。初学论者最宜加审，至熟纵横则不在是。[1]

在陈傅良看来，作为文章的展开部分，在铺陈敷衍的过程中，最忌讳的是滔滔汩汩而离题万里。因此，他以小孩进入集市为譬喻，提醒作者要始终围绕题旨阐发，时时注意缴结。至于语句的圆转流畅与过渡自然，则是他一贯提倡的。陈傅良的文章，讲题部分给人印象深刻的，往往也在于他的层次井然与逻辑严密。如《使功不如使过》的破题是"天下之事恃其所长者必败，而其所不能者常获"，其讲题部分首先对"败军之将不可以语勇"一言进行了批驳，指出"常胜之家难与虑敌"，认为英雄豪杰都是在挫折中成长起来的，过错是他们人生中必备的经历；然后再以张良与李陵经历为例，一正一反来加以详细讨论，指出"惧心起于自讼，忽心起于子衿，此二者，功过使之也"，成功与失败的经历所赋予的不同心态对他们的行为方式有重要影响；最后又以李广射石的故事说明畏惧之心对于成功的重要性，从而归结到"使功不如使过"。

陈傅良立论能自成一家，不受他人摆布，在于其学识的精深。学问的

---

〔1〕《蛟峰批点止斋论祖·论诀·讲题》，载《四库全书存目丛书》集部第 20 册，齐鲁书社1997 年版，第 5 页。

精深,还表现为用事恰到好处,妙合无痕。关于用事,陈傅良总结如下:"讲后使证,此论之常格也,而今之名公则不拘。盖今之为论,多于题下便使事引证,正讲后但随事议论,则或证之,而正使事证题者盖寡。然初学者亦不可不依常格,至纵横习识,则在人焉。然善使事者,亦须是立意简径,句语清奇。若一事敷演作一段,则非今之体矣。故善使事者,但一二句至三五句,而题意已了然。前辈尝谓学者使事,不可反为事所使,此至论也。"〔1〕这也是他的创作经验的总结。方逢辰评论陈傅良《止斋论祖》,便多从使事引证这一方面入手。如批陈氏《下学而上达论》一文即言:

> 主意谓圣人之学非有异于人,特圣人之远有异于人。人之不知圣人者,特未达尔。说极近情,中间造语用事,非浅学可到。〔2〕

其评《君子学道则爱人》则云:

> 此篇只可作一篇古文看,却不可拘以论体。终篇谓以天地之公待人,则可合人己而为一体。以人欲之私待人,则必视人己为二。说极入细,兼行文雄丽,用事一层叠二层,读之深有余味。〔3〕

陈傅良时文的结尾,也多为方逢辰所叹赏。如后者评陈氏《君子所性》说:"主意性本不可以容言,故朱子曰人生而静不容说。今孟子乃反复言之,孟子之意正以夫子不言性而天下后世将昧其为性之说,不得不详言之以觉天下之迷。说极当情。末断诸子言性之非,尤为警策。"〔4〕对于试

---

〔1〕《蛟峰批点止斋论祖·论诀·使证》,载《四库全书存目丛书》集部第20册,齐鲁书社1997年版,第5页。

〔2〕《蛟峰批点止斋论祖》乙之体《下学而上达》,载《四库全书存目丛书》集部第20册,齐鲁书社1997年版,第26页。

〔3〕《蛟峰批点止斋论祖》丁之体《君子学道则爱人》,载《四库全书存目丛书》集部第20册,齐鲁书社1997年版,第46页。

〔4〕《蛟峰批点止斋论祖》丁之体《君子所性》,载《四库全书存目丛书》集部第20册,齐鲁书社1997年版,第43页。

论的结尾，陈傅良强调道：

> 结尾正论关锁之地，尤要造语精密，遣文顺快。盖精密则有文外之意，使人读之而愈不穷；顺快则见才力不乏，使人读之而有余味。意益不穷，文益有味，终篇而三叹矣。……凡为论，未举笔之前，而一篇之规模已备于胸中；凡结尾，当如何反复，如何议论，已寓深意于论首。故一论之意，首尾贯穿，无阙断处，文有余而意不尽。至讲后而始思量结尾，则意穷而复求意，必无是理。纵求得新意，亦必不复浑全矣。此最作论之病，学者不可不察。[1]

《止斋论祖》中文章的结尾，多为咏叹，情感浓烈，余音袅袅。如"噫！甚矣，轲之似夫子也！甚矣，柯之似夫子也！"[2]"吁！夫子之论性也，仲舒之论天人也，而后犹穷焉。吁！信矣夫，言之难也！"[3]以如此慨叹结尾，触目皆是。叶适曾说陈傅良行文学欧阳修，此或为其一证[4]。

总之，陈傅良的这些文章，无论是艺术方面还是见解方面都展示出了深厚的造诣，但因其为场屋之作，即使在当时产生了巨大影响，也不见载于《止斋集》，只能作为遗轶之作，仅为《十先生奥论》这类坊间射利之书所网罗一二。收录它们的《十先生奥论》，也只是得到了四库馆臣相当委婉的肯定："是书虽不出于科举之学，而残编断简，得存于遗轶之余，议论往往可观，词采亦一一足取，固网罗放失者所不废也。"[5]

---

〔1〕《蛟峰批点止斋论祖·论诀·结尾》，载《四库全书存目丛书》集部第20册，齐鲁书社1997年版，第5—6页。

〔2〕陈傅良：《仲尼不为已甚论》，载《全宋文》第268册，第126页。

〔3〕陈傅良：《天人相与之际论》，载《全宋文》第268册，第137页。

〔4〕吴子良：《荆溪林下偶谈》卷"李习之诸人文字"三："淳熙间欧文盛行，陈君举、陈同甫尤宗之。水心云：君举初学欧不成，后乃学张文潜，而文潜亦未易到。"第30页。

〔5〕《四库全书总目》卷一百八十七《十先生奥论》提要，第1704页下。

第五章　叶适时文研究

第一节　叶适的文学思想与时文观

一　"欲集诸儒之大成"的叶适

永嘉学者中，朱熹对叶适的批评尤为激烈，见诸《朱子语类》即有"叶正则说话，只是杜撰"、"叶正则作文论事，全不知些着实利害，只虚论"[1]、"叶正则说，则只是要教人都晓不得。尝得一书来，言世间有一般魁伟底道理，自不乱于三纲五常。既说不乱三纲五常，又说别是个魁伟底道理，却是个甚么物事？也是乱道！他不说，硬只是笼统恁地说之误人。及人理会得来都无效验时，他又说你是未晓到这里，他也自晓不得。他之说最误人，世间呆人都被他瞒，不自知"[2]等。朱熹对曾为其极力辩护的叶适批评如此尖锐，一方面固然源于观念上的激烈冲突，另一方面也与叶适的巨大影响有关，即朱熹所谓"世间呆人都被他瞒"，这使志存高远的朱熹引起了警惕。今人多将朱熹视为南宋思想家独一无二的巨擘，是其他学者望尘莫及的，田浩则强调说朱熹只是南宋中期这棵参天大树上众多

---

〔1〕《朱子语类》卷一百二十三，载《朱子全书》第 18 册，第 3872、3873 页。
〔2〕《朱子语类》卷一二三，载《朱子全书》第 18 册，第 3872 页。

枝权之一〔1〕。田氏的说法是值得我们关注的。"隐居三十年，平生无嗜好，唯书靡所不读"〔2〕的南宋学者刘宰（1167—1240），曾描述过当时求学的盛况：

> 乾道、淳熙间，东莱先生在婺，晦庵先生在建，从之游者常数百人，其学成行修者，多去而为名卿士大夫，下亦不失于乡党自好之人。其后杨慈湖在四明，叶水心在永嘉，户外之屦常满。盖其师友相从尽有乐地，故虽多去乡辞家，关山敻隔，岁时恨别，花鸟惊心，亦徘徊而不能去。〔3〕

与朱熹分庭抗礼的是吕祖谦。叶适游从之盛，朱熹来不及亲眼目睹，但这并不妨碍他的逆料。朱熹确实有着相当敏锐的嗅觉，我们或许不能赞同他对叶适等人批评，却不能不感慨他对永嘉学者思想精辟的概括。淳熙十六年（1189），朱熹不无忧虑地说："今永嘉又自说一种学问，更没头没尾，又不及金溪。大抵只说一截话，终不说破个什么，然皆以道艺先觉自处，以此传授。"〔4〕今人对朱熹最不满意处，就是他的"以道艺先觉自处"，总是真理在握，容不得他人分说。而朱熹对叶适等永嘉学者不满，居然也是他们的"以道艺先觉自处"。可见他们之间的冲突，就在于争夺这"先觉者"的位置〔5〕。南宋时期，是学术思想总结的重要时期。朱熹的集大成已经为后人论述得极其详尽，这从另一个侧面证明他已经坐稳了"先觉者"的位置。而叶适等永嘉学者的"集大成"用心，只是偶尔为人所提起，如南宋后期著名学者黄震（1213—1280）说：

---

〔1〕　田浩：《朱熹的思维世界》，江苏人民出版社2011年版。

〔2〕　脱脱等：《宋史》卷四百〇一《刘宰传》，中华书局1977年版，第12170页。

〔3〕　刘宰：《漫塘文集》卷十九《送黄竹涧序》，四库全书本。

〔4〕　《朱子语类》卷一百二十三，载《朱子全书》，第3865页。

〔5〕　朱刚《从"周程、欧苏之裂"说起——宋代思想史视野下的文学家研究》有云："不同性质的道统论和'新学'一派的超道统论，集中地展示了宋代思想史上的分裂与对立，但这样的论调本身却是尚'统'的表现，即对于思想统一的追求。此种追求本身便是造成分裂的原因。只有一个人追求统一，而其他人都放弃时，统一才能实现；如果人人都要以自己的思想去统一别人，结果便只能是分裂。"周程与欧苏的分裂如此，而朱熹与叶适的对峙也是如此。朱刚、刘宁主编：《欧阳修与宋代士大夫》，上海人民出版社2007年版，第217页。

> 乾淳间正国家一昌明之会,诸儒彬彬辈出,而说各不同。晦翁本《大学》致知格物,以极于治国平天下,工夫细密;而象山斥其支离,直谓"即心是道";陈同甫修皇帝王霸之学,欲前承后续,力挂乾坤,成事业,而不问纯驳;至陈傅良则又精史学,欲专修汉唐制度吏治之功;其余亦各纷纷,而大要不出此四者,不归朱则归陆,陆则又二陈之归。虽精粗高下,难一律齐,而皆能自白其说,皆足以使人易知。独水心混然于四者之间,总言统绪,病学者之言心而不及性,则似不满于陆;又以功利之说为卑,则似不满于二陈;至于朱,则忘言焉:水心岂欲集诸儒之大成者乎?[1]

"非圣人之书不观,无益之诗文不作"[2]的黄震,称叶适"欲集诸儒之大成",在他及后来者看来,已经是给予了叶适一个非常高的评价。但在叶适自己看来,却未必是惬意舒心之论,因为他的视野并没有停留在当代诸儒那里,他并非有意不同,而只是不得不与他人不同。朱熹的批评,或许更令他欣喜。朱熹所谓"自说一种学问"当一语道破了他的用心,而不乱三纲五常的通行世间的"魁伟道理"也正是他所追求的。也就是说,他与朱熹一样是站立历史的长河中,期待会通集成,这也是朱熹视其为"自说一种学问"的原因之所在。今人有从马克思哲学认识论的高度,从螺旋上升的角度,把叶适放在综合各派思想的位置上,这与黄震的思路是一致的:

> 在后期封建社会哲学(思想)发展这个圆圈中,宋代哲学(思想)发展又是其中的一个更小的圆圈。在这个圆圈中,张载的唯物主义——程朱和陆氏的唯心主义——叶适的唯物主义;经术和政事结合的经世致用学风——到重经术而忽略政事的偏

---

[1] 黄震:《黄氏日抄》卷六十八,文渊阁四库全书本。

[2] 脱脱《元史》卷四三八《黄震传》:"(黄)震常告人曰:'非圣人之书不可观,无益之诗文不作可也。'"第12995页。

向——经术和政事重新结合的经世致用学风(叶适);李觏、王安石的义利结合的功利主义思想——程朱、陆氏重义轻利思想——叶适的义理与功利结合的功利主义。在这三个方面的螺旋曲线中,叶适都是处于综合各派思想的位置上,对有宋一代的思想学术作了一个总结。[1]

相比于黄震,这里的视野显然更为开阔。黄震所谓的"集大成"只是面对着朱、陆与二陈,而《叶适评传》则称之为有宋一代学术思想的总结。叶适能否被视为有宋一代的总结者,自然另当别论,不过他努力的目标是我们所无法否认的。事实上,会通诸家之说是众多宋人的理想追求。钱穆先生曾经把宋学的基本精神大致归纳为两个方面,即革新政令和创通经义[2]。叶适的主要思想,正是对二者的贯通,即由治经而倡功利,使义理与功利打成一片。其创通经义,是为了政令得以革新;其革新政令,正是为了经义得以贯通并落实于现实中。当然,在革新与创通之间,他对前者抱有更多的期待,虽然他很少有机会去实践,这也是功利派的基本立场。在《观文殿学士知枢密院事陈公文集序》中,叶适写道:

> 经欲精,史欲博,文欲肆,政欲通,士擅其一而不能兼也。就其兼之矣,而所遇之时不同,或不得用,或不尽用,故位下名卑而功业不见于世,为可惜也。公于诸经常参合同异,不随语生说而义理自会;前代故实无不贯涉,本朝宪令无不审据,文词古雅,不名一体,间出新意奇句,读辄惊人;守三州,吏不敢轻重,细民安之;在宣城,讨详一郡财赋始末,告于上,悲痛笃切,非深于治本者不能知也。其多学广大,疏略该括,而又亲逢盛时,天子用儒为馆阁老,总领群彦,极清华之选,遂司诰命,职献纳,遍历二府

---

[1] 张义德:《叶适评传》,南京大学出版社1994年版,第344页。

[2] "故言宋学精神,厥有两端,一曰革新政令,二曰创通经义。"钱穆:《中国近三百年学术史》第一章"引论",商务印书馆1997年版,第7页。

以礼进退,号称宗工,可谓兼人之所难兼而遇人之所难遇矣。[1]

兼人之所难兼,这正是叶适所自豪的。虽然经之精、史之博、文之肆与政之通,是一般士子所难以兼备的,但显然叶适并没有把他自己放在这普通士子之列。他称颂陈公兼人之所难兼,正是自身的写照,与陈公不同的是他没有遇人之所难遇,所以为他的"位下名卑而功业不见于世"而感到惋惜。

二 "欲弥周程、欧苏之裂"的叶适

叶适融会贯通的倾向,对他的治学与创作产生了深远影响。他平生以打通道德与功利与文章的隔阂、超越诸家之局限为目标。即以文学而言,他也是极力发挥其会通的特色,不偏不倚,既强调文章的教化功能,又欣赏文学的情韵与词藻之美,相比于南宋一般经生儒士及文章家而言,思想显然要通达平和得多,所以后来者以为他将弥合周程、欧苏之裂[2],将道学家与文章家在文学观念方面的分歧彻底清除。其门人赵汝谠曾在《水心文集序》中有所总括:

> 盖周典、孔籍之奥不传,左册、马书之妙不续,诗迄韦、张,骚降景、宋,华与质始判,正与奇始分,道失其统绪久矣,世遂以文为可玩之物,争慕趋之,骋驰以其力,雕镂以其巧,彰施以其色,畅达以其才,无不自托于文,而道益离矣,岂能言易知言难欤?或者反之,则曰吾亦有道焉,尔文奚为哉? 夫子不云乎:"言之不文,行之不远。"六艺非万世之文乎? 以词为经,以藻为纬,文人之文也;以事为经,以法为纬,史氏之文也;以理为经,以言为纬,圣哲之文也。本之圣哲而参之史,先生之文也,乃所谓大成也。

---

[1]《水心文集》卷一二《观文殿学士知枢密院事陈公文集序》,刘公纯、王孝鱼、李哲夫点校《叶适集》,中华书局 2010 年版,第 225 页。

[2] 刘壎《隐居通议》卷二:"闻之云卧先生曰:'近时水心一家,欲合周程、欧苏之裂。'"《丛书集成初编》,商务印书馆 1935 年版,第 212 册,第 17 页。云卧先生即吴汝弌,南宋后期学者。

欲植杰木，必丰其根；欲潴巨泽，必浚其源。文其泽木也，学其根
源也，学与文相为无穷也，是果专在笔墨间乎？[1]

大凡古代文人都比较注重文学的功用，只是程度上略有差异而已。
与大多数理学家相同的是，叶适也是旗帜鲜明地渲染"道"的优先地位，渲
染"文"的实用功能。在《周南仲文集后序》中，叶适明确强调了义理在文
章中不可动摇的核心地位：

文者，言之衍也。古人约义理以言，言所未究，稍曲而伸之
尔。其后俗益下，用益浅，凡随事逐物，小为科举，大为典册，虽
刻稞损华，然往往在义理之外矣，岂所谓文也？君子于此寄焉，
则不足以训德；学者于此习焉，则足以害正；力且尽而言不正，去
古人不愈远乎！[2]

周南（1159—1213）先后五次易师，最后才入叶适之门。他的文章上
折旁峻，闳而不跻，自成一家。叶适担心他的这种"探入微查，语极世人之
不到"[3]的行为，偏离了为文的宗旨，因此提醒周南不能逐末忘本。全神
贯注于文章，则是误入歧途。正是出于对义理的关注，在某种程度上他也
将文与道置于不可调和的两端：

按上世以道为治，而文出于其中。战国至秦，道统放灭，自
无可论。后世可论惟汉唐。然既不知以道为治，当时见于文者，
往往讹杂乖戾，各恣私情，极其所到，便为难长；类次者复不能归
一，以为文正当尔，华忘实，巧伤正，荡流不反，于义理愈害而治
道愈远矣。此书刊落浩穰，百存一二：苟其义无所考，虽甚文不
录；或于享有所该，虽稍质不废；钜家鸿笔，以浮浅受邹；稀名短
句，以幽远见牧。合而论之，大抵欲约一代冶体归之于道，而不

〔1〕 赵汝谠：《水心文集序》，载《叶适集》，第1页。
〔2〕 叶适：《水心文集》卷一二《周南仲文集后序》，载《叶适集》，第219页。
〔3〕 叶适：《水心文集》卷一二《周南仲文集后序》，载《叶适集》，第219页。

以区区虚文为主。[1]

在道与文之间,前者具有无可置疑的优先地位。在追求"道"的过程中,可以不考虑"文"的因素;而关注文辞的同时,却始终不能遗忘"道"的主导地位,否则就可能出现"作文害道"的情形了。在《送薛子长》一诗中,他也这样提醒对方说:"能文乃天姿,脱颖酬始愿。众技逐高卑,杂学徒贯空。趋圣由一途,任重工自劝。古人文已立,后世皎难衔。愧余莫负荷,期子幸无倦。"[2]文章写得好,确实引人注目,或许能脱颖而出,但这终究是杂学,是技艺之一种,算不上正途。大约作于同时的《赠薛子长》一文,更为我们所熟知:

> 读书不知接统绪,虽多无益也;为文不能关教事,虽工无益也;笃行而不合于大义,虽高无益也;立志不存于忧世,虽仁无益也。今世之士,曰知学矣。夫知学未也,知学之难可也;知学之难犹未也,知学之所蔽可也。[3]

这篇文章分为两个部分。前一个部分说,从读书、为文、笃行到立志这一系列环节中,时刻不应该忘记用世的终极目标,偏离了这一目标,无异于南辕北辙,做得再好也失去了价值,这与他的功利思想是一致的,不会令我们感到意外。后一个部分说,学习是上述各环节的起点,其重要性不言而喻,但学习又不是万能的,总有一些内容是简单的学习所无法了解与吸收的。

"为文不能关教事,虽工无益也",这一句话经常被学者作为叶适"教事说"的重要证据而单独引用,联系上文来看,事实上它只是叶适功利思想所展示的一个侧面而已,或者是他的功利思想在文学领域所制造出来

---

〔1〕 叶适:《习学纪言》卷四十七《皇朝文鉴一·周必大序》,中华书局1977年版,第695页。

〔2〕 叶适:《水心文集》卷六《送薛子长》,载《叶适集》,第61页。

〔3〕 叶适:《水心文集》卷二十九《赠薛子长》,载《叶适集》,第607—608页。

的旋涡〔1〕。在这一时刻,他与政治家在文章观方面多少有几分契合之处。如其《沈子寿文集序》:

> 吴兴沈子寿,少入太学,名闻四方。仕四十余年,绌于王官,再入郡,三佐帅幕,公私憔悴而子寿老矣。然其平生业,嗜文字若性命在身,非外物也。甲乙自著累百千首。呜呼!何其勤且多也。余后学也,不足以识子寿之文,其不为奇险而瑰富精切,自然新美,使读之者如设芳醴珍毅,足饮餍食而无醉饱之失也;又能融释众疑,兼趋空寂,读者不惟醉饱而已,又当销愠忘忧,心舒意闲,而自以为有得于斯文也。观其开阖疾徐之间,旁贯而横陈,逸骛而高翔,盖宗庙朝廷之文,非自娱于幽远淡泊者也。〔2〕

一个落魄的书生,仕路蹇涩,将一生心血都付诸文字。这些文字倘若无关世事,即使写得再精美,也不过是观之令人忘忧的游戏而已。但作者结尾画龙点睛,称之为"宗庙朝廷"之文,其价值顿时得到提升,而其闲置埋没的遭遇也自然令人无比惋惜了。他称颂李涛为眉州苏氏的继承者,不是从文风的角度出发,强调的也是他所编纂的《续通鉴》的价值:

> 自有文字以来,名世数十,大抵以笔势纵放、凌厉驰骋为极功,风霆怒而江河流,六骥调而八音和,春辉秋明而海澄岳静也。高者自能,余则勉而效之矣。虽然,此韩愈所谓下逮庄、骚,其上无是也。观公大篇详而正,短语简而法,初未尝藻黼琢镂,以媚俗为意,曾点之瑟方希,化人之酒欲清,又非以声色臭味自怡悦也。独于古文坠学,堂上之议,起虞造周,如挈裘领振之焉,固遗其下而独至其上者钦。蜀自三苏死,公父子兄弟后起,兼方合流

---

〔1〕 朱刚在《从"周程、欧苏之裂"说起——宋代思想史视野下的文学家》中说:"对于统一的追求又使分裂者始终保持着他们在一系列核心问题上的对立,而不是各自满足于经营自己的领域。文学家在这样的思想旋涡中曾经卷入得如此深,而且本身就是这旋涡的制造者之一。"朱刚、刘宁主编:《欧阳修与宋代士大夫》,第217页。

〔2〕 叶适:《水心文集》卷一二《沈子寿文集序》,载《叶适集》,第205页。

以就家学，综练古今名实之际，有补于世，天下传以继苏氏。[1]

华丽的文字，虽然能够炫人耳目，为世人所仰慕，但只是下下者而已，"有补于世"的作品才有流传的价值。基于上述立场，叶适称赞郑伯熊"无一指不本于仁义，无一言不关于廊庙"[2]，狄遵度所作为吾人之事[3]，批评四六之文不能敷畅义理，不能发明事义[4]，指斥策、论之类的文字直如空言，肤滥不堪[5]，甚至薛子长那些讥讽世人而为自己鸣不平的文字，也因为有益于世而受到他的褒扬：

夫或谓子长负绝世笔墨，而区区名第乃不与常人比，故多怒讥，诚然哉？子长自护若处女，常藿食水饮，欲利不挂丝发，奚取奚慕而以是动其心？殆见事太明，量人太尽而然欤！虽然，使读者剖幽析微，深刺腧髓，渠不开其智！洞前烛后，了至日月，渠不新其学！长铺广引，浩绝河汉，渠不起其辨！规贤矩圣，皎逾雪霜，渠不范其廉！其有益于世固多矣，又曹陆以下不能拟其藩也。[6]

不过，同为主张以文为用，叶适的"为文不能关教事，虽工无益也"，与王安石的"所谓文者，务为有补于世而已矣"[7]，与周敦颐所说的"不知务

---

〔1〕 叶适:《水心文集》卷一二《巽岩集序》，载《叶适集》，第209页。

〔2〕 叶适:《水心文集》卷一二《归愚翁文集序》，载《叶适集》，第216页。

〔3〕 叶适《习学纪言序目》卷四十七《皇朝文鉴一·赋》："狄遵度《石室凿二江赋》，发明文翁李冰有功于蜀，其言'民未得所欲，事或有不利，先世所未暇除去，圣人所未及裁制'，皆吾人之事，有感于斯言也。"第697页。

〔4〕 叶适《水心别集》卷十三《宏词》："自词科之兴，其最贵者四六之文，然其文最为陋而无用，士大夫以对偶亲切、用事精的相夸，至有以一联之工，而遂擅终身之官爵者，此风炽而不可遏七八十年矣。前后居卿相显人，祖父、子孙相望于要地者，率词科之人也。其人未尝知义也，其学未尝知方也，其才未尝中器也。操纸援笔以为比偶之词，又未尝取成于心；而本其源流，于古人也是何所取，而以卿相显人待之，相承而不能革哉。"载《叶适集》，第803页。

〔5〕 叶适《水心别集》卷十《始议二》："今世议论胜而用力寡，大则制策，小则科举，高出唐虞，下陋秦汉，传合牵连，皆取则于华辞耳。非当世之要言也，虽有精微深博之论，务使天下之义理，不可逾越，然亦空言也。"载《叶适集》，第759页。

〔6〕 叶适:《水心文集》卷一二《覆瓿集序》，载《叶适集》，第214页。

〔7〕 王安石:《上人书》，唐武标校《王文公文集》，上海人民出版社1974年版，第45页。

道德而第以文辞为能者,艺焉而已"〔1〕,还是有所区别的。叶适与王安石、周敦颐等人均注重文章所表现的内容,但王安石与周敦颐等人大致都否定文学自身的价值,鄙视或反对以文为业。一则强调适用为本,以文为刻镂绘画,视之无足轻重;一则注重立德,以文为轮辕之虚饰,可有可无。因此在文风上,他们都要求"明而不华"〔2〕。叶适虽然要求文章必须与政事相关联,却不否定文章之工。或者说,他所标举的理想的文字,是文辞之工与内容之实的统一,即达到"德艺兼成"的和谐境界。其《跋刘克逊诗》云:

> 自有生人,而能言之类,诗其首矣。古今之体不同,其诗一也。孔子诲人,诗毋庸自作,必取中于古,畏其志之流,不矩于教也;后人诗必自作,作必奇妙殊众,使忧其材之鄙,不矩于教也。水为沅、湘,不专以清,必达于海;玉为珪璋,不专以好,必荐于郊庙。二君知此,则诗虽极工,而教自行,上规父祖,下率诸季,德艺兼成而家益大矣。〔3〕

诗在作用在于教化,这是无可置疑的。"自有生民,则有诗矣,而周诗独传者,周人以为教也。"〔4〕人们学习诗的目的之一,是为了考求治道。"故夫学者于周之治,有以考见其次第,虽远而不能忘者,徒以其诗也……夫古之为诗也,求以治之。"〔5〕但诗亦有清浊高低之分,要充分发挥其功效最好是德艺兼成,在内容与形式方面做到尽善尽美。而对于"工"的偏爱,往往使他打破了文与道的平衡,进入了文章家的立场,如陈振孙就曾尖锐地批评叶适的《习学纪言序目》:"自六经诸史子以及《文鉴》皆有论说,大抵务为新奇,无所蹈袭,其文刻削精工,而义理未得为纯明正大也。

---

〔1〕 周敦颐:《通书·文辞第二十八》,陈克明点校《周敦颐集》,中华书局1990年版,第34页。
〔2〕 王安石:《张刑部诗序》,载《王文公文集》,第431页。
〔3〕 叶适:《水心文集》卷二十九《跋刘克逊诗》,载《叶适集》,第613页。
〔4〕 叶适:《习学纪言序目》卷六《毛诗·诗序》,第62页。
〔5〕 叶适:《水心别集》卷五《进卷·诗》,载《叶适集》,第699—700页。

自孔子之外,古今百家,随其深浅,咸有议论,无得而免。"〔1〕文章精工而义理存在瑕疵,向来是文章家好议论而产生的通病。所以刘壎对于叶适弥合周程欧苏的效果并不认可,只承认他是一个文章家:

> 永嘉有言:"洛学起而文字坏。"此语当有为而发。闻之云卧吴先生曰:"近时水心一家,欲合周程、欧苏之裂。"又言:"先儒谓欧文粹如金玉,又以为有造化在其胸中,而未有以道视之者。然《答吴充秀才》一书,则其知道可见矣。南丰说理则精于其师,如曰'及其心有所得,而下二三百言,非所诣之至,何以发明逗彻'?东坡雄伟固所不逮,伊洛微言或有未过也。"予详此言,似谓欧、曾可以合周、程,而苏自成一家,未知然否?反复绅绎,虽以道许六一,以说理许南丰,终是未曾深入阃域,而千载唯以文章许二公也。况晦翁诋斥苏文不遗余力,水心虽欲合之以矫俗,然其地位亦只文章家尔,终不见其往复讲辨如吕、陆也。晦翁《答杨履正》,有曰:"世之儒者,既大为利禄所决溃于前,而文辞组丽之习,见闻缀拾之工,又日夜有以渗泄之于其后,使其心不复自知道之在是,虽欲慕其名而勉为之,然其所安,终在彼而不在此也。"详味此语,则文章乃道学家之所弃,安可得而合哉?〔2〕

陈振孙以为叶适"义理未得为纯明正大",刘壎将叶适所为称之为矫俗,自然是因为所持之道不同的缘故。叶适的子弟吴子良,即盛赞叶适诗中饱含义理:

> 水心诗早已精严,晚尤高远,古调好为七言八句,语不多而味甚长。其间与少陵争衡者非一,而义理尤过之。难以全篇概

〔1〕 陈振孙:《直斋书录解题》卷一〇,上海古籍出版社 1987 年版,第 313 页。

〔2〕 刘壎《隐居通议》卷二,中华书局 1985 年版,第 17 页。刘辰翁也以为叶适的做法是失败的。在《答刘英伯书》中,他说:"回思宋初时,用意为古文者,与同时负学问自为家者,欲一篇想象不可得近耳。如叶水心、洪容斋,愈榛塞矣。"揣摩其语意,叶适似乎属于刻意于文者。载《刘辰翁集》,江西人民出版社 1987 年版,第 233 页。

举,姑举其近体成联者:"花传春色枝枝到,雨递秋声点点分",此分量不同,周匝无际也。"江当阔处水新涨,春到极头花倍添",此地位已到,功力倍进也。"万卉有情风暖后,一筇无伴月明边",此惠和夷清气象也。"包容花竹春留巷,谢遣蒲荷雪满涯",此阳舒阴惨规模也。"隔垣孤响度,别井暗泉通",此感通处无限断也。"举世声中动,浮生胥带来",此真实处,非安排也。"峛岩桥畔船辞柁,冷水观边花发枝",此往而复来也。"有儿有女后应好,同穴同时今奈何",此哀而不伤也。"此日深探应彻底,他时直上自摩空",此高下本一体,特有等级也。"著蔡羲前识,萧韶舜后音",此古今同一机,初无起止也。所谓关于义理者如此,虽少陵未必能追攀。至于"因上岩蛲览吴越,遂从开辟数羲皇",此等境界,此等襟度,想象无穷极则,惟子美能之。他如"驿梅吹冻蕊,柁雨送春声","绿围齐长柳,红糁半含桃","听鸡催谒驾,立马待绅书","野影晨迷树,天文夜照城","晒书天象切,浴砚海光翻","地深湘渚浪,天远桂阳城",置杜集中何以别。乃若"遣腊冰千箸,句春柳一丝","磷迷王弼宅,蒿长孟郊坟","帆色挂晓月,橹音穿夕烟","门邀百客醉,囊讳一金存","难招古渡外,空老夕阳滨",又特其细者。[1]

陈振孙与吴子良的不同评价,显然与对义理的不同看法有关,亦即叶适等人心目中的义理,与程朱等人所要阐发义理的大不相同。叶适反对专尚义理,曾言"今世之学,以心起之,推而至于穷事物之理,反而至于复性命之际"[2],主张"君子不可须臾离物也"。叶适所宣扬的义理,是与功利统一的。"欲折衷天下之义理,必尽考详天下之事物而后不谬"[3]。从生存之本上看来,功利之学存在是必然的。"人心,众人之同心也,所以就利远害,能成养生送死之事也。是心也,可以成而不可以安;能使之安者,

---

〔1〕 吴子良:《荆溪林下偶谈》卷四"水心诗"条,中华书局 1985 年版,第 37 页。
〔2〕 叶适:《水心别集》卷七《进卷·总述》,载《叶适集》,第 726 页。
〔3〕 叶适:《水心文集》卷二九《题姚令威西溪集》,载《叶适集》,第 614 页。

道心也,利害生死不胶于今者也。"〔1〕由此,叶适指出圣人并不讳言功利〔2〕:"圣人知天下之所欲,而顺道节文之使至于治。"〔3〕"夫天下所以听命于上而上所以能制其命者,以利之所在,非我无以得焉耳。是故其途可通而不可塞,塞则沮天下之望;可广而不可狭,狭则来天下之争。"〔4〕所以他驳斥先儒所谓圣人所谓不计功利之说实为虚妄:"'仁人正谊不谋利,明道不计功',此语初看极好,细看全疏阔。古人以利与人而不自居其功,故道义光明。后世儒者行仲舒之论,既无功利,则道义者乃无用之虚语耳。"〔5〕

他所谈论的"道",也不是抽象的道德性命,而是与具体的物融为一体的〔6〕。"夫形于天地间,物也;皆一而不同者,物之情也;因其不同而听之,不失其所以一者,理也。"〔7〕前代文学之所以特出,正在于对物、理一体的认识。他以四言为例阐述道:

> 余尝怪五言而上,往往世人极其材之所至,而四言虽文词巨伯辄不能工,何也? 按古诗作者,无不以一物立义,物之所在,道则在焉。物有止,道无止也。非知道者不能该物,非知物者不能至道。道虽广大,理备事足,而终归之于物,不使散流。此圣贤经世之业,非习为文词者所能知也。〔8〕

叶适虽然将体道成为圣贤事业,但他始终将道与世事实物结合起来,

---

〔1〕 叶适:《习学记言序目》卷五《尚书·虞书》,第53页。
〔2〕 叶适:《水心别集》卷三《官法下》:"昔之圣人,未尝吝天下之利。"载《叶适集》,第672页。
〔3〕 叶适:《习学纪言序目》卷一五《老子》,第211页。
〔4〕 叶适:《水心别集》卷三《官法下》,载《叶适集》,第671页。
〔5〕 叶适:《习学纪言序目》卷二三《汉书三·列传》,第324页。
〔6〕 叶适:《习学纪言序目》卷四十七《皇朝文鉴一·七言律诗》:"且天不以言命人,所谓卦爻画象,皆古圣智所自为,寓之于物以济世用,未知其于天道孰先孰后,而先后二字亦何系损益? 山人隐士以此玩世自足则可矣,而儒者信之,遂有参用先后天之论。夫天地之道常与人接,顾恐人之所以法象者,不能相为流通,至其差忒乖戾,则无疑辅其不及,而天人交失矣。奈何舍实事而希影象,弃有用而为无益?"第706页。
〔7〕 叶适:《水心别集》卷五《诗》,载《叶适集》,第699页。
〔8〕 叶适:《习学记言序目》卷四七《皇朝文鉴一·四言诗》,第702页。

这就同道学家的涵养道德、吟咏情性区别开来了。[1]

三 欲兼收并蓄、古今并重的叶适

叶适认为"凡物皆两","起于二气之争",故当以"致中和"。他治学主张经、史兼重,理、事并探,曾经指出"专于经则理虚而无证,专于史则事碍而不通"[2],由此欲集诸儒之大成,力图弥合周程、欧苏之裂,强调"德艺兼成",即所谓"诗虽极工,而教自行"[3]。具体到文章之道,他也主张取法多师,无偏嗜,无固执,古今并重,兼收并蓄。其《播芳集序》云:

> 昔人谓苏明允不工于诗,欧阳永叔不工于赋,曾子固短于韵语,黄鲁直短于散句,苏子瞻词如诗,秦少游诗如词。此数公者,皆以文字显名于世,而人犹得以非之。信矣,作文之难也！夫作文之难,固本于人才之不能纯美,然亦在夫纂集者之不能去取决择、兼收备载,所以致议者之纷纷也。向使略所短而取所长,则数公之文当不容议矣。[4]

在文学发展论上,历代文人多是历史倒退论者。叶适文中虽不乏"文体变落,虽工愈下,虽丽益靡,古道不复庶几"[5]、"然则《诗》亡而后《春秋》作,岂不信哉！《离骚》,《诗》之变也;赋,《诗》之流也,异体杂出,与时转移,又下而为俳优里巷之词,然皆《诗》之类也。宽闲平易之时,必习而为怨怼无聊之言;庄诚恭敬之意,必变而为悔笑戏狎之情,此《诗》之失也。夫古之为《诗》也,求以治之;后之为《诗》也,求以乱之。然则岂唯以见周

---

〔1〕 叶适对道学家犀利的冷嘲热讽,可证其对他们高自标置的不以为然:"邵雍诗以玩物为道,非是。孔氏之门,惟曾晳直云'浴乎沂,风乎舞雩,咏而归',孔子与之。若言偃观蜡,樊迟从游,仲由揖观射者,皆因物以讲德,指意在物也。此亦山人隐士所以自乐,而儒者信之,故有云淡风轻、傍花随柳之趣,其与穿花蛱蝶、点水蜻蜓何以较重轻,而谓道在此不在彼乎！"《习学纪言序目》卷四十七《皇朝文鉴一·七言律诗》,第706页。

〔2〕 叶适:《水心文集》卷一二《徐德操〈春秋解〉序》,载《叶适集》,第221页。

〔3〕 叶适:《水心文集》卷二九《跋刘克逊诗》,载《叶适集》,第612页。

〔4〕 叶适:《水心文集》卷一二《播芳集序》,载《叶适集》,第227页。

〔5〕 叶适:《水心文集》卷二九《题陈寿老文集后》,载《叶适集》,第609页。

之详,又以知后世之不能为周之极盛而不可及也"〔1〕、"然(赋)自班固以后,不惟文浸不从,而义味亦俱尽。然后世犹继作不已,其虚夸妄说,盖可鄙厌"等言论,但他反对尊古贱今的立场还是非常坚定的:"韩愈称皋夔、伊周、孔子之鸣,其卒归之于诗。诗之道固大矣。虽以圣贤当之未为失,然遂谓'魏晋以来无善鸣者,其声清以浮,其节数以急,其辞淫以哀,其志弛以肆,其为言乱杂而无章',则尊古而陋今太过。"〔2〕

反对尊古贱今,意味着对每一个时代每一个阶段的优秀作家与作品都要一视同仁,都要有所肯定。因此,每每涉及文学发展的具体阶段及具体作家,叶适总能适时地给予肯定。哪怕是众口一词的讨伐,他也不轻易随声附和。即以向来为人所鄙夷的汉魏六朝文学而论,他也认为"出于人心者实同",自有其价值:

> 汉中世文字兴,人稍为歌诗,既失旧制,始以意为五、七言,与古诗指趣音节异,而出于人心者实同。然后世儒者,以古诗为王道之盛,而汉魏以来乃文人浮靡之作也,弃而不论,讳而不讲,至或禁使勿习;上既不能涵濡道德,发舒心术之所存,与古诗庶几,下复不能抑扬文义,铺写物象之所有,为近诗绳准。块然朴拙,而谓圣贤之教如是而止,此学者之大患也。〔3〕

他指出每个时代的文学都自有其特色,每个时代都有自己的杰出代表,不能轻易抹杀。"后世诗,《文选》集诗通为一家,陶潜、杜甫、李白、韦应物、韩愈、欧阳修、王安石、苏轼各自为家,唐诗通为一家,黄庭坚及江西诗通为一家。人或自谓知古诗,而不能知后世诗,或自谓知后世诗,而不能知古诗。及其皆知,而辞之所至皆不类,则皆非也。"〔4〕陶渊明与李白、杜甫乃至黄庭坚都各自为家,各具风格。以文而言,叶适欣赏建安散文,

---

〔1〕 叶适:《水心别集》卷五《进卷·诗》,载《叶适集》,第700页。
〔2〕 叶适:《习学记言序目》卷四七《皇朝文鉴一·诗》,第701页。
〔3〕 叶适:《习学记言序目》卷四七《皇朝文鉴一·诗》,第700—701页。
〔4〕 叶适:《习学记言序目》卷四七《皇朝文鉴一·诗》,第701页。

于宋则推崇欧、曾、王及苏氏父子之文以及黄、秦、晁、张及陈师道等苏门弟子之文，于今人则盛赞陈亮之文。一味尊古和一味贬抑前人都不可行。正确的态度是对他们的风格进行客观深入地分析，具体指出其优劣之所在。如其对唐诗就没有停留在简单地颂扬上："夫争妍斗巧，极外物之变态，唐人所长也；反求于内，不足以定其志之所止，唐人所短也。"[1]周必大为吕祖谦所编《宋文鉴》作序，称"建隆、雍熙之间其文伟，咸平、景德之际其文博，天圣、明道之辞古，熙宁、元祐之辞达"。叶适就毫不客气地指责"此序无一词不谄，尚何望其开广德意哉"[2]。叶适并不是认为建隆至元祐其间的文学一无可言，相反，他一直都对欧、苏及其弟子十分推崇。他只是反对"均年析号，各擅其美"的做法，反对不分青红皂白对前人极尽阿附之能事，反对如矮人看戏随声雷同。

在文风方面，道学家由于尊古往往求朴，由于贱今而大多求拙。叶适反对斤斤计较于文字之间，以语言为立身之本[3]。他也主张以道为本，以文为末，"华其文词，孰若厚其根本"[4]。他以为追章逐句，雕镂刻绘，争价一字之奇，呕心沥血，皆是舍本逐末。"勤苦而种，皆文藻之末；鲁莽而获，皆枝叶之余，扬雄、韩愈，犹然况其下乎？"[5]为此，他批评斥责"崇观后文字散坏，相矜以浮肆，为险肤无据之辞，苟以荡心意，移耳目，取贵一时"[6]；认为"庆历、嘉祐以来，天下以杜甫为师，始黜唐人之学，而江西宗派章焉。然而格有高下，技有工拙，趣有浅深，材有大小，以夫汗漫广莫，徒枒然从之，而不足充其所求，曾不如脰鸣吻决，出豪茫之奇，可以运转而无极也"[7]；肯定谢景思"不受俗学熏染，自汉魏根柢，齐梁波流，上

---

[1]　叶适：《水心文集》卷一二《王木叔诗序》，载《叶适集》，第220页。
[2]　叶适：《习学记言序目》卷四七《皇朝文鉴一·周必大序》，第696页。
[3]　叶适《习学纪言序目》卷四十七《皇朝文鉴一·敕》："至如欧阳，先为谏官，后为侍从，尤好立论，士之有言者，皆依以为重，遂以成俗。及濮园议起，未知是非所在，而倾国之人反回戈向之，平日盛举，一朝堕损，善人君子无不化为仇敌，至今不定。然则欧阳氏之所以攻人者，亦其所以受攻而不自知也。"第709页。
[4]　叶适：《水心文集》卷一一《宜兴县修学记》，载《叶适集》，第194页。
[5]　叶适：《水心文集》卷一一《南安军三先生祠堂记》，载《叶适集》，第191页。
[6]　叶适：《水心文集》卷一二《谢景思集序》，载《叶适集》，第212页。
[7]　叶适：《水心文集》卷一二《徐斯远文集序》，载《叶适集》，第214页。

遡经训,旁涉传记,门枢户钥,庭旅陛列,拨弃组绣,考击金石,洗削纤巧,完补大朴"[1];襃扬蔡幼学"虽幼以文显,无浮巧轻艳之作。既长,益务关教化,养性情,花卉之炫丽,风露之凄爽,不道也。词命最温厚"[2]。他甚至对杜甫也不无非议[3],对韩、欧专以文辞为工更是不满:"若夫言语之缛为词章,千名百体,不胜浮矣。韩、欧虽挈之于古,然而益趋于文也。"[4]

不过,叶适对于语言之工丽也极为欣赏。如评杜甫《送扬六判官使西蕃诗》"语出卓特,非常情可测"[5],肯定永嘉四灵"四人之语,遂极其工,而唐诗由此复行矣"[6],称道刘潜夫诗刻琢精丽等[7]。在充分发挥文章的现实作用的前提下,甚至连它们的嘲弄风景、字雕句琢,也不妨纳入欣赏的视野。"谋臣智士,遁藏草野,能终身不耀,养其心至矣;而文采暗郁,无名以传。骚人墨客,嘲弄光景,徒借物吟号,夸其名甚矣;而局量浅狭,无道以守。若君忧患不干其虑,而咏歌常造其微,庶几兼之也。"[8]具体到文风而言,他虽反对文辞的侈靡浮险,主张养本,却也不赞成文字的质实,他所反对的只是"华忘实,巧伤心"。对于文字之华与巧,他并不反对。他曾明确表示要"以文为华"[9]。可见,叶适是把华丽作为文章的基本特征。"夫文如珠玉焉,人之所挟以自贵重也。蔚豹之泽必雾隐,孔鸾之舞

---

〔1〕 叶适:《水心文集》卷一二《谢景思集序》,载《叶适集》,第212页。

〔2〕 叶适:《水心文集》卷二三《兵部尚书蔡公墓志铭》,载《叶适集》,第445页。

〔3〕 叶适《水心文集》卷一二《松庐集序》:"杜甫《送扬六判官使西蕃诗》,直下无冒子,始末只一意,贯括刻绝,皮草皆尽,而语出卓特,非常情可测。由文人家并论,则刘向所谓'太史公辨而不华,质而不俚'者也。虽子美无诗不工,要其完重成就,不以巧拙分节奏如此篇者,自为少尔。"载《叶适集》,第215页。

〔4〕 《水心文集》:卷一一《栎斋藏书记》,载《叶适集》,第200页。

〔5〕 《水心文集》:卷一二《松庐集序》,载《叶适集》,第215页。

〔6〕 《水心文集》:卷二一《徐文渊墓志铭》,载《叶适集》,第410页。

〔7〕 《水心文集》卷二九《题刘潜夫南岳诗稿》:"往岁徐道晖诸人,摆落近世诗律,敛情约性,因狭出奇,合于唐人,夸所未有,皆自号四灵云。于时刘潜夫年甚少,刻琢精丽,语特惊俗,不甘为雁行比也。今四灵丧其三矣,家钜沦没,纷唱迭吟,无复第叙。而潜夫思益新,句愈工,涉历老练,布置阔远,建大将旗鼓,非子孰当!"载《叶适集》,第611页。

〔8〕 叶适:《水心文集》卷二九《题拙斋诗稿》,载《叶适集》,第606页。

〔9〕 叶适:《水心文集》卷一二《沈子寿文集序》,载《叶适集》,第206页。

必日中。快读而疾愈，争传而纸贵，乌有轻溷瓦石，芒芒不决耶?"〔1〕"夫孔翠鸾凤，矜其华采，顾影自耀，为世珍惜。"〔2〕因此，在不同场合，他都对王安石极力取消文学性所带来的文风的质实与枯淡进行了批判：

> 初，欧阳氏以文起，从之者虽众，而尹洙、李觏、王令诸人，各自名家。其后王氏尤众，而文学大坏矣。〔3〕

> 汉以经义造士，唐以词赋取人。方其假物喻理，声谐字协，巧者趋之，经义之朴阁笔而不能措。王安石深恶之，以为市井小人皆可以得之也。然及其废赋而用经，流弊至今，断题析字，破碎大道，反甚于赋。故今日之经义，即昔日之赋；而今日之赋，皆迟钝拙涩，不能为经义者然后为之。〔4〕

不仅如此，叶适还对道学家一派对文学的危害进行了批评。"文字之兴，萌芽于柳开、穆修，而欧阳修最有力，曾巩、王安石、苏洵父子继之，始大振"〔5〕。但程氏兄弟宣扬道学，以文为玩物，致使"文字遂复沦坏"〔6〕。丽巧是文学的重要质素，没有必要视若雠寇。一味求丽求巧，固然值得反对；但因此走向丽、巧的对立面，一味求拙求朴，那就是矫枉过正，甚至连"丽"与"巧"都不如。"时以偶俪工巧为尚，而我以断散拙鄙为高。自齐、梁以来，言古文者无不如此。韩愈之文，备尽时体，抑不自名。李翱、皇甫湜往往不能知，而况孟郊、张籍乎？古人文字固极天下之丽巧矣。彼怪迂钝朴，用功不深，才得其腐败粗涩而已"〔7〕。之所以出现上述情形，是因为这些标榜"宁拙毋巧"之人，没有认识到拙涩艰深与侈靡浮巧同样不可取，两者都是对文章之道的歪曲，"盖削世俗纤浮靡薄之巧而归之于正，则

---

〔1〕 叶适：《水心文集》卷一二《罗袁州文集序》，载《叶适集》，第226页。

〔2〕 叶适：《水心文集》卷一二《归愚翁文集序》，载《叶适集》，第217页。

〔3〕 叶适：《习学记言序目》卷四七《皇朝文鉴一·赋》，第698页。

〔4〕 叶适：《习学记言序目》卷四七《皇朝文鉴一·律赋》，第699页。

〔5〕 叶适：《习学记言序目》卷四七《皇朝文鉴一·周必大序》，第696页。

〔6〕 叶适《习学记言序目》卷四七《皇朝文鉴一·周必大序》："程氏兄弟发明道学，从者十八九，文字遂复沦坏。则所谓'熙宁、元祐其辞达'，亦岂の论哉？"第696页。

〔7〕 叶适：《习学记言序目》卷四九《皇朝文鉴三·记》，第733页。

不以拙言也。以拙易巧,而不能运道,则拙有时而伪矣"〔1〕。

叶适古今并重,主张"略其所短而取所长"〔2〕,兼收并蓄,实际上就是要求文从己出,形成自己的特色。吴子良《林下偶谈》卷三"水心文不蹈袭"条载:

> 水心与箟窗论文至夜半,曰四十年前曾与吕丈说。吕丈,东莱也。因问箟窗:某文如何? 时案上置牡丹数瓶。箟窗曰:譬如此牡丹花,他人只一种,先生能数十百种。盖极文章之变者。水心曰:此安敢当。但譬之人家筵客,或虽金银器照座,然不免出于假借。自家罗列,仅瓷缶瓦杯,然却是自家物色。水心盖谓不蹈袭前人耳。瓷瓦虽谦辞,不蹈袭则实语也。然蹈袭最难,必有异禀绝识,融会古今文字于胸中,而洒然自出一机轴方可。不然,则虽临纸雕镂,只益为下耳。〔3〕

叶适的这种独创精神,使他对历代作家包括当朝文士都有所肯定,但同时对他们所存在的缺陷也有清醒的认识,能够吸收各家之所长而形成"自家物色","片辞半简,必独出肺腑,不规仿众作"〔4〕。这种创新精神,终使其文章"在南渡卓然为一大宗"。这种创新精神,在其时极有影响的场屋之文上,亦有鲜明的体现。

第二节　叶适《进论》研究

尽管对于叶适是否参加制科考试以及何时参加这一考试存在着较大争议,但都无法掩盖叶适曾为参加制科考试精心准备的事实。《温州经籍志》引阮元《研经室外集》著录其书云:

---

〔1〕　叶适:《习学记言序目》卷四七《皇朝文鉴一·赋》,第 698 页。
〔2〕　叶适:《水心文集》卷一二《播芳集序》,载《叶适集》,第 227 页。
〔3〕　吴子良:《荆溪林下偶谈》卷三,第 25 页。
〔4〕　叶适:《水心文集》卷一二《归愚翁文集序》,载《叶适集》,第 216 页。

　　宋人《贤良进卷》甚多，如孙洙《贤良进卷》十卷、钱公辅《贤良进卷》十卷，均载《郡斋读书志》，而适书独不存，唯前明叶盛《绿竹堂书目·经济门》有叶正则《贤良进卷》二册，即此书也。万历《温州府志》载《水心文集》之外，有《制科进卷》九卷，《外稿》六卷，疑此与《外稿》实系一种。按《宋史·孝宗本纪》，淳熙十一年六月，诏在内尚书侍郎、两省谏议大夫以上，御史中丞、学士待制、在外守臣、监司不限科举年份，各举贤良方正能直言极谏一人。适此卷即于其时所进，盖适抱匡时之用，故初年轮对，即以经世之说进。且观其《上西府书》及《执政荐士书》，所举陈傅良以下三十四人，如刘清之、陆九渊、章颖、吕祖谦、杨简、项安世，皆一时贤杰，洵属有心当世之士。即以文体而论，亦笔力横肆，足以振刷浮靡。唯持论间有不纯，如陈振孙讥其所作《习学记言》，历诋百家而笃信子华子，推崇之以为真。黄震亦辨其行官田，不能无害，则躇驳处正复不免。故朱子亦尝移书与之辩论文体，至《日钞》推尊《别集》，以为论治之书，极论天下之势牵缩而不可为，开阖数万言，盖能言之士莫能尚也。[1]

　　北宋以来，由于制科出身的士子在仕途上更为顺利，因而"贤良进卷"较多，这是不争的事实。不过，这类作品得以流传于后世者并不太多。叶适的《进卷》能够为今人所目睹，应该是一件值得庆幸的事情。虽然他的《进卷》如阮氏所言"笔力横嗣"，但这并不足以保证它们一定能够留存后世，哪怕曾经风行一时。上文所列举的见载于《郡斋读书志》的孙洙《进卷》，事实上就已经为历史的灰尘所吞没，仅仅留下这蛛丝马迹。曾经与叶适《进卷》一同颁行天下的陈傅良之《待遇集》[2]，也唯有让后人怅惘念想而已。因此，阮氏开篇对叶适《进卷》表达的惋惜，并不能得到一致认可。

---

〔1〕　孙诒让:《温州经籍志》中册，上海社会科学院出版社 2005 年版，第 934 页。
〔2〕　脱脱等《宋史》卷一五六《选举二》:"有叶适《进卷》、陈傅良《待遇集》，士人传诵其文，每用辄效。"中华书局 1977 年版，第 3635 页。

没有得到一致认可的,还有他对叶适《进论》创作时间的描述。孙诒让即以为《进卷》为叶适年少时所作,并非阮氏所言淳熙十一年(1184):

> 水心《贤良进卷》五十篇,盖水心少时所作,以备制科之举者。《文献通考》三十三:高宗绍兴元年下诏复贤良方正能直言极谏科,先具词业、策论共五十篇缴送两省侍从参考之。又淳熙四年,监察御史潘纬言制科进卷,率皆宿著,是进卷定制五十篇,且皆预撰,以备应举之证。水心举淳熙戊戌进士,未尝试制科,然此书在当时盛行于世。庆元禁伪学,与陈止斋《待遇集》并见于弹章。元白珽《湛渊静语》二载韩侂胄为相,尝招致水心叶适,已在坐,忽门外有以漫刺求谒者,题曰水心叶适。候见坐中恍然。胄以礼接之,历举水心《进卷》中语,其客皆曰某少作,后改之,每诵改本,精好逾之。则当时无人不诵是书也。[1]

孙诒让恃以为可靠证据的,是元人白珽(1248—1328)笔记中有关真假水心的描述,其中假冒叶适者为陈谠(1134—1216)。如果我们取消对《湛渊静语》中相关故事的怀疑,韩侂胄为相时,叶适的《进卷》也可以被他视为"少作"了。因此,我们不能仅仅以白珽的这一故事作为否定《进论》作于淳熙十一年的依据,正如我们不能单凭宋孝宗的一条诏书来判定《进论》的创作年代。当代学者朱刚曾认为宋人的"贤良进卷"并非一定是单纯为参加制科考试而作,或许是受到了时代风气的影响,或许也可能是一种思维与写作的训练,或者说综合表达思想的方式[2]。其重要论据是僧人契嵩《镡津录》中的《论原》四十篇,其细目如《礼乐》、《大政》、《至政》、《赏罚》诸论,命题与结构方式极似贤良进卷,以及苏辙在晚年写的与贤良进卷相似的《历代论》五卷四十五篇。这些以参加考试为目的而创作的试

---

〔1〕 孙诒让:《温州经籍志》中册,上海社会科学院出版社2005年版,第934—935页。
〔2〕 朱刚《北宋贤良进卷考论》:"贤良进卷本是典型的士大夫文学,而且写作目的是去应制科,凡是身非士大夫者,或者虽是士大夫而不应制科者,本来并不需要如此写作。但是实际上既有不应制科而采取类似写作方式的士大夫,也有身非士大夫而写出类似作品者。"《中华文史论丛》,2009年第1期,第184页,总第93期。

论，给我们理解叶适的《进卷》提供了一个新的思路。虽然叶适的《进卷》抱有明确的用心，但并不一定针对着当前某一次的考试而作，不妨可以理解为一种长期的准备以及获取良好声誉、产生巨大影响的一种方式。从这个意义上来讲，叶适《进卷》的思想史及文学史方面的价值就更值得关注了，毕竟作为场屋之空文[1]，在创作态度上是无法与严肃的子书系列相比拟的，何况其中多有为陈振孙、黄震乃至阮元斥为"不纯"而实则让我们为之惊喜的内容。

　　朱刚在对北宋贤良进卷考察之后，提出贤良进卷的严肃性与严密性是其他文体难以企及的。"宋代笔记的繁荣，诗话的涌现，语录的流行，文集的大量编撰，皆是士大夫文化兴起的结果，特别是笔记和诗话，以随意性和无体系性为其显著特征，反映了士大夫在写作方式上的某种爱好。这样的写作习惯经常被认作中国人的思维特征，但贤良进卷的撰写却纯然与此异趣，它要求体大思精，强调规矩，重视结构，崇尚自成一家的学说，同时又针对现实。这是士大夫写作传统中不可忽视的严肃一面，受过此种训练的人不会丧失这种著述的能力。"[2]这种严肃性与严密性，在南宋的进卷中的体现得更为显著。苏轼、苏辙、秦观等人的进论，多为人物论与历代论。李清臣的二十五篇进论中，易、春秋、礼、诗等经论十篇，史论两篇，子论两篇，历代论十篇，分布也极不均衡。但叶适的二十五篇《进论》，涉及政治、经济、军事、教育与学术研究诸多方面，其间虽不乏历史人物专论如傅说、崔寔、诸葛亮、苏绰、王通等人的集中评述，不过其分量已经大大削弱，而居于整个《进论》末尾部分的编排体例也进一步说明它们的存在或许只是一种惯例的延续。向来以精通史学著称的永嘉巨子，在展示其才华的重大场合却在这一领域一晃而过，这从另一方面也说明"进论"性质的变化迫使他不得不遵循新的体例。当然，叶适思想中的包容与整合倾向，对于《进论》内容的开放性也产生了一定影响，使他的目光不再如北宋前贤那样仅仅专注于纯学术性问题的探讨。这二十五篇文章所论

---

〔1〕　叶适：《水心文集》卷二十七《上赵运使》，载《叶适集》，第559页。

〔2〕　朱刚：《北宋贤良进卷考论》，《中华文史论丛》，2009年第1期，总第93期。

述的内容如此之广泛与重大,使我们几乎可以在其间寻觅到后期叶适所有重要理论的因子。虽然成熟之后的叶适思想史方面的意义更为重大、更具有原创性而能给予我们更多的启示,但思想家成长的历程所展示出来的思索痕迹,却能加深我们对传统文化的真切感受,何况它们是作为一个严密的体系而存在。在这组《进论》中,叶适曾先后撰写了《序发》、《总义》、《总述》,每一篇文章都引领着一个新的话题,这说明叶适已经拥有了明确分类意识,尽管这种分类显得不够均衡,也无妨成为我们下面逐一讨论的基石。

一 叶适《进论》的治国方略

或许在当今的学者看来,宋代的科考考试不失为一种相对完善的方式,欧阳修所谓"比于前世,最号至公"[1]也没有太多的夸张成分,但对于这一考试制度的不信任感随着时间的流逝而不断累积,最终逐渐深入了人心。当然,蔡襄那种颠覆性的质疑还不至于成为主流,他对文人充斥社会领导阶层的现象表示出了巨大的惊讶:"今世用人,大率以文词进。大臣,文士也;近侍之臣,文士也;钱谷之司,边防大帅,文士也;天下转运使,文士也;知州郡,文士也。"[2]这显然不会引起士大夫们的共鸣。在这些士大夫眼里,文人在社会上层所占据的位置不是太多而是远远不够。他们所不满的是进入社会上层的方式,即"大率与文辞进"。由此我们又一次看到了历史上那种非常奇特的吊诡现象:作为依靠文辞晋身的最终获利者,反而对这种最能展示他们优势的渠道抨击最为犀利。这充分说明他们担心会有太多的利益分享者而使自己丧失这一优势,因此对于考试制度的批评并不集中于晋身方式本身,而是往往瞩目于渠道的有效性,即如何将这一文辞与那一文辞区别开来。这使我们不难发现,对于场屋之

---

〔1〕 欧阳修《奏议集》卷一七《论逐路取人札子》:"窃以为国家取士之制,比于前世,最号至公。……其无情如造化,至公如权衡,祖宗以来不可易之制也。"李之亮笺注,《欧阳修编年笺注》第6册,巴蜀书社2007年版,第464页。

〔2〕 蔡襄:《蔡忠惠集》卷二十二《国论要目·四曰赏功实》"任材"条,徐以宁点校《蔡襄集》,上海古籍出版社1996年版,第384页。

文空言无用的讥讽成为主流。"凡时文之学,类以善渔猎戕贼、窜窃模拟、取青媲白、肥肉厚皮为上,真柳子厚所谓以文锦覆陷阱者。"[1]

如何保证将自己的文章与"议论不补于济时,徒事灏澡言词,脍炙人口以追媚时好"[2]的华丽无用之文区别开来呢?这本是叶适在《进卷》中首先面临的问题。但作者宕开一笔,指出上书的价值不取决于言说者,而取决于听闻者。诚然谁也无法保证每一个上书者都名副其实,每一篇议论都有理有据,有根有柢,却不能因为其间出现的空言而否定所有的上书者:

> 盖自庆历、元祐以来,著而为书者,何其众也?其于天下之治乱,军旅、钱谷之大计,常先为之画而以意处之者,何其敢决而不疑也!其言之多,思之深,岂无一二足用于世哉?而后进之士耳剽目习,以为言语文字之流,使之运奇于异说之余而求夸于陈言之外,足以败天下之定势,则夫朝廷之上于其发谋举事之际而何以为守!是故今日之患,不患人主之不求言也,而患其求之而不及用;不患天下之不敢言也,而患其尽言而无所用。夫上有宽博无忌之心,下有慷慨尽言之意,皆前世之所不及也,而其效止于若此,此岂可不为之深忧其故欤?[3]

叶适深感忧虑的,是他耗费心血所撰写的文章能不能得到重视。虽然饱含期待,但他清醒地认识到这无疑是一种奢望。"士之深识远见、卓然突出、有志于天地君臣之大义而务尽其精微以兴起一代帝王之业者,虽以汉、唐有国之长,其间不过数人而已。"[4]即使他能确信自己的文章具有极其重要的现实意义,但谁又能确保他是历史上那寥若晨星的幸运者

〔1〕 卫博:《定庵类稿》卷四《阱锦编序》,文渊阁《四库全书》,上海古籍出版社1987年版,第1152册,第186页。

〔2〕 陈文蔚:《送徐仁伯之官序》,《陈克斋集》卷四,丛书集成初编本,中华书局1985年版,第61页。

〔3〕 叶适:《水心别集》卷一《进卷·序发》,载《叶适集》,第631—632页。

〔4〕 叶适:《水心别集》卷一《进卷·序发》,载《叶适集》,第632页。

呢？历来对于制科的质疑是其无法获得真正的人才，叶适却在《进卷·序发》中大声疾呼是到了取消这种质疑的时候了。庆历以来，难道没有一两个有志之士提出他们的真知灼见吗？但又谁见到这些建议得到了足够的重视呢？而这种来自上层的傲慢态度却是制科无法取得满意效果的原因之所在。"夫朝廷之上，公卿百官所以统天下，而常患于不能知天下之情。四海之广，南北异俗，贤愚异虑，而尝患不能通朝廷之意。上下不合，则祸败出于其中而不知。"〔1〕叶适在《进卷》中开宗明义强调上位者应保持谦逊的态度，这就使他在整个系列文章中占据了一个更有利的位置。

叶适提醒决策者不应该遗忘开设制科的本来意义，他的《进卷》也就从上位者应有的姿态开始说起。帝王当以道与德而不是以名位来统率天下，这已是儒者的老生常谈。叶适以为，正是因为如此，所谓的道与德已经丧失了原来的意义，充斥着表演的色彩。由此他拈出"真意实德"一说，希望人主有一种发自肺腑的谦恭：

> 其于事天地、尊宗庙也，真见其肃恭诚一而不敢懈而神祇祖考之来格也，非貌为之敬而意其不吾享也，而况于简慢废阙而不知畏也！其于刑狱杀戮也，真见其哀矜恻怛而不忍，虽不忍而不可赦也，非徒减膳、撤乐以为是虚文故事而已也，而况于轻怒暴诛、喜深而致刻也！其于天下之民也，真见其可佚而不可劳，可安而不可动，可予而不可夺也，非轻租、捐赋、宽逋负以为之赐也，而况于急征横敛而无极也！其于群臣百官也，真见其官各有守，才各有宜，畀之以事而不相易也，非贵其所贱，亲其所疏、而要之以报己也，而况于姑使之充位而自用也！其于听言受责也，真见其过言过行之出有以害天下而幸其臣之告己也，非内不乐闻而外为宽容之意以悦天下也；于其言也，可从则用之，真见其朝不能以及夕也，不徒听之而终置之也，而况于拒谏塞谤而以不受教为能也！其于君子小人也，真见君子之可敬而小人之当远

---

〔1〕 叶适：《水心别集》卷一《进卷·序发》，载《叶适集》，第632页。

也，诚以恶佞谀而好匡救也，不徒敬君子以为名而乐小人之自便也，而况于疏君子而比小人也！其于声色、游畋、玩好、珠玉也，真见其简静而无欲，屏弃而不御也，不待于欲之而以理禁之也，而况于沉溺堕坏于其中而不知反也！积之以岁月，真见其悠久也；烦之以万机，真见其能无倦也。凡此者，皆实德也。[1]

"修实德"是叶适寄予厚望的一个愿景，是他实现"修实政"、"建实功"等远大理想的基础。在他的规划之中，这个愿景显然不是君主能够独自完成的，还需要社会各阶层的充分参与。士人要修实德，而不能汲汲于富贵。"士患不贤与无德"，"区区自为轻重，转讹习陋，而天下言贤有德者，必将兼出于富贵而后止，则流俗之为害大矣"[2]。家庭也要依靠实德来兴旺。"夫家非德不兴，德非种不成。虽一人之家，未尝不以天地同其长久；所以不能者，天地种之而人毁之也"[3]。当然，最重要的还是君王对实德的践行。"陛下修实政于上，而又行实德于下，和气融浃，善颂流闻，此其所以能屡战而不屈，必胜而无败者。"正是从"真意实德"的立场出发，他于汉唐时期有名的君王也有所斥责。"夫慨然有志者，不免于羡慕始皇、武帝之侈，而精实求治者，又止于庶几宣帝、太宗之事，然后以其智巧而行申、商、韩非之说，则虽有天下之威也，天下之权也，天下之功也，抑犹未得其所以服天下之道，而徒恃夫名位以临之者也。"[4]这种权力为基础、刑罚为手段的统治行为，在本质上与暴君没有太大差别。"以势力威令为君道，而以刑政末作为治体。然则汉之文、宣，唐之太宗，虽号贤君，其实去桀、纣尚无几也。"[5]

开禧二年，他在《上宁宗皇帝札子》中说："臣宿有志愿，中夜感发，窃谓必先审知今日强弱之势而定其论，定论而后修实政，行实德，如此则弱

〔1〕叶适：《水心别集》卷一《君德二》，载《叶适集》，第635—636页。
〔2〕叶适：《水心文集》卷九《乐清县学三贤祠堂记》，载《叶适集》，第149页。
〔3〕叶适：《水心文集》卷十一《郭氏种德庵记》，载《叶适集》，第184页。
〔4〕叶适：《水心别集》卷一《君德一》，载《叶适集》，第634页。
〔5〕叶适：《习学记言序目》卷六《毛诗·国风豳·七月》，第71页。

果可变而为强,非有难。"〔1〕叶适指出,君主在修实政、行实德之前,还必须做好一个前提,那就是对天下形势有清晰准确地把握。为什么呢?"欲治天下而不见其势,天下不可治已。"历代圣明之君,能够有所作为,往往在于对天下之势有深刻的体验与把握。"古之人君,若尧、舜、禹、汤、文、武,汉之高祖、光武,唐之太宗,此其一人皆能以一身为天下之势,虽功德有厚薄,治效有浅深,而要以为天下之势在己而不在物。"〔2〕后来者之所以渐渐失去了对天下的控制,则是将希望寄托在刑赏威福等手段上,而当这些权柄脱离君王而落入他人手中时,国势即江河日下,不可收拾,于是出现了外戚执政,宦官专权,处士横议,重臣篡位,"列校之卑,易置人主如反掌之易"〔3〕。

对于导致大权旁落而天下混乱的原因,叶适纵观历史,将之归纳为五个方面:"天下之乱与亡有五,而人主之得罪于民不与焉:一曰女宠,二曰宦官,三曰外戚,四曰权臣,五曰奸臣。此非特秦、汉之事为然也,而三代亦莫不然。"〔4〕对于这些现象,宋朝历代帝王十分警惕,也采取了有效的措施加以预防,这使宋朝与历代相比,国势更为平稳。"是故以言其井地牧民、税赋均一,则不如周;群臣才智,赴功遵力,则不如汉;蓄积富厚,国用沛然,则不如隋;拓地沙漠,冠带夷蛮,则不如唐。然而天下之势,周密而无间,附固而无隙,不忽治而乍乱,几亡而仅存,可以传之万世,垂之无极,则远过前代。"〔5〕国家当前的危机,与前代完全不一样,不在于国内而在于国外。先是辽人与夏人造成了巨大的压力,等到辽与西夏崩溃之后,女真却又带来了更大的威胁。面对着这样恶劣的局面,审时度势,采取正

---

〔1〕 叶适:《水心文集》卷一《上宁宗皇帝札子》,载《叶适集》,第5页。
〔2〕 叶适:《水心别集》卷一《治势上》,载《叶适集》,第637页。
〔3〕 叶适:《水心别集》卷一《治势上》,载《叶适集》,第638页。
〔4〕 叶适:《水心别集》卷一《治势中》,载《叶适集》,第639页。
〔5〕 叶适:《水心别集》卷一《治势中》,载《叶适集》,第640页。

确的策略尤为重要。叶适也曾经主张先定国是于天下[1]，但他和朱熹一样反对用"国是"来劫持天下士子。正如朱熹所指出的那样，"盖近世主张国是之严，凛乎其不可犯，未有过于近时者。而卒以公论不行，驯致大祸，其遗毒余烈至今未已。夫岂国是之不定而然哉？惟其所是者，非天下之真是，而守之太过，是以上下相徇，直言不闻，卒以至危亡而不悟也"[2]，对于国是的过分关注以及过分执着给这个本来已经陷入泥潭的朝廷带来了无法估量的灾难。因此，简单地"主和"或"主战"，在叶适看来都无法解决问题。"臣之不肖，盖尝筹之，以为使今之天下自安而忘战则不可，使之自危而求战，尽变而能战，又决不可也。"[3]"臣观今天下之士，惟其嗜利无行者，乃或扣阍投匦，妄论形势，更易风云之阵，疏释孙、吴之言，请对便殿，条画边要，指心誓日，以功名自诡。"[4]重臣以此固位，排斥异己；在野者以此邀宠，捞取功名，这一现象无疑是令人痛心与愤懑的。黄震曾以为叶适《治势》三篇"意若阴不满于陈同甫诸人"[5]，即针对此处而言。叶适的文章自然不是针对陈亮而写，但两人在这一问题上的分歧是极其明显的。

面对错综复杂的天下大势，轻言战或和并不是解决外患的根本途径，因为无论何者都只是一种被动应对的行为，丧失了主动权。如何才是最佳的行为方式呢？叶适曾经有一个生动的比喻：饮酒歌舞之时庭院外突然有水火之灾发生，最理想的状况应该是"外不失悍患而内无以伤吾乐，

〔1〕叶适《水心文集》卷二十七《上西府书》："伏惟执事，诚有意于今世乎？方明主虚心以待执事者，宜无不听，则当酌古今之变，权利害之实，以先定国是于天下。然后收召废弃有名之士，斥去大言无验之臣，辟和同之论，息朋党之说；据岁入之常以制国用，罢太甚之求以纾民力；广武举之路，无限其任保；多制科之选，无必其记问；责州郡以荐士，则士林之气增；委诸路以择材，则士卒之心勇；四分上流之地以命羊、陆之帅，厚集荆、楚之郊以求宛、洛之绩；仍旧兵之数以严蒐练，耕因屯之田以代军输；稍宽闽、浙之患，无旷江南之野；重台谏而任刺史，崇馆阁以亲讲读；遴储佐之材，分幕府之寄：凡今之急政要务，不待朝夕而行者，其大略在是矣。"载《叶适集》，第543—544页。

〔2〕朱熹：《与陈侍郎书》，郭齐、尹波点校《朱熹集》，四川教育出版社1996年版，第2册，第1024页。

〔3〕叶适：《水心别集》卷一《治势下》，载《叶适集》，第643页。

〔4〕叶适：《水心别集》卷一《治势下》，载《叶适集》，第642页。

〔5〕黄震：《黄氏日抄》卷六十八，文渊阁四库全书本。

患去功成而饮酒歌舞者不知"[1]。清除外患而不影响到内政,或者说通过修内政以清除外患,这才是叶适所期待的。要做到这一点,那就要厚殖国本。所谓国本,在叶适眼中并非人们常说的民生与民财之类,而是"本其所以为国之意而未及于民",即单纯站在立国的角度来谈论。他认为一国一朝的建立,必定有一个内在的基础。"若夫汉之高祖,唐之太宗,起于细微单人,挺剑特起,臂指天下;而四海之雄无不束手受事,相与草创之中,拜伏俯仰而为之臣,建置宗庙而立其典法以垂后世。此虽不足以望周人积累之盛,然而要其所以得之者,必有合天下之心,顺民之心,而非偶然而自得之也"[2]。朝廷巩固了这个基础,就能维护国家的稳定;朝廷丢失了这个传统,国家就会走向衰微。

不同国家的立国之本是不同的。宋朝不以智力为治,不以甲兵为强,不以险要为固。它的根本,叶适以为就是礼臣与恤刑。宋朝的政治形态是皇帝与士大夫共治天下,"夫人主之所与共守其国家者,自宰相以下至于一命之士,皆必得天下之贤材而用之"[3]。对士大夫保持足够的尊重是王朝稳定的基础,"故虽权臣用事,二十年间,予夺惟意,而无杀士大夫之祸"[4]。朝廷不仅对士大夫尤为优待,少有刑罚,对于百姓用刑也极为谨慎。"夫后世有天下之长者,莫若汉与唐,其能求所以轻刑之意者,亦莫若汉与唐,而卒之能轻一代之刑者,莫若吾宋也。汉唐之时,虽治世犹多造大狱,根连株送,或数千里会逮,久者积数岁而不解,公卿以下,重足待命。其论囚报重,一郡之内,一日有杀至数百人者。凡此者,今天下之所未尝有也"[5]。叶适的称颂之辞,应该说还是切中肯綮的,并非过誉。

在叶适的治国体系中,立国之本是由仁爱之心所滋润的恤刑爱民,它保障了大宋王朝两百年的顺利运行,"夫两百余年之国本在是,天下安之

---

〔1〕 叶适:《水心别集》卷一《治势下》,载《叶适集》,第 643 页。
〔2〕 叶适:《水心别集》卷二《国本上》,载《叶适集》,第 645 页。
〔3〕 叶适:《水心别集》卷二《国本中》,载《叶适集》,第 646 页。
〔4〕 叶适:《水心别集》卷二《国本中》,载《叶适集》,第 648 页。
〔5〕 叶适:《水心别集》卷二《国本下》,载《叶适集》,第 649 页。

久矣"[1],但治国之要依然是在于得民[2],得民的基础则是养民,是关注民生,重视民事。民事的核心是土地问题,如何保障耕者有田呢?恢复井田制显然只是儒生们的梦呓,不切实际。"今故堰遗陂,在百年之外,潴防众流,即之渺然,弥漫千倾者,如其湮淤绝灭尚不可求,而况井田远在数千岁之上。今其阡陌连亘,墟聚迁改,盖欲求商鞅之所变且不可得矣。"[3]而酷吏为抑制兼并所采取的杀富手段,披着高尚的外衣,实则是过激行为,无异于杀鸡取卵。"今俗吏欲抑兼并,破富人以扶贫弱者,意则善矣。……然则富人者,州县之本,上下之所依赖也。富人为天子养小民,又供上用,虽厚取赢以自封殖,计其勤劳亦略相当矣。"[4]远古太平时代的井田制无法恢复,而近世抑制兼并的仇富行为也不可取,那么究竟如何摆脱当前的困境呢?叶适也没有找到有效的途径,故黄震也充满疑惑地评论叶适《民事》三篇说:"此谙练之说,特未知所以立制者何如而可无甚富甚贫耳,或者董仲舒限田之说乎?"[5]

从黄震的评述中,我们发现他对叶适的理解是不透彻的。黄震治民的理想境界是达到"无甚富甚贫"的均衡状况,而这不是叶适所期待的[6]。叶适虽然没有提出彻底解决土地问题的有效手段,但他敏锐地意识到了富人在国计民生中的重要作用,这就与简单粗暴的均贫富的传统区分开来了。"小民之无田者,假田于富人;得田而无以为耕,借资于富人;岁时有急,求于富人;有甚者,庸作奴婢,归于富人;游手末作,俳优伎艺,传食于富人;而又上当官输,杂出无数,吏常有非时之责无以应土命,

---

〔1〕 叶适:《水心别集》卷二《国本下》,载《叶适集》,第 650 页。
〔2〕 叶适《水心别集》卷二《民事中》:"为国之要,在于得民。民多则田垦而税增,役众而兵强。"载《叶适集》,第 653 页。
〔3〕 《水心别集》卷二《民事下》,载《叶适集》,第 656 页。
〔4〕 《水心别集》卷二《民事下》,载《叶适集》,第 657 页。
〔5〕 黄震:《黄氏日抄》卷六十八,文渊阁四库全书本。
〔6〕 叶适的确说过君王与群臣当致力于"无甚富甚贫之民"的目标,但综合全文看,这不是他核心思想。其说见《水心别集》卷二《民事下》:"因时施智,观世立法。诚使制度定于上,十年之后,无甚富甚贫之民,兼并不抑而自己,使天下速得生养之利,此天子与其群臣当汲汲为之。"《叶适集》,第 657 页。

常取具于富人。"[1]富人代替朝廷抚养着百姓,因此应该受到保护。"今天下之民,不齐久矣。开阖、敛散、轻重之权不一出于上,而富人大贾分而有之,不知其几千百年也,而遽夺之,可乎?"[2]事实上,这种抑制也是不可能实现的。"呜呼! 数世之富人,食指众矣,用财侈矣,而田畴不愈于旧,使之能慨然一旦自贬损而还其初乎,是独何忧! 虽然,盖未有能之者也。"[3]抑制富人是逆行倒施,但从桑弘羊、刘晏、王安石到蔡京,都打着富国的旗号盘剥百姓,给百姓带来巨大灾难,同时也给富人造成了沉重的损失。富国的真正前提,在叶适眼中应该是富民。而他对富民的强烈关注,也正是为了国家与朝廷的富裕[4]。国家要富裕强大,有效的手段是做好理财。"古之人,未有不善理财而为圣君贤臣者也。"理财对朝廷的重要性不言而喻,但历来对其却有不少错误的看法,甚者将之等同于聚敛:

> 理财与聚敛异,今之言理财者,聚敛而已矣。非独今之言理财者也,自周衰而其义失,以为取诸民而供上用,故谓之理财。而其善者,则取之巧而民不知,上有余而下不困,斯其为理财而已矣。[5]

理财不是为某个人的享受而聚敛,而是为天下人增殖财富,即"以天下之财与天下共理之"。所谓"以天下之财与天下共理之",就是为了保障财富在流通中增殖,从而彻底解决"财既多而国愈贫"、"赋既加而事愈散"[6]的状况。南宋财力之丰裕是前代无法比拟的,"尝试以祖宗之盛时所入之财,比于汉、唐之盛时一再倍;熙宁、元丰以后,随处之封桩,役钱之

---

[1]《水心别集》卷二《民事下》,载《叶适集》,第657页。

[2]《水心别集》卷二《财计上》,载《叶适集》,第659页。

[3]《水心别集》卷二《财计下》,载《叶适集》,第664页。

[4] 叶坦《叶适经济思想研究》:"叶适的为富人辩护思想包括了为地主和农民以及商贾在内的整个民众的内容。但是,他的观点依然建立在广义富国论的基础之上,富民成为富国的前提,并非从狭义的角度,在国与民的分配关系中,完全代表民的立意,这也是中国古代富民思想的重要特征(纯粹意义上的富民思想在中国古代是没有的),像叶适这样具有鲜明反传统意识者也不曾逾越。"《中国社会经济史研究》1991年第3期,第29页。

[5] 叶适:《水心别集》卷二《财计上》,载《叶适集》,第657—658页。

[6] 叶适:《水心文集》卷一《上宁宗皇帝札子三(开禧三年)》,载《叶适集》,第8页。

宽剩,青苗之结息,比治平以前数倍;而蔡京变钞法以后,比熙宁又再倍矣。王黼之免夫至六千余万,其大半不可钩考,然要之渡江以来以至以今,其所入财赋,视宣和又再倍矣。是自有天地,而财用之多未有今日之比也"。但其财政之困窘也是前代少有的,"言财之急,自古以来,莫今为甚,而财之乏少不急继,亦莫今为甚"[1]。要摆脱困境,除了调整税收政策[2],不要将锱铢之利囊括无遗外,叶适以为重点要做好财政预算与货币发行工作。

在叶适看来,官吏之所以滥收无度,与上级无休止的督促追索有关。"今天子之材用,责于户部,户部急诸道,每道各急其州,州又自急其县,而县莫不皆急其民。天下之交相为急也,事势使然,岂其尽乐为桑弘羊之所为耶?使天下之用诚有常数,而户部以天下之税当之而有余,则户部必不以困诸道,每道必不以困其州,而州若县独何以自困其民耶?"[3]正是因为朝廷无休止的索求,层层官吏绞尽脑汁,巧立名目加以追讨,"是以熙宁新政,重司农之任,更常平之法,排兼并,专敛散,兴利之臣四出候望,而市肆之会,关津之要,微至于小商、贱隶什百之获,皆有以征之"[4],而百姓不堪承受其盘剥,日益穷困。

叶适经济思想中一个非常重要的方面是对货币问题的分析,而集中阐述相关理论的是《进卷·财计中》。首先他意识到了物价上涨、购买力的增加与货币量发行的关系,这比单纯地从货币数量上来讨论钱荒问题要深刻得多,也更符合宋代的实际情况[5];其次,他认识到了货币的流通功能,说明了钱荒真实原因并非真的通货不足,而是铜币的流失、废毁以及蓄藏等原因造成铜币短缺[6],而纸币的滥发又使这一现象更加恶化:

---

〔1〕 叶适:《水心别集》卷十一《财总论二》,载《叶适集》,第773页。
〔2〕 叶适:《水心别集》卷十一《财总论二》:"故臣请陈今日财之四患:一曰经总制钱之患,二曰折帛之患,三曰和买之患,四曰茶盐之患。"载《叶适集》,第773—774页。
〔3〕 叶适:《水心别集》卷二《材计下》,载《叶适集》,第664页。
〔4〕 叶适:《水心别集》卷十一《财总论二》,载《叶适集》,第772页。
〔5〕 叶坦:《叶适经济思想研究》,《中国社会经济史研究》1991年第3期,第32页。
〔6〕 参看叶坦《海外叶适经济思想研究论析——百年典案:从哥大到京大经学研究中的叶适》,《中国经济史研究》2011年第1期,第149页。

　　且今之所谓钱乏者,岂诚乏耶?上无以为用耶?下无以为市耶?是不然也。天下之所以竭诚而献者有二议:有防钱之禁,有羡钱之术。夫南出于夷,北出于虏,中又自毁于器用;盗铸者虽毅杂而能增之,为器者日损之而莫知也。此其禁、患于不密也,是诚可密也。若夫羡钱之术,则鼓铸而已矣。虽然,尽鼓铸所得,何足以羡天下之钱?且天地之产,东南之铜或暂息而未复,虽有咸阳、孔仅之巧,何以致之?噫!不知夫造楮之弊,驱天下之钱,内积于府库,外藏于富室,而欲以禁钱鼓铸益之耶!

　　且钱之所以下尊之,其权尽重于百物者,为其能通百物之用也;积而不发,则无异于一物。铜性融溢,月铄岁化,此其朘天下之宝亦已多矣。夫徒知钱之不可以不积,而不知其障固而不流;徒知积之不可以不多,而不知其已聚者之不散,役楮于外以代其劳,而天下有坐镇莫移之钱,此岂智者之所为哉?岂其思虑之有未及哉?故臣以谓推其有无之所自来,不反手而可以除其患者也。[1]

叶适对于君子的要求,是"实德真意";对于官员的要求,则是名实相符。如何判定一个官员是否合格,是上位者最为关注的问题之一。叶适所提出的方法就是将名实结合起来,"课群臣当以实,实不能课,当课以名。名以致实,实以致名"[2]。所谓实,就是看他周旋众职中所取得的政绩;所谓名,则是其详练世事时所涵养出来的局度器识与名望风度。当今天下有务实之风,却不免对求实有所误解,以为事必躬亲就是踏踏实实,往往将官员的职责与百工俗吏的任务混为一谈,使真正的贤才难以脱颖而出。厘清名实的关系,不仅有利于选拔治世能臣,还有助于解决困扰有宋一代的冗官问题。

什么是真正的贤才呢?当前社会恐怕有不少误解。"今夫山林草莽

---

〔1〕《水心别集》卷二《财计中》,载《叶适集》,第661页。
〔2〕《水心别集》卷三《官法上》,载《叶适集》,第666页。

之士,操其纸笔,为腐熟无用之言应有司之格,若此者,非以为贤也,非以为材也,而天下皆以为当得,虽上亦以为当得也。"[1]这种呆板的程式之文能够选拔出具有真才实学的士子吗?叶适对此深表怀疑。"夫科举之患极矣。何者?昔日专用词赋,摘裂破碎,口耳之学而无得于心。此不足于知经耳,使其知之,则超然有异于众而可行。故昔日之患小。今天下之士,虽五尺童子无不自谓知经,传写诵习,坐论圣贤。其高者谈天人,语性命,以为尧、舜、周、孔之道,技尽于此,雕琢刻画,侮玩先生之法言,反甚于词赋。"[2]无论是醉心于词赋者,还是高谈性命者,都不是朝廷所期待的选材。这种选拔制度之所以出现问题,就在于求名而不求实。不过,值得注意的是,对于士子而言,求实并不无意味着只是关注于眼前的所见所闻,而丢掉远大的理想。儒生向来被视为迂阔,所谓"迂阔",叶适认为其本意应该是阔达迂远,即有远见卓识而不斤斤计较于目前的蝇头小利。从这个意义上来讲,"夫孔子、孟轲,所谓迂阔之最大,而后世所以有迂阔之论者自孔、孟始也"。而正因为没有远大的理想,"君臣上下为目前便利之计,月不图岁,朝不计夕,自以为是"[3],国事便日渐难以收拾。更重要的是,丢失了理想而急功近利,不免对传统缺乏敬畏之心。没有了敬畏之心,行事便可能肆无忌惮,这对国家的伤害是难以估量的。"夫礼义廉耻,唯上所厉,故士得以自重。今天下嚣嚣然养之而不以道,而上不免有慢士厌儒之心,譬有父母不素教子,一旦以其不肖而欲尽弃其所爱,不可之大者也。"[4]

在军事问题上,曾有学者指出叶适有不切实际之论。其具体证据便是他反对"攻人之无备,出人之不意",而主张"必有堂堂之阵,正正之旗"[5]。其实,集中阐述叶适这一战略原则的是叶适的《兵权》,不过叶适之所以强调这一原则,除了反感当时不少世人寄厚望于"奇计异谋"之外,

[1]　叶适:《水心别集》卷三《官法下》,载《叶适集》,第673页。
[2]　叶适:《水心别集》卷三《士学下》,载《叶适集》,第677页。
[3]　叶适:《水心别集》卷三《士学上》,载《叶适集》,第674—675页。
[4]　叶适:《水心别集》卷三《士学下》,载《叶适集》,第678页。
[5]　张义德:《叶适评传》,第230页。

更主要的还是出于对"实言"的一贯追求。"言之实者无奇,无奇则难听,故天下多奇言,而言兵尤为奇。人主慨然欲闻天下之言,则奇言得以入,而言兵者入之为最深。"〔1〕一批手无缚鸡之力的士子,为获取名利而摇动三寸不烂之舌,夸夸其谈,大言欺人,往往借诡道之兵事来蛊惑人心,致使人主轻举妄动,从而给朝廷带来不可估量的损失。因此,叶适主张废"奇言"而求"实言"。

"何谓实言,今世或有以为兵端可畏,易开难合,厚赂请和,可以持久,此偷安姑息之论也。兵何尝一日而不可用也,顾其用如何耳。"〔2〕叶适也认识到战争的不可避免,也曾警告当权者外患不可轻忽:"今日存亡之势,在外而不在内;而今体隄防之策,乃在内不在外。一朝陵突,举国拱手,隄防者尽坏而相随以亡。"〔3〕他意识到了用兵的必要性,不过主张要做好充分准备,务必要"备成而后动,守定而后战"。对于用兵的残酷性,要有清醒的认识。"下未知兵而习为多杀人之术,上未用兵而先有轻杀人之心"〔4〕,这样的现实令他深感忧虑。正是由于举国上下沉醉于这种以奇巧取胜的痴狂之中,叶适才反对所谓的奇计异谋与奇人异士,甚至认为当今之世有没有孙吴、吴起、孙膑那样的兵法大家都没有关系,有没有姜太公、管仲、诸葛亮那样的谋略大师也不重要,重要的是踏踏实实地做好备战工作〔5〕。

如何应对日益严重的外患呢?叶适在《进论》中接连用了四篇文章集中讨论了这一话题。《外论一》首先对有宋一代固守苟安求和的基本国策表示了异议:"执之于无所执,用之于无所用,以和为常,与之为一,而天下之人熟于闻见,不知其为中国、夷狄之异者,此祖宗之事,臣不敢深论也。"〔6〕在北宋之时,厚赂求和或许不失为一种苟全之计;而就当前的形

---

〔1〕 叶适:《水心别集》卷四《兵权下》,载《叶适集》,第682页。

〔2〕 叶适:《水心别集》卷四《兵权下》,载《叶适集》,第683页。

〔3〕 叶适:《习学纪言序目》卷四三《唐书六·列传》,第634页。

〔4〕 叶适:《水心别集》卷四《兵权下》,载《叶适集》,第682页。

〔5〕 叶适《水心别集》卷四《兵权下》:"孙武、吴起、穰苴、孙膑,巧于用兵,今虽无之,不足虑;伊尹、太公、管仲、诸葛亮,智于谋国,今虽未有,不足忧。"载《叶适集》,第684页。

〔6〕 叶适:《水心别集》卷四《外论一》,载《叶适集》,第686页。

势而论,战争已经是不可避免而迫在眉睫了:"昔祖宗之世也,唯其有以驯养契丹使不敢桀骜,则兵可以至于不用。今日之兵,其决不可不用矣,其用有早暮迟速耳。而早暮迟速又非大相辽也,远者五六年,近者三四年,其尤近者或在朝夕耳。"[1]因此,他在《外论二》中反复告诫当政者丢掉幻想,直面现实,不要自欺欺人,做出抱薪救火的蠢事。

战争既然不可避免,在战争来临之前,首先应该弄清楚敌我之优劣,要充分发挥自己的长处,给敌人以威慑,使自己立于不败之地。"臣闻古之善事者,必有先胜之形,使吾之国人晓然自知其所必胜而敌不知。若此者胜。不然,敌见吾之所长,亦晓然自知其不可当,不必外示损弱。若此者亦胜。"[2]就当前朝廷面临的军事上最大的困境,叶适一针见血地指出,依然还是宋代皇帝所谓的"家法"造成的。"祖宗以天下之大困于区区夏人之数州者,盖以上下牵制,首尾顾望,内外异同,困重而难举也。今其势亦然,陛下亦自知之矣。"[3]在具体的战术选择上,叶适也认为朝廷犯下了诸多的错误,如联合女真以灭辽[4],以长江为天堑而龟缩固守[5]等,而后者尤为有识者所关注:

> 何谓可以攻而不为必攻之形?今之淮南、北是也。使吾欲得志于虏,非益进深入,尽吾境而与之守,立万死百败之地,以示其不可遏之锋,何足以庶几于有成!而况委弃垣墙,视为荒间无用之处而无经营分画之要,乃坐困内地,助虏自攻,中外抵掌,但以复得故地为言,是欲不出户庭而遥策门外之事者欤!
>
> 何谓不足以守而为固守之势?今之防江是也。上流有武昌

---

[1] 叶适:《水心别集》卷四《外论二》,载《叶适集》,第688页。
[2] 叶适:《水心别集》卷四《外论三》,载《叶适集》,第689页。
[3] 叶适:《水心别集》卷四《外论三》,载《叶适集》,第690页。
[4] 叶适《水心别集》卷四《外论一》:"当是时,中国以大义之故,遣十万众制女真使不得遑,彼知大国为之助,其势何遽至此也。岂与约并灭其国分取幽州故地以为功者比乎?失此不念,遂有今日。"载《叶适集》,第686页。
[5] 叶适《水心别集》卷四《外论四》:"略淮而守江,守江以安闽,此其去中原也远矣。"载《叶适集》,第692页。

之兵,下流有京口、秣陵之兵,皆重兵也。淮无宿师,故恃三镇为
巨防。夫以孤江与敌为对,则三镇不得不守;今淮南、北尚不忧
其有失也,何必预忧其有失而守江乎? 善守者守四夷,今不及
矣,守其境可也。不守其境而守其室,兵甲不在边而在堂,不知
今日之所谓守者何名也? 轻重失宜,缓急失中,首尾颠错而无
据,其于天下之大计,臣固知其不及也。[1]

对于上述战术思想,顾炎武极为赞同。他曾以历代战争的走向证明
这一观点的正确性:"昔之都于南者,吴、东晋、宋、齐、梁、陈、南唐、南宋凡
八代……尝历考八代兴亡之故,中天下而论之……蜀者,天下之领。而两
淮山东,其背也……古之善守者,所凭在险,而必使力有余于险之外,守淮
者不于淮,于徐泗;守江者不于江,于两淮。此则我之战守有余地,而国势
可振。故阻两淮急。"[2]

二 叶适《进论》的学术思想

牟宗三先生曾经说过,"叶(适)、陈(亮)身处局中,就事而言,其言有
对。对有宋一代立国之格局,皆言之真切,而中肯要。对其弊之积重而难
挽转,尤言之痛切。非有大英雄、大震动,莫能裂大纲而起沉疴,以收云合
响应之效"[3]。叶适不仅对有宋一代立国之本言之真切,对于有宋一代
讲学之道也言之深切,他对经、史、子的独特见解就鲜明地展示在《进论》
之中。

在阐述他对具体经典的感悟之前,叶适首先阐明他对"经学"的理解。
在他看来,所谓"经学",并不是对经籍本身的一种阐释,后人学习经籍的
目的也不在于对经籍遵从与膜拜。所谓经籍,只是圣人之道的不完全的

---

〔1〕 《水心别集》卷四《外论四》,载《叶适集》,第691页。
〔2〕 顾炎武:《形势论》,《亭林诗文集》文集卷六,"万有文库"第二集,商务印书馆1937年
版,第294页。
〔3〕 牟宗三《政道与治道》第九章《社会世界实体性的律则与政治世界规约性的律则》下
篇《叶适、陈亮论有宋一代立国之格局·序言》,台湾学生书局1987年版,第203页。

载体,而圣人之道是具体地融合在事物之中,通过纪纲、律度、伦类展现出来,散布于宗庙、朝廷、州闾乡井之间。正因为道无所不在,无人不晓,所以"天下之人无不根于性命,闲于道德而习于生死之变"。而后世之人把道德性命从器物中脱离开来,以为其仅仅蕴藏于经籍之中,而不知"治有异而不相废,道有同而不相袭,故其语言文字,或始之以陈其义,或终之以纪其成,言与事迁,书与世易,盖其皆可以为经,而当时之天下不待是以为治也"〔1〕。这就说明,在叶适眼中,时人视为圣典的经籍并不值得顶礼膜拜,它们只是对治道的零散记录。而所谓治道,随着形势的发展需要不断调整更新。这就意味着昔日的记载并不一定适用于当前。遵循经籍的指引以恢复往日的制度,恐怕是"迂暗而不明,牵合而难通"。不过,虽然叶适意识到了这种复古守旧的行为是可笑的,但长期以来经籍所拥有的权威,也使他不敢轻易将之抛开。于是,我们在《经论·总义》中看到了求实的叶适在面临典籍时所持有的矛盾心态:"夫不必求之于尧舜三代,则将节文而自为之欤?则内顾自疑而不敢为,虽为之,无所折衷而民不从矣。然则姑守其所闻,以为如是而足以治欤?则无验于事者其言不合,无考于器者其道不化,论高而实违,是又不可也。徘徊仿徨,久而不得定欤?则好为异论以败经者将逐出其间矣,是又不可以不惧也。"〔2〕他终究无法给出一个大胆的结论。

创作《进论》时的叶适,终究还是有所保留,或者说还没有达到破茧化蝶的时刻,这使他此时对经学批判的态度远不如后来在《习学纪言序目》中那样犀利。牟宗三先生说:"历来敢对程朱内圣道统提出质疑者,如明末顾亭林、颜元、李塨等人,实皆不及叶水心之勇敢与一贯,并曾子、子思、孟子、《易传》而一起皆反之也。"〔3〕这里的赞颂主要是针对《习学纪言序目》而言,不过在叶适的《进论》中我们还是可以发现许多正在成长的因

---

〔1〕 叶适:《水心别集》卷五《进卷·总义》,载《叶适集》,第693页。
〔2〕 叶适:《水心别集》卷五《进论·总义》,载《叶适集》,第694—695页。
〔3〕 牟宗三:《心体与性体》第一册,台湾正中书局1996年版,第278页。

子。如对于《易》而言,尽管其间尚没有褪去伏羲文王作八卦的神秘面纱〔1〕,剥离它与孔子的紧密关系〔2〕,但对《易》的经世作用及其与事物之间的密切关系都有生动地描述〔3〕。作者开篇即指出《易》的性质即为道的运用:"《易》非道也,所以用事道也。"此后作者又用大量篇幅来说明人们研究《周易》的目的是解决实际问题:"而圣人君子,先王后帝,杂取而用之,以之修身,以之应物,而无所不合。……故夫两者所以明变,而六者所以为两也。因是四者而求之,而圣人之道与《易》之书,未知其孰离也。然后其所以用是道者,可复见矣。"而出于实用的宗旨,叶适又一次强调了对于《周易》当采取审慎的态度:在《周易》成书之前,人们都遵循道的规范,把对道的体悟记录在书中;在成书之后,人们都从《周易》中去寻觅道的踪迹,把它作为道的归依,这无疑是逐末忘本〔4〕。《周易》的价值,在于实际生活中的运用。叶适对其事功性的强调,对于还原《周易》一书的性质,具有重要意义。正如有学者所指出的那样,坚持以能否通达人间事理来把握什么是"卦之正义"这个原则,从根本上保证了叶适之解《易》彻底摆脱了象数路数的干扰,将《周易》解释成为一部彻底宣扬儒家的德性修养、道德理想、政治理念的经典〔5〕。

如何阅读《尚书》呢?叶适在《进论》中提出了一个他终身恪守的重要概念——"常心"。在《习学纪言序目》中,叶适总结出了《尚书》的意义与价值:

---

〔1〕 叶适《习学纪言序目》卷三:"按班固用刘歆《七略》记《易》所起,伏羲文王作卦重爻,与《周官》不合,盖出于相传浮说,不可信。"第35页。又卷四:"后世之言《易》者,乃曰伏羲始画八卦,又曰以代结绳之政,神于野而诞于朴,非学者所宜述也。"第39页。

〔2〕 叶适《习学纪言序目》卷三:"言'孔氏为之《彖》、《象》、《系辞》、《文言》、《序卦》之属',亦无明据。《论语》但言'加我数年,五十以学《易》'而已,《易》学之成与其讲论问答,乃无所见,所谓《彖》、《象》、《系辞》作于孔氏者,亦未敢从也。……至于所谓《上下系(辞)》、《文言》、《序卦》,文义重复,浅深失中,与《彖》、《象》异,而亦附之于孔氏者,妄也。"第35页。

〔3〕 孙金波《叶适易学的经世特征》:"经世是叶适易学区别于同时代其他儒者的鲜明特征,同时叶适的唯物论、人性论等等也在此基础上得以展开。"《北方论丛》2007年第3期,第112页。

〔4〕 叶适《水心别集》卷五《进论·易》:"书之未备也,《易》存乎道,见道者足以为《易》;书之既备也,《易》存乎书,天下即其书而求之,书备而《易》始穷矣。"载《叶适集》,第695页。

〔5〕 蒋国保:《叶适易学思想发微》,《杭州师范大学学报》2011年第1期,第39页。

天有常道，地有常事，人有常心，于《书》见之，孔氏索焉，不可不考。《书》称"若稽古"四人，孔子言"大哉尧之为君也"，"舜有天下而不与焉"，"禹吾无间然矣"，子夏曰"舜举皋陶，不仁者远矣"。故考德者，必先四人，其次汤、伊尹，又次文、武、周公，世有差降，德有出入，时有难易，道有曲伸，孔氏以是为学之统绪，孟子所谓"闻而知"、"见而知"者也。近世之学，虽曰一出于经，然而泛杂无统，洄洑失次，以今疑古，以后准前，尊舜、文王而不知尧、禹，以曾子、子思断制众理，而皋陶、伊尹所造，忽而不思，意悟难守，力践非实：凡此类当于《书》求之。〔1〕

叶适以此为基础建立了他心目中的道统谱系，与其他道学家所构筑的统纪相抗衡，其意义不言而喻。那么叶适建构道统的基石在何处呢？即在于作者所拈出的"常心"。尧、舜、禹、皋陶最具常心，所以站在了统纪的最前沿。"常心"既然如此重要，它的具体内涵是什么呢？在《进论》中，作者进行了详细阐释：

天有常道，地有常事，人有常心。何谓常心？父母之于子也，无不用其情，言不意索而传，事不逆虑而知，竭力而不为赐，有不以语其人者，必以告其子，此之谓常心。其于人也不然，以外之不常丧其所常矣。夫天地之常而人得之，其物也，不后而将，不先而迎，喜怒哀乐称事之当然而不为过，见之者疑乎拙，其于应物也无穷。圣人得是心也，奉而行之，用其厚，去其薄，用其朴，去其巧，用其不知，去其知。庙堂之谋，其于野人，必忠告而求同焉，天地不能违，鬼神不能间，复合而为一。是故哀矜恻怛，保惠刑杀，以救其民而复于常。〔2〕

可见叶适所谓"常心"，即人心之常，是人们的本真状态，是他们在现

---

〔1〕 叶适：《习学纪言序目》卷五《尚书·总论》，第60页。
〔2〕 叶适：《水心别集》卷五《书》，载《叶适集》，第697页。

实生活中没有受到利益纠缠时所自然产生的那种情感,是"利害生死不胶于中"时的自发心境。这种阐释,就把道学家所神秘化的道心重新打落到了凡尘。"舜之知天,不过以器求之耳,日月五星齐,则天道合矣。其微言曰'人心唯危,道心唯微,唯精唯一,允执厥中',人心至可见,持中至易知,至易行。"[1]叶适认为人心、道心是极易可见、可知与可行的,而道学家则声称人心与道心是难以捉摸的。对人心与道心的神秘化,在叶适看来,其弊端是极其突出的,一方面使君主们望而却步,失去了追逐道心的动力,另一方面又不愿抛弃这面旗帜,因而使用各种手段来掩饰装扮自己,使整个社会都走向表演化[2]。

叶适在《进论》中对于《诗经》的描述,虽然被黄震斥为老生常谈,但"凡是老生常谈,其间总隐藏着人们共同关心的话题"[3]。叶适在这里主要阐述了《诗经》的教化功能,认为周朝的盛世在其中得以充分展示,而其衰微也历历在目。"宽闲平易之心,必习而为怨怼无聊之言;庄诚恭敬之言,必变而为侮笑戏狎之情,此《诗》之失也。"[4]当诗歌主要抒发负面的情感时,它的教化功能就丧失了,而这意味着衰世的来临。这些观点确实是对《诗序》的阐发而已,不过,叶适大力肯定《诗序》却隐藏着极强的针对性。北宋以来不少学者开始否定《诗序》的意义,朱熹甚至以为《诗序》是后儒的妄意揣测[5],叶适殊不为然,宣扬"《大序》所分发明,既为决定之词,学者据依"[6],这虽然不免抹杀了《诗经》的文学意味,却和他一贯重

---

〔1〕 叶适:《习学纪言序目》卷四十九《皇朝文鉴》,第736页。

〔2〕 叶适《水心别集》卷五《书》:"今也丧气常心,而君臣上下相饰以智,相斗以巧,愈出愈奇,愈用愈巧。盖自秦汉魏晋隋唐之君,务为非常不测之智以愚其民,抗焉而为之上,方合而遽散,几得而复失,而欲以空言庶几于唐虞三代之治,是犹桀之誉尧,北行而求其越者也,岂不悖哉!"载《叶适集》,第698页。

〔3〕 [美]斯蒂芬·欧文:《追忆——中国古典文学中的往事再现》,上海古籍出版社1990年版,第21页。

〔4〕 叶适:《水心别集》卷五《诗》,载《叶适集》,第700页。

〔5〕 《朱子语类》卷八十:"《诗序》多是后人妄意推想诗人之美刺,非古人之所作也。古人之诗虽存,而意不可得。序《诗》者妄诞其说,但疑见其人如此,便以为是《诗》之美刺者也。"载《朱子全书》第17册,第2749页。

〔6〕 叶适:《习学纪言序目》卷六《毛诗》,第61页。

视经籍的教化功能的思想是一致的，即"读者诚思其教存而性明，性明而《诗》复，则庶几得之"[1]。在本质上，他还是把《诗经》作为专论来对待，认定其间存在着一个严密的体系[2]。

《诗》亡而后《春秋》作，叶适正是从这个意义上来解读它们的。对于《诗经》，他关注的是其教化功能，所谓"夫古之为《诗》也，求以治之"[3]；对于《春秋》，叶适依然看重的是它的干预功能，"故夫《春秋》之所为作者，所以治夫仁义、礼乐、是非、赏罚之所不能治者也"[4]。如何实现《春秋》这个功能呢？那就要情、势、理三者的结合。"察其情，因其势，断之以理，而《春秋》之义始可得而言矣。"[5]但《春秋》的意义，终究是一种补充而不是主导，后世的误解看似凸显了它的意义，实则削弱了它的价值。"无仁义，无是非，无赏罚，以区区之书禁天下之恶而归之于善，圣人之用法已严矣。而学者又以空言求之，则人情之所不能堪，其弊必至于尽弃其书，而天下大乱而不可救，此则学为《春秋》者之过也。"[6]

在叶适眼中，对五经最大的误读莫过于《周礼》，而造成最严重后果的也莫过于此。《周礼》一书，是对周朝制度的描述，囊括了建国、设官、井田、兵法、兴利、防患、器械、工巧等诸多方面，但这些制度是有针对性的，它曾经所拥有的现实有效性并不能证明它的永恒性。而"儒者莫不为欣然自喜，以为可以必行而无疑矣。虽然，使先王之治所以必不行，而后世谡闻寡见之君，因遂以经不可尽信者，其必自是书始矣"[7]。正以为一帮儒士泥古不化，把《周礼》当作模板生搬硬套，结果导致人们对经籍失去了基本的信任。世易时移，当年周公建立周朝时所面临的社会条件已然发

---

〔1〕　叶适：《水心文集》卷十二《黄文叔诗说序》，载《叶适集》，第216页。
〔2〕　叶适《习学纪言序目》卷六《毛诗·诗序》："作《诗》者必有所指，故集《诗》者必有所系；无所系，无以为《诗》也。其余随文发明，或记本事，或释《诗》意，皆在秦汉之前，虽浅深不能尽当，读《诗》者以其时考之，以其义断之，唯是之从可也。专溺旧文，因而推衍，固不能得《诗》意；欲尽去本序，自为之说，失《诗》意多矣。"第61页。
〔3〕　叶适：《水心别集》卷五《诗》，载《叶适集》，第700页。
〔4〕　叶适：《水心别集》卷五《春秋》，载《叶适集》，第701页。
〔5〕　叶适：《水心别集》卷五《春秋》，载《叶适集》，第702页。
〔6〕　叶适：《水心别集》卷五《春秋》，载《叶适集》，第702页。
〔7〕　《水心别集》卷五《周礼》，载《叶适集》，第703页。

生了巨大的变化,即使周公复生,面对今日的现实,也会根据具体情况采取新的手段[1]。这不是为《周礼》失去它的时效性而难以同其他典籍并列而解嘲[2],而是叶适所认可的对待经籍的正确方法。

叶适的《进论》对诸子有选择性地进行了评判。意味深长的是,他首先关注的是《管子》。在并不激烈的批评言辞背后,我们约摸可以感受到他沉重的叹惋之情。虽然他反复强调"王政之坏久矣,其始出于管仲"、"盖王政之坏,始于管仲而成于鞅、斯",但他又辩解说王政的败坏并非一人之力,而管仲的选择是迫不得已,"管仲非好变先王之法也,以诸侯之资而欲为天子,无辅周之义而欲收天下之功,则其势不得不变先王之法而自为"。更重要的是,他变革的本意与先王是没有差别的,他的改变措施也具有可行性,哪怕是桀、纣那样的君主,只要认真执行这一措施也可以收到良好的效果,由此他感叹"天下之才未有过于管仲者也,皆不若管仲而已矣"[3]。但后世之人才能不及管仲,雄心却远远超过管仲,他们打着管子的旗号进行变革,最终将变革仅仅变成了毫无节制的聚敛,这不能算作管仲的罪责。

《进论》对于老子的维护力度之大,是唐代以来儒士中所罕见的。韩愈《原道》问世之后,对于佛老的斥责成为儒者的重要任务。叶适认为对于异端思想不经过深入研究,只是凭借着肤浅的印象与模糊的感受进行抨击,不仅不能取得预设的效果,反而会助长异端思想的盛行。"夫望而非之,则无以究其学之始终,而其为说也不明。昔者恶夫攻异端者,夫不修其道,以合天下之异而纷然攻之,则只以自小而为怨;操自小之心而不明之说,则其于佛老也,助之而已矣。"在文中,叶适提出了学者所应该具有的一个重要原则,那就是兼收并蓄才能发展进步。"夫学者,所以至乎道也,岂能以孔、佛、老为间哉?使其为道诚有以过乎孔氏,则虽孔氏犹将

---

〔1〕《水心别集》卷五《周礼》:"夫因今之地,用今之民,以周公为之,其必有以处此矣。"载《叶适集》,第704页。

〔2〕黄震《黄氏日抄》卷六十八:"《(经论)》《周礼》归之世变不同,而谓《周礼》不可行于后世。此则善为《周礼》解嘲,盖未有过水心者。"文渊阁四库全书本。

〔3〕叶适:《水心别集》卷六《管子》,载《叶适集》,第705—706页。

从之。"学者的目的是求道,道之所在则是师之所在,并不能画地为牢,思想流派的不同不能作为评价高低的标准。如果其他思想流派确实有可取之处,即使孔子也会去向它学习。叶适的这种态度无疑是极其理智的,在当时可谓罕见。正是出于这种冷静客观的立场,他才对老子给予了高度肯定:"夫聃之书,忧天下而思有以救之,其拯一世之溺,盖有急于孔子焉。"[1]老子的救世之心比孔子更为激切,所以在方法上更为偏激而已。

至于庄子,叶适认为他全无救世之心,而是充满失意愤激之情,所以放意狂言,肆无忌惮地对传统进行攻击。其中,庄子对于圣人之道的轻慢戏谑尤为引人瞩目。这种犀利的讥讽,实际上说明庄子对于孔门的了解远远超过了老子。也正因为如此,《庄子》一书对于后世的危害也最为严重。"诸子之书,害小而已息;庄周之书,祸大而长存。自周之书出,世之悦而好之者有四焉:好文者资其辞,求道者意其妙,汩俗者遗其累,奸邪者济其欲。此四者,君子小人之杂也;杂而未定,而周以说乘之,是故人道之伦颠错而不叙,事物之情遗落而不理,以养生送死、饥食渴饮之大节而付之于傥荡不羁之人,则小足以亡其身,大足以亡天下矣。"[2]叶适指出大凡庄学盛行的时期往往是混乱之世,这虽然不免倒果为因,却也抓住了其苟且混世的弊病。

叶适的史学思想,在后世学者看来,非常重要的一个方面是最早提出了"五经皆史"的观点[3],但在其《进论》中,他对于《左传》的肯定还是出于经学的立场。"凡六经、孔子之书,无不牵合其论而上下其辞者,精深微妙,茫然而不可测识"[4],《孔子家语》、《左传》以及记礼之书,其所以值得关注就在于与孔子有着密切的渊源。叶适称道《左传》为六经之外最重要的著作,也就在于它著录了圣贤之治道,体现了圣贤治国的理念,因而是作为六经的补充而存在的。作为史书,《左传》展示了礼崩乐坏这一过程,

---

〔1〕 叶适:《水心别集》卷六《老子》,载《叶适集》,第707页。
〔2〕 叶适:《水心别集》卷六《庄子》,载《叶适集》,第710—711页。
〔3〕 参见周梦江《试论叶适的史学思想》(《历史教学问题》1989年第4期)、蔡克骄《叶适史学思想初探》(《温州师范学院学报》1987年第2期)。
〔4〕 叶适:《水心别集》卷六《孔子家语》,载《叶适集》,第711页。

但其目的却在于给我们提供借鉴,即"溯其末者可以反其本,迹其衰者可以见其兴"〔1〕。这与叶适晚年所强调的"不深于古无以见后,不监于后无以明今"〔2〕的古为今用的主张是一致的。

从这一立场出发,叶适对于《史记》多有苛责。他以为圣人修史,意在使后人有所感悟,而司马迁好奇而求实,纤细必录,自然就遗忘了圣人之意。"盖其治乱兴衰,圣贤更迭,与夫桀纣之大恶,不可使之不传,而纤细烦琐,徒以殚天下之竹帛而玩习后世之口耳者,圣人固宜其有所不录也。噫!太史迁不能明知圣人之意,而纷然记之为奇以夸天下者。"〔3〕更为重要的是,叶适认为司马迁的好奇,使异端思想得以留存传播,从而给社会带来了动荡,这才遗祸无穷。"天下之人所以纷纷焉至今不能成德业而求至于圣贤者,岂非迁之罪耶?读其词之辨丽奇伟,而纵横谈说,慷慨节侠,攘臂于征伐之间者,皆蛊坏豪杰之大半矣。"〔4〕

三国时期,在叶适那里也成为蛊坏天下豪杰大半的时期。虽然这一时期人才辈出,所谓治兵、临戎、务农、守塞、将命、致辞、器用等各方面的人才无所不有,但作者却认为这并不值得称道。因为"将以求天下之安而识利害之实者,不愿多才而幸其无才,此仁者之意也"〔5〕。动荡的三国时期,纲纪败坏,生灵涂炭,正需要休养生息,而天下才能之士为功名富贵所驱使,前赴后继,争斗不休,更将民众推向了痛苦的深渊。这种悲天悯人的心理,使叶适对《三国志》所颂扬的才智之士表示了质疑。"天下不幸当陵夷不振之时,而无才智并出之士,虽其纤弱溃昧,若不能以一朝居,而天下之人犹恃以久安而无败者,此不惟其纪纲尚在之故,亦天之所相,天下之福也。"〔6〕人们常以为人才多多益善,但众多的人才给人们带来了安宁幸福吗,尤其是在中原板荡之时?

---

〔1〕 叶适:《水心别集》卷六《左氏春秋》,载《叶适集》,第718页。
〔2〕 叶适:《习学纪言序目》,第269页。
〔3〕 叶适:《水心别集》卷六《史记》,载《叶适集》,第720—721页。
〔4〕 叶适:《水心别集》卷六《史记》,载《叶适集》,第721页。
〔5〕 叶适:《水心别集》卷六《三国志》,载《叶适集》,第722页。
〔6〕 叶适:《水心别集》卷六《三国志》,载《叶适集》,第723页。

三　叶适《进论》的治世理念

如何进入并永葆太平盛世,这是所有儒生的梦想,叶适不会例外。不过,在面临这一问题时,他首先提醒人们态度要慎重,既不要妄自菲薄,也不能妄自尊大。以为灵珠在握而目空一切,不是理智的行为,而这却是声称"为往圣继绝学"者最常见的弊病。即使"或出于章句,或出于度数,或出于谶纬,或甘心夷狄之学"的唐人,也并非全无是处。唐人的弊病,叶适认为是没有求之于心,这是一个令我们惊讶的结论。他在总结唐人的得失后,得出了这一个结论:"是故今世之学,以心起之,推而至于穷事物之理,反而至于性命之际,然后因孔氏之经术以求唐、虞、三代之道,无不得其所同然者,而皇极、中庸、大学之始可以见而无疑。"〔1〕以对道德性命的追究作为治世济民的根本之所在,这与我们印象中的叶适还是有一定的差异,虽然叶适始终对道学所揭示的大义抱有同情与理解的态度〔2〕,这也说明叶适的思想存在着一个蜕变的过程。即使如此,以治道的演绎作为《大学》、《中庸》的主导倾向仍然展示了叶适独特的视角。

有学者曾指出"《水心别集》之'进卷'部分有一个明显的逻辑系统,这就是以'皇极'为中心,以'大学'、'中庸'为两翼,以君德、治势、国本、民事、财计、官法、士学、兵权等外王事功为叙事对象,以五经诸子、史乘为证言的社会历史本体观。其中,'皇极'概念的突显和系统化,在叶适的社会历史哲学中实占有重要的地位,这是其以经制言事功的重彩之笔,也是其能超逾陈傅良、陈亮等,为事功之学奠定更为坚实的理论基础的关键之处"〔3〕。"皇极"对于叶适思想体系建立的重要性是否如上文所说,可以

---

〔1〕　叶适:《水心别集》卷七《总述》,载《叶适集》,第726页。

〔2〕　如叶适《水心文集》卷十《同安县学朱先生祠堂记》:"二千年间,萌蘖泛滥,若存若亡,而大义之难明如此。则其博探详考,知本统所由,而后能标颜、曾、孟子为之传,揭《大学》、《中庸》为之教,语学者必曰'不如是,不足达孔子之道也'。然后序次不差而道德几尽信矣,非程、张暨朱、吕数君子之力欤?"载《叶适集》,第167页。但是,叶适对他们的肯定终究只是停留在阐发大义的层面上,这与道学家以王世自命,将孔子抬升到尧舜之上的行为是不同的。

〔3〕　景海峰:《叶适的社会历史本体观——以"皇极"概念为中心》,载张义德、李明友、洪振宁:《叶适与永嘉学派论集》,光明日报出版社2000年版,第254页。

另文讨论。不过，在《进论·总述》中，我们确实发现叶适将之作为连接内圣外王的纽带："道不可见，而在唐、虞、三代之世者，上之治谓之皇极，下之教谓之大学，行之天下为之中庸，此道之合而可名者也。其散在事物，而无不合于此，缘其名以考其实，即其事以达其义，岂有一不当哉！"〔1〕

　　如果道不可见而隐藏于万物之间这一说法还不足以令我们感到欣喜，那么叶适将皇极作为明道证物的纽带贯穿于他的历史发展观中就不能不让我们敬佩不已了。晚年的叶适曾感叹说："皇极虽多立善意以待其臣，然党偏已扇，虚伪已张，廉耻已丧，欲救于末流甚难。至于臣自为威福玉食，则非大刑弗治，非峻防必逾，君德日衰，臣节日坏，是使帝王之道非降为刑名法术弗止矣，悲夫。"〔2〕历经沧桑之后的叶适，心态不免有几分颓靡与愤激。不过年轻气盛的叶适自然不同，所以对皇极也充满了信心。牟宗三曾认为："宋明儒者因偏重内圣一面，对于外王一面毕竟有不足。长期之不足，形成内敛之过度，其弊即显道德意识之封闭，而不能畅通于客观之事业。"〔3〕内圣与外王之间的紧张对峙，冷静如叶适也有所体悟〔4〕，因此他通过对"皇极"的重新阐释试图来加以沟通，这使叶适不仅尤为重视客观之事业，而且把客观事业的意义提升到内圣的层面上。

　　　　极之于天下，无不有也。耳目聪明，血气和平，饮食嗜好，能壮能老，一身之极也；孝慈友弟，不相疾怨，养老字孤，不饥不寒，一家之极也；刑罚衰止，盗贼不作，时和岁丰，财用不匮，一国之极也；越不瘠秦，夷不谋夏，兵革寝伏，大教不爽，天下之极也，此其大凡也。至于士农工贾，族性殊异，亦各自以为极而不能相通，其间爱恶相攻，偏党相害，而失其所以为极；是故圣人作焉，

---

〔1〕　叶适：《水心别集》卷七《总述》，载《叶适集》，第726页。
〔2〕　叶适：《习学纪言序目》卷五《尚书》，第56—57页。
〔3〕　牟宗三：《政道与治道》第九章《社会世界实体性律则与政治世界规约性律则》，第199页。
〔4〕　《宋元学案》卷五十四《水心学案》上引叶适语："近世又偏堕太甚，谓独自内出，不由外入，往往以为一念之功，圣贤可招而致，不知此心之良莠，未可遽以嘉禾自名也。""专以心为宗主，致虚意多，实力少，测知广，凝聚狭，而尧舜以来内外相成之道废矣。"第1785页。

执大道以冒之,使之有以为异而无以害异,是之谓皇极。[1]

作为道的展示形式,一种完美理想的状态,皇极无所不在,而尤其与外王有着密不可分的联系。"不验之于事","无考于器"[2],所谓皇极也就成为空言。因此皇极的意义不在于对理想状态的描绘,而在于如何达到这一完美的状态,即"皇极无所不有也,而其难在于建"。完美的状态就在那里等待着,实现这一状态的过程也就是外王的过程。皇极作为理想状态,可以脱离具体的外物,但进入理想状态的过程却无法与外物分离。"夫极非有物,而所以建是极者则有物也。"[3]当外物以完美的形式展示出来的时候,所谓"极"就在这一时刻体现出来。"夫所以为是车与室也,无不备也。有一不备,是不极也,不极则不居矣。"[4]当所谓建构车辆与房屋的因子都齐全之时,它们的完美形式就得以展示;缺乏任何一个因子,都不能称之为"极"。一物如车辆与房屋之"极"如此,那么儒者孜孜以求的"皇极"又何在呢? 当从何处去追寻呢? 叶适描述道:

当尧舜之时,与其臣四岳、九官、十二牧建之。其最大者,禹以水土,稷以百谷,伯夷典礼,皋陶明刑,皆建极者也。其后桀不能建,汤以诸侯建之,其臣伊尹、莱朱之徒与其后世更起而建之。其后纣不能建,文、武以诸侯建之,其臣若周公者建之最备,其极最大,故天下之言治者归于周。自是以来,其建者未尝绝也。安于逸乐而不知建,则其极倾挠而日危;困于寡陋而不能建,则其极疏阔而难居;有所制而不暇建,则无极而自亡;自出其智力而不以众建,则亢爽而不安;以众建而不能大建,则其极朴固鄙近,可以苟安而不足以有为:治乱之效,皆在是矣。[5]

---

〔1〕　叶适:《水心别集》卷七《皇极》,载《叶适集》,第728页。
〔2〕　叶适:《水心别集》卷五《总义》,载《叶适集》,第694页。
〔3〕　叶适:《水心别集》卷七《皇极》,载《叶适集》,第728页。
〔4〕　叶适:《水心别集》卷七《皇极》,载《叶适集》,第729页。
〔5〕　叶适:《水心别集》卷七《皇极》,载《叶适集》,第729页。

在这一组序文章的言中,叶适曾声称他要穷推事物之理以至于性命之际,并以孔子之经术求三代之治,但当他进入历史的轨道时,在他所建立的统纪中并没有孔子的位置。无论是成功的示范者还是狼狈的失败者,都没有与孔子的经术建立起适当的联系。拥有"素王"光环的夫子被作者暂时性的遗忘,说明他所期待的"皇极"已经建立在事功的基础上,故而对道德性命不免冷落[1]。余英时引用叶适的上述言论,用以证明叶适在这方面的观点与陈亮所谓"非九五之位则不能建极"形成了尖锐的对比,但这里的松动即把伊尹、周公等纳入建极者的行列,还不足以改变建极者的性质。出于同样的理由,我们也不能把禹之治水、稷之稼穑与尧舜建立政治秩序的行为截然区别开来[2]。叶适所理解的"皇极"虽然不是"王极",但作为事功的最终形式还是与外王统一起来,也正是在这个意义上,他建立了以治道为核心的道统[3]。

早期的叶适同大多数道学家一样,以道德性命为鹄的,这使他对于经典的态度也与他人相差无几。如对于《大学》便盛赞子思、孟子之功劳,"孔氏没百有余年,子思、孟轲继之,其说自亲亲敬长之心达于天下,虽匹夫匹妇可以能行焉,而不若此其备也"[4],这与后期的他坚决将子思等人

---

〔1〕 牟宗三的批评从侧面证明了叶适的倾向:"虽曰内外交相成,而实永不开眼者也。虽曰即事达义,即器明道,而实永粘着于名物度数而并不知何为义、何为道者也。"牟宗三:《心体与性体》,上海古籍出版社 1999 年版,第 209 页。

〔2〕 余英时《朱熹的历史世界:宋代士大夫政治文化的研究》:"这是他借想象中的古史表达他自己的政治理念,故其'史'的部分可置之不论。我们可以从其中分析出两点互相关联的特征:第一,与前面诸家不同,他论'皇极'并不限于《皇极》一节之内,而扩大到全部《洪范》,因此禹之治水与稷之稼穑也都是'建极'。用现代语言表达之,'皇极'不仅是政治秩序,而且是文明秩序。这和前文'皇极无不有也'一语的涵义相应。第二,由于这一观念的扩大,他从只有帝王才能'建极'的观念中解脱了出来。他所举的上古'建极'人物多数是人臣或诸侯。不但如此,无道的人君则根本不能'建极',如桀与纣。所以他的题目虽是'皇极',全文都只说'极'而不理会'皇'字。这在宋代政治思想史上不能不说是一个观念的探险。在这一点上,他的见解和陈亮所谓'非九五之位则不能建极'形成了尖锐的对比。"生活·读书·新知三联书店 2004 年版,第 837 页。

〔3〕 黄宗羲原著,全祖望修补,陈金生、梁运华点校《宋元学案》卷五十四《水心学案》上:"次周公,治教并行,礼刑并辖,百官众有司虽名物卑琐,而道教义理皆具。自尧、舜以来,圣贤继作,措于事物,其该括演畅,皆不得如周公。不惟周公,而召公与焉,遂成一代之治。道统历然如贯联算数不可违越。"中华书局 1986 年版,第 1746 页。

〔4〕 叶适:《水心别集》卷七《大学》,载《叶适集》,第 730 页。

剔除其道统形成了鲜明的对照。不过叶适虽然在经典的来源上接受了流行的看法，但对物的关注使他在《大学》性质与主旨方面的解读仍富有新意。他首先矫正了常人对"大学"性质的误解："修其身而后推之于天下，古之帝王莫不皆然。此学之所谓大也；智足于其身而不及修，不能治天下国家而能顺天下国家之所以治，此学之所谓小也：学无大小之异也。"[1]学之分为大小，不在于内容而在于其用途[2]。能治天下国家者，自然就是学之大者。修身明善确实是治国平天下的基础，道学家所指定的线路也得到了叶适的认可，"在意为诚，在心为正，夫然后修其身，齐其家，以至于天下"[3]，但性命道德从来没有超然遗物而独立存在，修身养性自然要先从格物做起，因此叶适强调说："致知格物在心、意之先，为大学之要。"

　　什么是格物呢？这是一个很难说清楚的问题，故学者多含混带过，似是而非，结果造成了很大的麻烦。"其不言也，而世皆以学求之，几得其似而非其真，于是几何其不以毫厘而谬寻尺也。"[4]叶适认为，格物的关键是把人作为物之一种，即从自身也是物的角度出发："人之所甚患者，以其自为物而远于物。夫物之于我，几若是之相去也，是故古之君子，以物用而不以己用；喜为物喜，怒为物怒，哀为物哀，乐为物乐。其未发为中，其既发为和。一息而物不至，则喜怒哀乐几若是而不自用也。自用则伤物，伤物则己病矣，夫是谓之格物。《中庸》曰：'诚者物之终始，不诚无物。'是故君子不以须臾离物也。夫其若是，则知之至者，皆物格之验也。"[5]人的知识与情感来自社会活动，其价值也在于实践中之运用，而知识运用之极致，则就是治国平天下了。

　　叶适之所以能够把人作为物之一种，是因为他意识到人与物其实是

─────────

〔1〕 叶适：《水心别集》卷七《大学》，载《叶适集》，第 730 页。
〔2〕 叶适《习学纪言序目》卷八《礼记》进一步明确了这一说法："所谓大学者，以其学而大成，异于小学，处可以修身齐家，出可以治国平天下也。然其书开截笺解，彼此不相顾，而贯穿通彻之义终以不明。学者又逐逐焉章分句析，随文为说，名为习大学，而实未离于小学，此其可惜者也。"第 114—115 页。
〔3〕 叶适：《水心别集》卷七《大学》，载《叶适集》，第 730—731 页。
〔4〕 叶适：《水心别集》卷七《大学》，载《叶适集》，第 731 页。
〔5〕 叶适：《水心别集》卷七《大学》，载《叶适集》，第 731 页。

平等的。"夫内有肺腑肝胆,外有耳目手足,此独非物耶?其主是物也,大为天地,幽为鬼神,微为虫鱼,远为万世,皆得而主之。"〔1〕物存在的基本形式是"两",即以相辅相成的格局而出现,如阴阳、刚柔、逆顺、向背、奇偶、离合、经纬、纪纲之类,因而人们处事的基本原则就是"中庸"。什么是中庸呢?叶适的理解是"所以济物之两而明道之一者也,为两之所依而非两之所能在者也"〔2〕,即推动事物的变化以体现道,是事物运行的规律之所在,而并非事物本身的显现。实现"中庸"的前提是"诚",即遵循其应用的规律,"如是而生,如是而死,君臣父子,仁义教化,有所谓诚然也"〔3〕;"诚"的表现是"致中和",能够把握好这一原则的是尧、舜、禹、汤、文、武之君臣。后世之人,要么过之,要么不及,致使小人乘隙而入,肆无忌惮。

　　过之或不及,对于君主而言,主要是凭恃势与力的手段以待物之自至,这也就是叶适在《皇极》一文中所说的"以人治天而非天之所以畀人也"〔4〕。要留下君臣遇合的佳话,当求之于心,当年商高宗之用傅说即是如此。"有高宗之心,而后(傅)说能为之用,不然,可强用耶?"〔5〕武丁即位,谅阴不言。之所以不言,并非无言,而是忧之至于不敢言。这种诚恳谦虚的态度感动了举朝之人与天下之人,"齐心以通物"〔6〕,故天下之人对他的行为给予了充分的信任。后世之臣本不如傅说,而其君主又缺乏谦卑之心,君臣相合的盛事就极为罕见了。总之,在君臣关系出现龃龉的时刻,叶适总希望占据主导地位的君王能够有所反省与警惕。在读《战国策》时,他就曾指出那些策士凭借三寸不烂之舌游说君王,不义无行,只计较个人利害得失,并不值得深究其罪。因为"游于战国者,乃其士之业。游说也,游侠也,游行也,皆以其术游"〔7〕,君王的失职使士人无所归依,欲为家臣而不得,唯有恣睢四出,游行天下。

---

〔1〕 叶适:《水心别集》卷七《大学》,载《叶适集》,第731页。
〔2〕 叶适:《水心别集》卷七《中庸》,载《叶适集》,第732页。
〔3〕 叶适:《水心别集》卷七《中庸》,载《叶适集》,第733页。
〔4〕 叶适:《水心别集》卷七《皇极》,载《叶适集》,第729页。
〔5〕 叶适:《水心别集》卷八《傅说》,载《叶适集》,第736页。
〔6〕 叶适:《水心别集》卷八《傅说》,载《叶适集》,第735页。
〔7〕 叶适:《水心别集》卷六《战国策》,载《叶适集》,第720页。

如果说商高宗对傅说的信任与重用给后世树立了一个正面的典范,那么叶适对崔寔《政论》的批评则是指出了后世君王所常犯的舛误。在论述建极的意义时,他就曾感叹说"自秦汉相传,皆以刑赏为治,则既失建极之本意矣,况皇极乎"〔1〕。叶适反对以刑赏求治,不仅体现为反对以刑赏为手段罗致人才,同时也表现反对以宽严手段调理政事。自从郑国子产提出用猛政以省刑后,士人多以之为治乱之良方,其中又以崔寔的推阐最为人习知。"崔寔论天下之政乃推本于子产,以为严之则理,宽之则乱,累千百言,皆教人主以深刑"〔2〕。这一说法得到了仲长统的认可,也为后世君王所采信。叶适以汉代史实说明汉法不可不谓严峻,但依然无法挽救其颓势,根本原因在于失去了权柄,因而使所施行严刑峻法的对象发生了偏差。失去了权柄,也就意味着失去了"刚猛相济"的调和之道,即无法"济物之两而明道之一"。而一味以严刑峻法以求天下之治,实则是无可奈何的挣扎而已,是失去中庸之道之后的典型反应。

对于人臣而言,欲建立功业以流芳百世,需要怎样的条件呢?叶适指出也当符合中庸之兼及原则。诸葛亮有聪明过人之资,立身甚正,最终无法建立不世之功,原因何在呢?"此其时不可常得,而天下之事不能以尽正,故君子必有以就其义而执其名,不然,则不可徒立于天下。"〔3〕大凡才华横溢之士,要能有所作为,还必须具备时代赋予的大义,即有其"实"还必须有其"名"。伊尹、姜太公以行仁义挽救生灵于涂炭为名,故立下丰功伟业;管仲相齐侯,行争霸天下之实,仍以尊王攘夷为名得以成功;孔明屡次出师,驱其民至于必死之地以求恢复中原,最终无功而返,则是因为不逢其时,天下之心已安于曹氏,兴汉的名分得不到认可。由此,叶适落实到当前的现实,指出恢复中原正是大义所在,天下之士子有建立不世功业之时代际遇,却不得重用与信任,这又比诸葛亮更令人叹惋了。

人才得不到重用,固然是国势不振的重要原因,而基本导向的错误,

〔1〕 叶适:《水心别集》卷七《皇极》,载《叶适集》,第 729 页。
〔2〕 叶适:《水心别集》卷八《崔寔》,载《叶适集》,第 736 页。
〔3〕 叶适:《水心别集》卷八《诸葛亮》,载《叶适集》,第 738 页。

则又是人才萎靡的关键。叶适认为治理天下存在着永恒之道,那就是君臣各居其位而如其所愿。人的情感是相通的,所谓好恶、逆顺、哀乐、生死之情是古往今来的人们所共同拥有的,因而上古之术如平心克己、节俭爱人、务农重本、轻刑薄赋也都是人们所期待和欢迎的,应该百世相承。但商鞅等人以其迂阔难以信从,务出前人之所无用,以求收立竿见影之效。他的强国之术,似乎开辟出了一条康庄大道,后来者也纷纷效仿,但实则是指向了一条曲折而充斥荆棘的小径。苏绰的擢任贤人、矜恤狱讼、均平赋役等手段,大异于韩非、商鞅之强国之术,无非腐儒老生之常谈,却收到了意想不到的良效。这是值得借鉴的。"然则今天下之不治有由矣。举天下之人,皆能言绰之所言,皆能知绰之所知,是以朴直钝弊而不足用,其高者则务引帝王之事于荒眇难继之上、闻见之所不及,其卑者尽目前之苟且,或不能如韩非、商鞅有先定决然之智,又从而贸贸然求其所以为治之功。"[1]在"奇术"与"常道"这一对矛盾中,后世之人过分偏重于求奇,忘却了常道这一根本,想达到天下大治无疑就是缘木求鱼了。

四　叶适《进论》的文章艺术

叶适的时文成就颇为突出,在当时影响甚大。叶适曾自豪地回忆他的《廷对》深受吕祖谦赞赏的情形,"谓自有策以来,其不上印版即不可知,已上印版,皆莫如也"[2]。晚年隐居故里,仍不时有士子前来向他请教时文,这也是他感到惬意满足的事情之一,虽然言辞中也一如其他道学家那样摇头叹息,连声叹惋[3]。叶适等人的时文影响如此之大,效仿之多,最终引起了有关职能部门的不安与警惕,他们甚至主张用非常规的行政手段来抑制叶适等人时文的传播。庆历二年(1196),知贡举吏部尚书叶翥

---

〔1〕　叶适:《水心别集》卷八《苏绰》,载《叶适集》,第742页。

〔2〕　叶适:《跋周南仲丁卯试馆职》,附见周南《山房集》卷七《丁卯召试馆职策》文末,文渊阁四库全书本。

〔3〕　叶适《水心文集》卷二十九《题周子实所录》:"余久居水心村落,农襄圃笠,共谈陇亩间。有士人来,多言场屋利害破题工拙而已。周子实数过余,必示以前辈旧闻,每得一二,耳目鲜醒,至于举业中,不啻夜光之照蔽帚也。"载《叶适集》,第603页。

禁止叶适《进论》的刊行，原因即是这些文章影响力太大，太适合模仿，"士狃于伪学，专习语录诡诞之说、《中庸》、《大学》之书，以文其非。有叶适《进卷》、陈傅良《待遇集》，士人传诵其文，每用辄效"〔1〕。《进卷》虽遭毁版，但后世仍以"策场标准集"重新刊行，而名之以场屋之标准，亦可见人们对其时文的拥护与认可，从而也说明了叶适之文在时文走向程式化过程中所占据的重要位置。

场屋之文的程式化，历来最受苛责，甚至认为"文章无定格，立一格而后为文，其文不足言矣"〔2〕。但文章走向规范化与程式化，是文章发展的必然走向，正如诗歌一样，尤其当它们作为考场的通用工具时。这种规范化受到考官与考生的欢迎是不可避免的。"程式化易于将诗文写作由'无法'变为'有法'，又将考官评判时的'软'标准'硬化'，既便于模仿学习，又便于批阅考校，无论是举子还是官方，都容易接受和认同。"〔3〕因此，程文的攻击者往往遗忘了这一事实，程文之所以受到抨击是在于它的标准日益严苛而具有难以容忍的排他性之后，而并非在其定型与流行之初。顾炎武虽然声称文章有格而后不足言，但他所批判的仍是程文的泛滥与流弊，是在发展到极致之后所产生的那些问题。所以他紧接着说道："唐之取士以赋，而赋之末流最为冗滥。宋之取士以论、策，而论、策之弊亦复如此。本朝之取士以经义，而经义之不成文又有甚于前代者：皆以程文格式为之，故日趋以下。"〔4〕顾炎武所不满的是"日趋以下"，是其末流与流弊。至于程式化本身对于写作规律所做出的探讨与总结以及这些写作技巧对于普通学子的指导意义，是谁也无法否认的。我们经常忽略的一个前提是，这些程文所面临的对象是普通的学子，其作用是为他们的练习写作提供指导与帮助，而并非为传世之作提供训练模仿。从这个意义上来看，对于程文过于严苛的指责，往往在于模糊了程文的功用。程式化是对一些

---

〔1〕《宋史》卷一百五十六《选举二》，第 3635 页。
〔2〕 顾炎武：《日知录》卷十六《程文》，顾炎武著，黄汝成集释，栾保成、吕宗力校点《日知录集释》，上海古籍出版社 2006 年版，第 954 页。
〔3〕 祝尚书：《宋代科举与文学考论》，第 230 页。
〔4〕 顾炎武：《日知录》卷十六《程文》，《日知录集释》，第 954 页。

写作技巧与经验的吸纳,而当它面临普遍的指责时,往往是因为这些技巧与经验已经被人们所熟知并广泛地运用到了实践中。因此,这种批评实际上意味着超越,一种打破陈规建立新规范的需要。这种需要是推动文学向前发展的动力,正如程式化是对文学发展成果的阶段性总结与稳固,而总结与稳固总是面临着超越。叶适对于程文的贡献,放置在这样的思路中,意义才会得到最大程度的凸显。

作为策场之标准,叶适的《进论》在诸多方面都具有示范意义。北宋的李复(1052—?)还曾对《进卷》的程式化不满,有"其《进卷》与程文何异"〔1〕等斥责之语,这说明北宋的学者还在努力阻止《进卷》的程式化。但在南宋,这种现象已经不太令人惊奇了。不过,叶适虽然也曾视场屋之文为空洞无用之文,仅为干禄之用〔2〕,但在某种程度上不失为一种文人的自嘲,好比他自称为天下最愚笨无用之人却享有虚名一样,倘若真以为是其肺腑之言,并以证明其文学立场,则不免谬之千里。后人所言"先生之学,浩乎沛然,盖无所不窥。而才气之卓越,又足以发之。然先生之心,思行道于当时而见之功业,不但为文而已也。观其议论谋猷,本于民彝物则之常,欲以正人心,明天理。至于求贤、审官、训兵、理财,一切施诸政事之间,可以隆国礼,济时艰。然未至于大用而道不盛行,今之所见,惟其文而已,岂非可惜哉"〔3〕,即叶适满腔热忱,一身本领,无处发泄而只得见之于文章,这样的评述才是叶适所欣然认可的。其中阐述治国之术最为详尽,当是《进论》等应时之文,如李春龢为《水心别集》作序时所总结的那样:"此集凡《进卷》九卷,《廷对》一卷,《外稿》五卷《后总》一卷,盖论治之言为多。其论宋之政弊及其所以疗复之方,至为详备。春龢每读此书,至于《资格》、《铨选》、《科举》、《学校》、《新书》、《吏胥》诸篇,盖未尝不掩卷叹息,以为古今之有同患也。然则先生此书,岂徒以救宋之弊哉! 士之有志

---

〔1〕 李复:《答彭元发书二》,曾枣庄、刘琳主编《全宋文》,上海辞书出版社 2006 年版,第 122 册,第 40 页。

〔2〕 叶适《水心文集》卷二十七《上赵运使》:"伏念某,自知之愚,举世无取。少而干禄,本场屋之空文;误荐虚名,览周秦之藏史。"《叶适集》,第 559 页。

〔3〕 王直:《黎刻水心文集序》,载《叶适集》,第 3 页。

于经世者，诚能熟复而精择之，上观宋政以通之时务，而勿徒悦其文章之工，此则春龢与吾师校刻此书之微意尔。"[1]

李春龢希望人们不仅要欣赏叶适文章的文字之精工，更要关注其中深刻精辟的分析议论。也就是说，叶适的"通之时务"，是建立在文章之工的基础上的。叶适的文章之工是历来颇无异议的。李耆卿认为叶适的文字之精巧胜过韩、柳、欧、苏[2]，叶绍翁以为叶适文章精诣之处有韩愈、柳宗元所难企及，并以之为南宋文章之集大成者[3]。因此，有学者尽管不赞同叶适文中的观点，却不能不承认其文字之精工。如黄震就曾认为叶适《进论》对《诗经》的解说并无太多的新意，"此以言《诗》者之常谈，特水心长于文，其形容有过人者"。文中有一段为：

　　夫形于天地之间者，物也；皆一而有不同者，物之情也；因其不同而听之，不失其所以一者，物之理也；坚凝纷错，逃遁谲伏，无不释然而解，油然而遇者，由其理之不可乱也。是故古之圣贤，养天下以中，发人心以和，使各由其正以自通于物。纲蕴茫昧，将形将生，阴阳晦明，风雨霜露，或始或卒，山川草木，形著懋长，高飞之翼，蛰居之虫，若夫四时之递至，生气之感触，华实荣耀，消落枯槁，动于思虑，接于耳目，无不言也；旁取广喻，有正有反，比次抑扬，反复申绎，大关于政化，下及于鄙俚，其言无不到也。当其抽词涵意，欲语而未出，发舒情性，言止而不穷，盖其精之至也。言语不同，嗜欲不齐，风俗不同，而世之先后亦大异矣；听其言也，不能违焉，此足以见其心之无不合也。然后均以律吕，陈之官师，金石震荡，节奏繁兴，羽旄干戚，弦匏箫管，被服衰

---

[1]　李春龢：《水心别集序》，载《叶适集》，第629—630页。

[2]　李塗《文章精义》："司马子长文拙于《春秋》内、外传，而力量过之；叶正则之文巧于韩柳欧苏，而力量不及。"李塗著，王利器校点《文章精义》，人民文学出版社1960年版，第53页。

[3]　叶绍翁《四朝闻见录》甲集"宏词"条："文忠定公亦素不喜先生之文，盖得于里人张彦清之说，以先生之文失之支离。文忠得先生《习学纪言》观之，谓此非'记言'乃'放言'也，岂有激欤？水心先生之文精诣处有韩、柳所不及，可谓集本朝文之大成者矣。"叶绍翁撰，沈锡麟、冯惠民点校《四朝闻见录》，中华书局1989年版，第35页。

黼，拜起揖逊，以祭以宴，而相与乐乎其中。于是神祇祖考相其幽，室家子孙协其明，福禄盛满，横畅旁浃，充塞宇宙，薰然萃然，不知其所以然。故世言周之治为最详者，以其《诗》见之。[1]

对于《诗经》功用的生动描述，比冷静的阐释给我们留下的印象更为深刻，其观点在反复的排比中得以强化，而不是借助于意义的演绎本身。黄震曾以为"水心之见称于世者，独其命志、序跋，笔力雄肆尔"[2]，这未必是的论。叶适墓志与序跋之类固然多卓荦之气，而其政论、史论与经论，由于多铺陈，多排比，往往写得洋洋洒洒，荡气回肠。南宋中期以来，文人"尚苏氏，文多宏放"[3]，叶适亦对苏轼极为推崇，谓"道无偏倚，唯精卓简至者独造；词必枝叶，非衍畅条达者难工"，以为即使韩愈、柳宗元、欧阳修、王安石、曾巩，也难以得古人之仿佛，唯独苏轼能步武古人，"用一语，立一意，架虚行危，纵横倏忽，数百千言，读者皆如其所欲出，推者莫知其所自来，虽理有未精，而辞之所至莫或过焉，盖古今论议之杰也"[4]。对于时人陈亮文章的"海涵泽聚，天霁风止，无狂浪暴流而回旋起洑，萦映妙巧，极天下之奇险"[5]，他也极为欣赏。因此，叶适文章尤其是其《进论》一类的议论文字，往往捭阖自如，英气逼人，如纪昀等所言"文章雄赡，才气奔逸"[6]。如其《兵权下》中对言兵者的一段生动描述就显得极其雄赡奔逸，纵横自如：

平居无事，常言兵计。某众可袭，某城可攻。某地最利，宜先取以敌，敌有上中下计，当出于某，吾以何道应之。其将某为良，可反间以疑之，可死士以刺之。某兵可乱，半渡以薄之，倍道

---

[1] 叶适：《水心别集》卷五《诗》，载《叶适集》，第699—700页。
[2] 黄震：《黄氏日抄》卷六十八，文渊阁四库全书本。
[3] 赵彦卫：《云麓漫钞》卷八，古典文学出版社1957年版，第111页。
[4] 叶适：《习学记言序目》卷五〇《皇朝文鉴四》，第744页。
[5] 叶适：《水心文集》卷二十九《书龙川集后》，载《叶适集》，第596页。
[6] 永瑢等撰：《四库全书总目》卷一百六十《水心集》提要，中华书局1965年版，第1382页中。

以掩之。某处葭苇蔽亏，林麓深阻，可用伏兵。某为奇道，可用以出敌不意。或欲为辩士，说下其心腹大臣，或使内溃，或使来降。或自请为将，用其术以制胜。或乞乘传招集豪杰，不费粮糗甲兵，自以义民杀虏。

古阵法兵法凡几家，今不可循用，宜悉损益何事。刀槊弓弩，今未精者有几，更为击伐之技，或乞试上前，或请颁其法于诸将。或言时不可失，坐论无益，今当并进，益取敌地，以自为守，因事观变。或言臣岁月浸晚，恨不及功名，乞一死敌。或言古者取天下凡几，其故术犹在，今当何所用，虽始若少缓，终当有成。

其言边亭敌地，风沙苍莽，雨雪冻饥，战士哭声，器械解弛，使人忧悲恐惧。至论雠耻愤激，嗔目按剑。或广大其意，下城得地，所过牛酒迎劳王师，复故境土，天下一家，使人慰喜，洋洋然欲不计胜负存亡而为之。

其或已在亲要，朝夕开说，素所狎昵，纵言不顾。或疏远求进，尝试上心。或山林草泽之士，请来献见。或在外之臣，无以固结恩宠，走马面论，密疏入中。或因缘称荐，无以为名，必挟兵说以自重。且其开口论议，容止不动，声音伟然，问答纵横，不可穷诘。至于超乘负矢，意气敢决，而其上固已壮之矣。[1]

文章对大言欺人者进行了辛辣的嘲讽，极尽夸饰铺展之能事，描摹其种种丑态，给予急功近利者以重创。马茂军以为从叶适散文风格上来看，亦可见出战国纵横之文的影子，即针对此类文字而言[2]。叶适的文风是否受到了战国纵横家影响，另当别论。他与战国游士一样对于铺张手法极为纯熟是不争的事实，这也是叶适之文"雄肆"的重要体现。徐枋曾对叙述文字中的"铺张"手法有所研讨："或一事之微，一日之近，而连篇累牍以言之，又重复言之，又流连而嗟叹之，此铺张也。……所谓铺张者，非敷

---

〔1〕 叶适：《水心别集》卷四《兵权下》，载《叶适集》，第 682 页。
〔2〕 马茂军：《宋代散文史论》，中华书局 2008 年版，第 217 页。

衍也,贵关系,贵精彩,动色而陈,凿凿娓娓,使读者唯恐其文之竟也,斯得之矣。"[1]叶适将"铺张"手法运用于议论文字,不言一事之微,不道一日之近,也无重复之论,庸常之见,而是条分缕析,层层推演,娓娓而谈,精彩辈出,故使人流连忘返,唯恐其文章之终结。

除多用铺陈排比增加文章的气势外,叶适还在《进论》多用设问,层层剖析,以加强文章的说服力,使人无可退避,不容分说。如其《序发》阐述纳言的重要性,即设为两难之辞来描述进言者的困惑:"夫开天下以不讳之门,纳疏贱于至高之选,此岂非尧舜之盛德哉?而臣之不肖,则独有所甚忧于此。何者?治道本不如是之易言也,而陛下以言求之,使臣而少言之欤?则略而不足听;尽言之欤?则可以听而未必信,而天下之不知者又将强言之,于是天下之言杂然并进,而其上莫能择也,则一切以为空言而尽废之。"[2]又其《治势上》一文,用层层紧逼的方式接连发问,最终推论出了治理天下不得借助于刑赏生杀等手段的结论:"且均是人也,而何以相使也?均是好恶利欲也,而何以相治?智者岂不能自谋?勇者岂不能自卫?一人刑而天下何必畏?一人赏而天下何必慕?而刑赏生杀岂以吾能为之而足以制天下者?"[3]总之,叶适将反问的技巧充分运用到了《进论》中。文章有以发问开端而引出论题者,如《国本上》开篇即以一个极其犀利的反问来引起人们的关注:"国本者,民欤?重民力者,厚民生欤?惜民财欤?本于民而后为国力欤?昔之言国本者,盖若是矣。"[4]民为国本是最常见的说法,叶适却以一连串的发问追索其依据所在,逼人反思,自然能够引起人们阅读的兴趣。文章也有以反问作为转捩者,如《财计下》中以"故朝廷虽崇信而使民不能无疑耳,上岂将以为然耶?臣敢言其情"[5]来承上启下。文章还有以反问收束全文者,如《外论二》"且今之能言者众矣,不度本末,不量深浅,而历数天下之至计以为自衒,此其可用者

〔1〕 王葆心编撰,熊礼汇标点:《古文辞通义》,武汉大学出版社2008年版,第724—725页。
〔2〕 叶适:《水心别集》卷一《序发》,载《叶适集》,第631页。
〔3〕 叶适:《水心别集》卷一《治势上》,载《叶适集》,第638—639页。
〔4〕 叶适:《水心别集》卷二《国本上》,载《叶适集》,第644页。
〔5〕 叶适:《水心别集》卷二,《财记下》,载《叶适集》,第664页。

安在"〔1〕等。

　　刘宰曾以叶适与杨简两人同为夏庭简之父所撰写的墓志,比较两人不同的行文风格:"水心叶先生之文如涧谷泉,挹之愈深;慈湖杨先生如节制兵,整而不乱。是志也,水心经年方脱稿,慈湖见即落笔。"〔2〕叶适这种严谨的写作态度,也展示在他的《进论》中,所以这些文章"有间有架,造语俊爽"〔3〕,其结构颇为严密,用事也极为精确,议论多见其远见卓识。从这个角度来看,朱熹对他进卷的批评是值得商榷的〔4〕。

---

〔1〕　叶适:《水心别集》卷四《外论二》,载《叶适集》,第 688 页。
〔2〕　刘宰:《漫塘集》卷二十四,《书夏肯父乃父志铭后》,曾枣庄、刘琳主编:《全宋文》,第 300 册,第 40 页。
〔3〕　车若水:《脚气集》卷下,《丛书集成初编》本,中华书局 1991 年版,第 29 页。
〔4〕　《朱子语类》卷一百二十三:"叶正则说话,只是杜撰。看他进卷,可见大略。""叶进卷《待遇集》毁版,亦毁得是。"《朱子全书》,第 2872 页。

主要参考文献

包世臣. 艺舟双楫. 世界书局艺林名著丛刊. 北京：中国书店, 1936.

北京大学中文系文学专门化 1955 级集体编著. 中国文学史. 北京：人民文学出版社, 1959.

北京师范大学中文系古典文学研究室. 简明中国文学史. 北京：北京师范大学出版社, 1984.

陈长方. 步里客谈. 北京：中华书局, 1991.

陈傅良撰, 方逢辰批点. 蛟峰批点止斋论祖. 四库全书存目丛书. 集部第 20 册. 济南：齐鲁书社, 1997.

陈冠同. 中国文学史大纲. 上海：上海民智书局, 1931.

陈克明点校. 周敦颐集. 北京：中华书局, 1990.

陈亮集. 北京：中华书局, 1974.

陈寅恪. 金明馆丛稿二编. 北京：生活·读书·新知三联书店, 2001.

陈寅恪. 元白诗笺证稿. 北京：生活·读书·新知三联书店, 2009.

陈振孙. 直斋书录解题. 上海：上海古籍出版社, 1987.

程千帆全集. 石家庄：河北教育出版社, 2000.

邓广铭. 陈龙川传. 北京：生活·读书·新知三联书店, 2007.

邓广铭点校. 陈亮集. 增订本. 北京：中华书局, 1987.

董冰竹. 中国文学史讲话. 郑州：河南人民出版社, 1988.

董平, 刘宏章. 陈亮评传. 南京：南京大学出版社, 1996.

董平选注. 陈亮文粹. 杭州：浙江古籍出版社, 2006.

杜海军.吕祖谦年谱.北京:中华书局,2007.

杜海军.吕祖谦文学研究.北京:学苑出版社,2003.

方回.桐江集.阮元辑.宛委别藏.第105册.南京:江苏古籍出版社,1988.

复旦大学中文系古典文学组学生集体编著.中国文学史.北京:中华书局,1959.

高孝津.科举与诗艺:宋代文学与士人社会.上海:上海古籍出版社,2005.

葛成民等.中国古典文学.南宁:广西人民出版社,1993.

顾炎武著,黄汝成集释,栾保成、吕宗力校点.日知录集释.上海:上海古籍出版
    社,2006.

郭绍虞.宋诗话辑佚.北京:中华书局,1980.

郭绍虞.中国文学批评史.上海:商务印书馆,1934.

韩兆琦等.中国文学史.北京:北京师范大学出版社,1996.

何寄澎.唐宋古文新探.北京:北京大学出版社,2010.

胡适.白话文学史.上海:新月书店,1939.

胡适.国语文学史.合肥:安徽教育出版社,1999.

胡云翼.新著中国文学史.上海:北新书局,1947.

华中师范学院中文系.中国文学史.武汉:华中师范学院,1960.

黄灵庚,吴战垒主编.吕祖谦全集.杭州:浙江古籍出版社,2008.

黄远庸.远生遗著.上海:商务印书馆,1924.

黄宗羲原著,全祖望修补,陈金生、梁运华点校.宋元学案.北京:中华书局,1986.

吉川幸次郎.中国文学史.成都:四川人民出版社,1987.

吉林大学中文系.中国文学史稿.长春:吉林人民出版社,1959.

姜书阁.中国文学史四十讲.长沙:湖南人民出版社,1982.

孔凡礼点校.苏轼文集.第三卷.北京:中华书局,1986.

黎靖德编.朱子语类.卷一二三.北京:中华书局,1986.

李嘉言.中国文学史教授提纲.手稿.开封:河南大学,1951.

李塗.文章精义.北京:人民文学出版社,1960.

李心传.建炎以来系年要录.上海:上海古籍出版社,1992.

李之亮笺注.欧阳修编年笺注.成都:巴蜀书社,2007.

林传甲.京师大讲堂国文讲义·中国文学史.上海:上海科学书局,1916.

刘大杰.中国文学发展史.上海:中华书局,1941.

刘公纯,王孝鱼,李哲夫点校.叶适集.北京:中华书局,2010.

刘国盈.唐代古文运动论稿.西安:陕西人民出版社,1984.

刘建国.中国哲学史史料学概要.长春:吉林人民出版社,1983.

刘经庵.中国纯文学史纲.北京:东方出版社,1996.

刘开荣.唐代小说研究.上海:商务印书馆,1947.

刘壎.隐居通议.北京:中华书局,1985.

柳村任.中国文学史发凡.苏州:文怡书局,1935.

卢敦基.陈亮传.杭州:浙江人民出版社,2006.

卢敦基,陈承革.陈亮研究.上海:上海古籍出版社,2005.

陆东平,朱翊新编.高中本国史.上海:世界书局,1929.

陆侃如,冯沅君.中国文学史简编.修订本.北京:作家出版社,1957.

吕祖谦.东莱博议.长沙:岳麓书社,1998.

栾保群,田松青,吕宗力校,王应麟著.困学纪闻全校本.上海:上海古籍出版社,2008.

罗大经.鹤林玉露.北京:中华书局,1983.

罗宗强.古代文学理论研究.武汉:湖北教育出版社,2002.

马茂军.宋代散文史论.北京:中华书局,2008.

牟宗三.心体与性体.上海:上海古籍出版社,1999.

牟宗三.政道与治道.台北:台湾学生书局,1987.

钱穆.中国近三百年学术史.北京:商务印书馆,1997.

钱穆.中国文学论丛.北京:生活·读书·新知三联书店,2002.

上海市建工局工人理论组注.陈亮诗文选注.上海:上海人民出版社,1977.

十三所高校《中国文学史》编写组.中国文学史.南昌:江西人民出版社,1979.

束景南.朱子大传.北京:商务印书馆,2003.

孙琴安.中国评点文学史.上海:上海社会科学院出版社,1999.

孙耀煜.中国古代文学原理.南京:江苏教育出版社,1996.

孙诒让.温州经籍志.上海:上海社会科学院出版社,2005.

孙奕.履斋示儿编.北京:中华书局,1985.

谭丕模.中国文学史纲.中央人民政府高等教育部教材编审处,1954.

谭正璧.中国文学史大纲.上海:光明书局,1940.

唐长孺.唐长孺社会文化史论丛.武汉:武汉大学出版社,2001.

唐武标校.王文公文集.上海:上海人民出版社,1974.

田浩.功利主义儒家——陈亮对朱熹的挑战.南京:江苏人民出版社,2012.

田浩.朱熹的思维世界.南京:江苏人民出版社,2011.

田浩编,杨立华,吴红艳等译.宋代思想史论.北京:社会科学文献出版社,2003.

脱脱等.宋史.北京:中华书局,1977.

万陆.中国散文美学.郑州:中州古籍出版社,1989.

王葆心编撰,熊礼汇标点.古文辞通义.武汉:武汉大学出版社,2008.

王文生.中国文学史.北京:高等教育出版社,1989.

王学泰.坎坷半生惟嗜书.北京:商务印书馆,2011.

吴小林.唐宋八大家汇评.济南:齐鲁书社,1991.

萧公权.中国政治思想史.北京:新星出版社,2005.

谢楚发.散文.北京:人民文学出版社,1994.

谢楚发.中国散文简史.南京:长江文艺出版社,1992.

谢无量.中国大文学史.上海:中华书局,1940.

徐以宁点校.蔡襄集.上海:上海古籍出版社,1996.

姚淦铭,王燕编.王国维文集.北京:中国文史出版社,2007.

叶绍翁.四朝闻见录.北京:中华书局,1989.

叶适.习学纪言序目.北京:中华书局,1977.

永瑢等.四库全书总目.北京:中华书局,1965.

游国恩等.中国文学史.北京:人民文学出版社,1963.

余英时.朱熹的历史世界:宋代士大夫政治文化的研究.北京:生活·读书·新知三联书店,2004.

袁枚.小仓山房文集.南京:江苏古籍出版社,1993.

曾毅.中国文学史.上海:泰东图书局,1915.

曾枣庄,刘琳主编.全宋文.上海:上海辞书出版社,2006.

张长弓.中国文学史新编.上海:开明书店,1935.

张良权点校.薛季宣集.上海:上海社会科学院出版社,2003.

张栻撰,邓洪波点校.张栻集.长沙:岳麓书社,2010.

张义德.叶适评传.南京:南京大学出版社,1994.

张义德,李明友,洪振宁.叶适与永嘉学派论集.北京:光明日报出版社,2000.

章培恒,骆玉明.中国文学史.上海:复旦大学出版社,1996.

章学诚.文史通义.北京:古籍出版社,1956.

赵景深.中国文学小史.上海:光华书局,1928.

赵彦卫. 云麓漫钞. 卷八. 上海：古典文学出版社,1957.

郑宾于. 中国文学流变史. 上海：北新书局,1936.

郑振铎. 中国文学史. 插图本. 北京：北京工业大学出版社,2009.

中国社会科学院文学研究所编. 中国文学史. 北京：人民文学出版社,1962.

中华人民共和国教育部审定. 中国文学史教学大纲. 北京：高等教育出版社,1957.

周煇. 清波杂志校注. 北京：中华书局,1994.

周梦江点校. 陈傅良文集. 杭州：浙江大学出版社,1999.

周密. 癸辛杂识. 北京：中华书局,1988.

朱刚,刘宁主编. 欧阳修与宋代士大夫. 上海：上海人民出版社,2007.

朱杰人,严佐之,刘永翔等编. 朱子全书. 上海：上海古籍出版社,2002.

朱其铠. 中国文学史二百四十题. 济南：山东文艺出版社,1985.

朱瑞熙. 嫠城集. 上海：华东师范大学出版社,2001.

朱迎平. 古典文学与文献论集. 上海：上海财经大学出版社,1998.

祝尚书. 宋代科举与文学考论. 郑州：大象出版社,2006.

索　引

后　记

　　大约十年前,选定了南宋文章为研究对象。做完博士论文《南宋理学家文章研究》之后,恍然发现对象过于庞杂,留下的遗憾太多。嗣后到浙江海洋学院工作,申报省规划办课题"南宋'浙学'与传统散文的因革流变",原本期待能够有所弥补,却为轻快的成果所诱惑,为年复一年的考核所压迫与驱使,终无法保持对南宋文章研读的专注。

　　偷闲之余,书稿即将完成,并获浙江省社科联出版资助。但三两年之间,心态已异于昔时。去岁年末,重读旧稿,颇觉疏略。于是将旧稿中凡涉及经学、玄学、心学、新学与散文关系部分一并舍弃,专论南宋浙东学者陈亮、陈傅良、吕祖谦与叶适之时文,以为前日南宋理学家散文研究之补充。即使如此,尤恨研读对象为四而不能为一。

　　传统散文的因革流变,南宋浙东学者实为转捩点。一方面他们确立了唐宋古文艺术传统,另一方面又将这种传统引入到"术"的层面上,而最具体直观的体现就是数百年来古文与时文的纠缠。而关于 20 世纪古文运动研究历史的回顾,也是希望将前人对于古文艺术性的困惑展示出来,这也是南宋文人所面临的,从而对时文有更真切的理解。

　　是书获浙江海洋学院学术著作出版资助。

闵泽平

2013 年 7 月

图书在版编目（CIP）数据

南宋"浙学"与传统散文的因革流变/闵泽平著.
—杭州：浙江大学出版社，2014.1
ISBN 978-7-308-12453-9

Ⅰ.①南… Ⅱ.①闵… Ⅲ.①浙东学派－研究－中国
－南宋②古典散文－古典文学研究－中国－南宋 Ⅳ.
①B244.995②I207.62

中国版本图书馆 CIP 数据核字（2013）第 260595 号

南宋"浙学"与传统散文的因革流变

闵泽平 著

责任编辑	胡　畔（llpp_lp@163.com）	
封面设计	十木米	
出版发行	浙江大学出版社	
	（杭州市天目山路 148 号　邮政编码 310007）	
	（网址：http://www.zjupress.com）	
排　　版	杭州中大图文设计有限公司	
印　　刷	杭州日报报业集团盛元印务有限公司	
开　　本	710mm×1000mm　1/16	
印　　张	17.25	
字　　数	251 千	
版 印 次	2014 年 1 月第 1 版　2014 年 1 月第 1 次印刷	
书　　号	ISBN 978-7-308-12453-9	
定　　价	42.00 元	